近代日本の〈絵解きの空間〉
―幼年用メディアを介した子どもと母親の国民化―

大橋眞由美 著

風間書房

『一目でわかる最近五十年間　日本躍進絵本』
金子茂二画　1938.3

『お伽絵解　こども』1-1
辻村秋峯画　1904.4

『お伽絵解　こども』2-7
辻村秋峯画　1905.10

『お伽絵解　こども』3-1
辻村秋峯画　1906.4

『お伽絵解　こども』4-1
辻村秋峯画　1907.1

『お伽絵解　こども』4-8
辻村秋峯画　1907.8

『お伽絵解　こども』5-9
辻村秋峯画　1908.9

『軍国少年』
不明　1910.11

『飛行機戦争』
宮野雲外画　1912.1

『教育乗物図話』
福富常三画　1912.3

『感心ナ兄妹』
荒川国波画　1913.1

『大正太郎』
近藤紫峯画　1914.1

『学べ遊べ』
不明　1916.1

『教育勅語　絵とき』
不明　1917.2

『少女ノ友』
不明　1919.1

目　次

序章　幼年用メディアを介した子どもと母親の国民化を研究することの意義 …… 1
- はじめに ………………………………………………………… 1
- 1　本書の仮説と方法 …………………………………………… 2
- 2　本書の意義と構成 …………………………………………… 9
- 3　一冊の絵本 …………………………………………………… 19
- おわりに ………………………………………………………… 24

1章　〈赤本〉と呼ばれた絵本の成立、そして排除から包摂へ
　　　　―絵本の生産・流通・受容を巡る諸問題― ……………… 33
- はじめに ………………………………………………………… 33
- 1　前近代を継承した〈絵解きの空間〉 ……………………… 34
- 2　20世紀初頭の絵本 …………………………………………… 38
- 3　排除される〈赤本〉 ………………………………………… 42
- 4　近代家族と〈絵解きの空間〉 ……………………………… 49
- 5　公教育としての家庭教育 …………………………………… 55
- 6　包摂される〈赤本〉 ………………………………………… 59
- おわりに ………………………………………………………… 65

2章　絵雑誌の出現と子どもの国民化
　　　　―『お伽絵解　こども』(1904-11)に見るジェンダー― ………… 71
- はじめに ………………………………………………………… 71
- 1　子ども雑誌の出現と普及 …………………………………… 72

  2　『お伽絵解　こども』について ……………………………… 76
  3　『お伽絵解　こども』を絵解きする ………………………… 81
  4　期待された主体性 ……………………………………………… 87
 おわりに …………………………………………………………………… 92

3章　家庭教育メディアとしての絵本
  ―金井信生堂の創業期絵本（1908-23）に見る
  〈暮らしのイメージ〉― ……………………………………… 101
 はじめに …………………………………………………………………… 101
  1　金井信生堂創業期絵本の概要 ………………………………… 102
  2　〈暮らしのイメージ〉を絵解きする ………………………… 105
  3　ニュース、モデル、そして夢 ………………………………… 114
  4　家庭教育メディアとしての絵本 ……………………………… 118
 おわりに …………………………………………………………………… 122

4章　エージェントとしての〈お母様方〉の成立
  ―倉橋惣三と『日本幼年』（1915-23）の広告― ……………… 141
 はじめに …………………………………………………………………… 141
  1　倉橋惣三の政治性 ……………………………………………… 143
  2　家庭教育論者としての倉橋惣三 ……………………………… 147
  3　『日本幼年』とその創刊広告 ………………………………… 152
  4　〈お母様方〉への呼びかけ …………………………………… 157
 おわりに …………………………………………………………………… 163

5章　『子供之友』17〜25巻（1930-38）のメディア・イベント
  ―「甲子上太郎会」と「甲子さん上太郎さんたち」― ………… 169
 はじめに …………………………………………………………………… 169

1　『子供之友』(1914-43)と《甲子上太郎》について ………… 170
   2　「甲子上太郎会」の目的 ……………………………………… 177
   3　「甲子さん上太郎さんたち」と名づけられた参加者 ………… 184
   4　国民化への道筋 ……………………………………………… 190
  おわりに ………………………………………………………… 197

6章　《講談社の絵本》(1936-44)に見る総力戦の道筋
　　　―『講談社の絵本』(1936-42)と『コドモヱバナシ』(1942-44)
　　　の付記― ……………………………………………………… 209
  はじめに ………………………………………………………… 209
   1　野間清治と講談社 …………………………………………… 211
   2　《講談社の絵本》の概要 …………………………………… 214
   3　『講談社の絵本』の付記 …………………………………… 220
   4　『コドモヱバナシ』の付記 ………………………………… 231
   5　総力戦の道筋 ………………………………………………… 238
  おわりに ………………………………………………………… 241

7章　戦時統制期 (1938-45) に於ける生産者の主体性
　　　―金井信生堂、岡本ノート・創立事務所を事例として― ………… 255
  はじめに ………………………………………………………… 255
   1　生産者の動向 ………………………………………………… 258
   2　戦時統制期絵本の生産者 …………………………………… 266
   3　金井信生堂の場合 …………………………………………… 270
   4　岡本ノート・創立事務所の場合 …………………………… 280
   5　生産者の主体性 ……………………………………………… 290
  おわりに ………………………………………………………… 294

終章　近代日本の〈絵解きの空間〉に於ける子どもと母親の
　　　　国民化
　　　　　―臣民としての主体性の構築― ……………………… 309
　はじめに ……………………………………………………………… 309
　1　子どもと母親の国民化の過程 ………………………………… 309
　2　結論―臣民としての主体性の構築 …………………………… 313
　3　補遺―子どもの受容 …………………………………………… 324
　おわりに ……………………………………………………………… 331

初出一覧 ………………………………………………………………… 335
調査・分析資料概要 …………………………………………………… 337
あとがき ………………………………………………………………… 341
参考文献 ………………………………………………………………… 347
人名索引 ………………………………………………………………… 367

序章　幼年用メディアを介した子どもと母親の国民化を研究することの意義

はじめに

　本書は、近代日本の19世紀末から20世紀中頃の約50年間に刊行された、幼年の子どもを読者対象とした絵本・絵雑誌を歴史資料と捉え、それらの表象と関連文書の言説を分析することを通して、家庭教育に於いて母子を一体のものと見なして遂行された国民化の問題を探究するものである。読者対象とされた幼年の子どもと、家庭内でその読みを介助した母親の関係性が、表象を生み出した社会とどのようにつながり、その中にどのように位置づけられたか。その位置づけによって、子どもと母親がどのような国民像を期待され、どのように国民として主体化されたか。本書では、以上の問題関心の下に、社会構築主義の立場から、近代日本の絵本・絵雑誌を介した子どもと母親の国民化を検証する。

　本書で分析資料とするのは、近代日本の幼年の子どもを読者対象とした絵本・絵雑誌である。ゆえに本書は、児童文学・文化学や絵本学、出版学やメディア論などの文化学分野に関わる。家庭内の子どもと母親の関係性を軸にして分析を行うことから、近代家族論や家庭教育論、ジェンダー論やフェミニズム論などの女性学分野にも関わる。日清戦争（1894-95）から日露戦争（1904-05）、第一次大戦（1914-18）を経て、「十五年戦争」（1931-45）から太平洋戦争敗戦（1945）に至る帝国国家という大きな枠組みの中で展開された、社会とメディアと読者の関係性を検証することから、分析視点として、歴史学やナショナリズム論も必要となる。したがって本書は、学際領域に関わる

資料とする絵本・絵雑誌、および関連文献の漢字表記には、俗字体や旧字体が使用され、ルビが打たれている。引用の際に、漢字は新字体に改め、ルビは省略するが、史料としての正確性を記すために、仮名づかいはこれらに準じ、現代には不適切な表現もそのままに引用する。ただし、現在に使用されていない繰り返し符号は仮名に置きかえる。資料の書名・誌名には『　』、叢書名には《　》を使用し、それらとの混乱を避けるために、引用文中に使用されているカッコ表記はそのままで転記する。

以下、1節では本書の研究仮説を設定する。2節では本書の章構成を示す。3節では本書の意義を示す。4節では本書で設定した分析方法によって、一冊の絵本を事例として、その表象分析を行う。おわりに展望を示す。

1　本書の仮説と方法

本書は、幼年の子どもを読者対象とした絵本・絵雑誌の表象、および関連文書の言説を分析することを通して、近代日本に於ける母子一体の国民化の過程を検証することを目的としている。以下では、まず、近代日本の時代思潮を概観し、次に、〈絵解きの空間〉の概念を示す。これらを踏まえて、仮説を設定し、検証の方法を示す。

1-1　近代日本とは

近代日本とは、国名で表記すれば、大日本帝国のことである。大日本帝国は、大日本帝国憲法（1889発布、以下、帝国憲法と表記）に規定された絶対的存在である天皇が統治する帝国国家であったと同時に、憲法と議会制度の下に官僚が統治する立憲君主制国家でもあった（副田1997）。近代日本では、天皇の名の下に、「教育ニ関スル勅語」（1890発布、以下、教育勅語と表記）が発布され、国民道徳と国民教育の基本理念が示された。先行研究では、その冒

頭に於いて、ユートピアとしての〈国体〉が「天皇の側からの社会的行為と臣民の側からの社会的行為をつうじて描写されている」(前掲副田：63) と指摘されている。

教育勅語に描写された〈国体〉とは、天皇制による国家統治の正当性を保障するためのイデオロギーであった。イデオロギーであったがゆえに〈国体〉は、近代日本にあっては、「具体的な意味内容によって構成される明示的な実体なのではなく、それをめぐって言説を活性化させるきっかけであり、口実である」(松浦2000：316) ところの様々に語られる「言説の主題」(前掲松浦：309) になった。

すると、次代を担う子どもを国民化させるための要素として、子どもを巡る言説に於いても、「言説の主題」としての〈国体〉が様々に語られているのではないだろうか。本書の言説分析に於いては、この点に留意しなければならない。

では、近代日本に於ける国民化には、どのような意味があったのか。ここでまず、近代日本の国民、および国民の暮らす領域について、先行研究から確認しておきたい。

「国民」という用語は、"nation" の翻訳語である。"nation" は、「歴史上の領域、共通の神話と歴史的記憶、大衆的・公的な文化、全構成員に共通の経済、共通の法的権利・義務を共有する、特定の名前のある人間集団」(スミス1998：40) と定義されている。翻訳語としての「国民」に意味を賦与するためには、大日本帝国に於ける国民を創出する必要があった。歴史的記憶を共有する者が国民になることができるのであるから、帝国憲法と教育勅語では、「万世一系」の天皇の歴史的記憶が繰り返し述べられた (前掲副田：姜2001；橋川2005)。歴史的記憶を共有することで国家に帰属し、実際には社会階層や身分制度に縛られながらもそれらを隠ぺいされて、「万世一系」の君に対して臣も民も平等に平準化された臣民として、大日本帝国の国民は創出された。

"nation"の暮らす領域には、国境が設定されるものである。境界としての国境は、常に「地理学や国家理性による外交戦略の対象」（前掲姜：19）になる。近代地理学に於いては、それは「ニュートラル」ではなく、「知／権力」関係のポリティックスによって縁取られた（前掲姜：19）。近代日本では、「蝦夷地」の問題や、朝鮮との関係性などに於いて、「地理をめぐるイメージや表象、さらに「自己」と「他者」をめぐる抗争」（前掲姜：20）が展開された。太平洋戦争期には、天皇の歴史的記憶の下に「八紘一宇」が標榜され、大日本帝国を盟主とする「大東亜共栄圏」が構想された。

　以上から、近代日本に於ける国民化には、〈国体〉イデオロギーが関与した、と推察される。すると、子どもの国民化を目的として、近代日本の絵本・絵雑誌にも、概念としての〈国体〉があたかも実体であるかのような表象として提示されたのではないだろうか。本書の表象分析に於いては、この点にも留意しなければならない。

　留意点を検討するに当たり、近代日本を支配していたナショナリズムを、次のように定義する。近代日本のナショナリズムとは、天皇制を正当化するためのイデオロギーであるところの〈国体〉に基づいて、帝国国家を拡張し、再生産するための思想および運動であった。

　帝国国家の拡張と再生産のためには、天皇の正統性を示す必要があった。明治国家の創設者達は、天皇の「万世一系」の表象として、女性神である天照大神を持ち出した。天皇は、帝国国家に於ける〈父〉＝権力と位置づけられながらも、「天皇の赤子」という言葉を通して〈母〉＝慈愛を連想させたように、父性と母性を併せ持った両義的な存在であった。

　戦時期に於いては、「"大御心"（天皇の心）は母心であり、母心は大御心である」（加納1979：69）ことが唱道された。先行研究では、「民衆のこころの底流にある"母なるもの"への共同幻想を結実体現したものが天皇であり、それを支配原理としたのが天皇制である」（前掲加納：72）と指摘されている。"母なるもの"は幻想にすぎず、「民衆が（とくに男たちが）希求する"母心"

序章　幼年用メディアを介した子どもと母親の国民化を研究することの意義　5

など、どこにもなかった」のであり、「だからこそ母たちは、自らの"母心"を天皇の"大御心"によって権威づけられねばならなかった」（前掲加納：73）のである。

　以上のように、近代日本の子どもの国民化を検証する上で、〈母〉という存在を無視することはできない。ゆえに本書では、近代日本の社会と母親と子どもの関係性に着目して、母子一体の国民化を検証する。

1-2 〈絵解きの空間〉について

　母子一体の国民化を検証するにあたり、本書では、未だ一人で読書空間を構築できない幼年の子どものためのメディアである絵本と絵雑誌を、主な分析資料とする。絵本は、絵と詞で構成され、頁を繰ることで展開する単行本である。絵雑誌は、絵本と同様の構成に加えて、挿し絵を添えた読み物、記事、読者欄などで構成された逐次刊行物である。いずれも、絵を主体にして詞を添えた構造でなる、商品としての印刷物である[1]。

　近代日本の絵本では、概ね発行所の代表者が、「売れ筋」を判断して内容を決定し、画家（多くの場合、無名の画工）に大まかな構想を示して絵を描かせ、そこに適当な詞を添えて、一冊の絵本とした（上編著1974）。戦時統制期を除くと編集者は設置されず、製版は職人による描き版であり、ほとんどの場合、画家や作家は明記されず、著作権に対する認識はなく、発行所の代表者名が「画作兼発行者」として奥付に記載された。絵雑誌に於いても、著名な教育者などの監修者や編集者名が明記され、画家名や作家名が記載された大企業のものもあった一方で、絵本同様に零細企業の発行所代表者が「画作兼発行者」となっているものもあった（三宅〔ほか〕編2009）。この時期の絵本と絵雑誌の発行者は、画工や印刷・製本の職人を含めた、生産に関与した者達の関係性を表象＝代表する立場の人物であった。本書では、絵本・絵雑誌の生産に関わった者を、発行者のみならず、監修者や編集者、奥付には記載されていない画家や作家、職人も含めて、生産者と表記する。

絵本・絵雑誌に於ける子どもへの介助行為は、現在には、「読み聞かせ」と表現されている。それは、絵に添えられた詞を読み上げ、聞かせる行為を指している。しかし多くの場合には、印刷された文字言語が単に音声言語に変換されるだけでなく、個別の問いかけやうなずきなどの音声言語や身体言語が加えられ、絵を前にした語らいが発生する。本書では、絵本・絵雑誌の絵を前にして、その意味内容を説明する語らいを絵解きと呼び[2]、絵本・絵雑誌と媒介者と子どもで構成された、そのような言葉が飛び交う空間を〈絵解きの空間〉と呼ぶことにする。

　絵本・絵雑誌の生産の場では、生産者の想像（創造）が、表象となり、印刷によって複製されて出版に至る。本書では、これらの工程を経て読者に提供された印刷画面を、イメージと表記する。イメージは、生産者によって想像（創造）された時空間の表象であることから、そこには、生産者の社会に対する認識が反映される。

　一方で、受容の場である〈絵解きの空間〉では、イメージの意味内容を子どもに理解させるために、媒介者は、詞を読み上げるだけでなく、個別の言葉を足しつつ、絵を絵解きする。ゆえに絵解きには、媒介者の社会に対する認識が反映される。

　近代日本に於いては、生産者と媒介者は〈私〉と見なせるが、〈私〉は大日本帝国という〈公〉に従属するものでもあったことから（有賀1967b；村田1993）[3]、生産者と媒介者の認識のいずれも、時代の現象や規範、および思潮から逃れ難かった、と考えられる。すると、生産者の表象と媒介者の絵解きは、子どもに社会規範や時代思潮を伝達し、社会に対する子どもの認識に何らかの影響を及ぼしたのではないだろうか。

　媒介者による幼年の子どもへの絵解きは、多くの場合、育児の一環として女性が行為するものと見なされて、家庭にあっては母親に課せられるものである。母親が子どもに関わりたいと希求することは、母性愛要素の一つとして、女性であれば本能的に備わった資質である、と一般には認識されてい

る[4]。ゆえに絵解き行為には、母性愛あるいは母性愛的な関わりを求める傾向がある。絵解き行為のみならず子どもへの介助行為全般に対しても、母性愛を強要されることも否定し難い（大日向2000ab：田間2001）。

　ところで私は、母親として子どもと共に楽しんだ〈絵解きの空間〉の思い出を有し、そこで感受した喜びを否定しない。親が子どもに注ぐ愛情を否定するつもりもない。夫である子どもの父親が、訥々とした語り口調で〈絵解きの空間〉を構築した光景も記憶にある。〈絵解きの空間〉に於いて構築された〈あなたと私〉という〈私〉の関係性が、時間的、空間的に拡大された様々な関係性に有効な作用を及ぼしたことを、私は体験的に承知している。〈絵解きの空間〉に於ける私の関与のあり方は、私の本能的な資質によるものでも、他者から強要されたものでもなく、私達が〈絵解きの空間〉を楽しみながら共有することで構築したものである。その関係性は、私達相互の応答を反復させることで強化され、意味のある絆となり、結果として、私と子どもと社会の関係性にまでも発展した。ただしその私は、大正生まれの父母との関係性に於いて自己を形成した、とも言える。

　母性愛を他者から強要された母親が、子どもに義務的に絵本を絵解きしたとしても、〈絵解きの空間〉は成立し、子どもと母親の関係性は構築される。なぜならば動機が何であれ、ある言動は、そこに関わった物と事と人の間に、何らかの関係性を生み出すものだからである（ガーゲン2004ab）。このような理由から、〈絵解きの空間〉に於ける母性愛の構築を、本書の論点の一つとする。

　構築主義の立場から記述するに当たり、本書で使用する用語、母性および母性愛を、次のように定義する。母性とは、社会的価値規範として、母親に求められる子どもとの関係性である。母性愛とは、その関係性の一要素として、母親が子どもに対して注ぐべきとされる愛情である。

1-3　本書の仮説と方法

　出版物の生産・流通は、帰属する国家の法律や経済に規制を受けるものである。出版物である絵本・絵雑誌も、法律や経済、社会的価値規範や時代思潮と無関係ではあり得ない。〈絵解きの空間〉は、絵本・絵雑誌と母親と子どもによって構成された受容の場である。そこでは、絵本・絵雑誌を介して、母子間に言葉が交わされる。母親に対して、何らかの指示を通して規範や思潮の強要が行われるならば、子どもにとっての〈絵解きの空間〉は、それらの強力な受容の場になる。したがって、〈国体〉イデオロギーに基づく帝国国家の拡張と再生産のためのナショナリズムが支配した近代日本に於いて、〈絵解きの空間〉は、家庭教育の場となり、絵本・絵雑誌を介して、読者である子どもと媒介者となった母親の国民化に関与した、と言えるのではないだろうか。これが、本書の仮説である。

　仮説を検証するために、次のような方法をとる。本書では、近代日本の絵本・絵雑誌、および関連文書を歴史資料と見なして、その表象と言説の分析を行う。分析に際して、メディア（media＝medium の複数形）に含まれた3つの意味、第一に情報媒体、第二に媒介者、第三に手段をキー概念とする（詳細を後述）。必要に応じて各意味を示すが、繁雑さを避けるために、特に意味を示さずメディアと表記した場合は、情報媒体を指している。幼年の子ども用媒体である絵本・絵雑誌を総称して、幼年用メディアと表記する場合もある。

　資料分析に於いて検討すべき課題として、以下の項目を設定する。それらは、帝国国家の領土と人口の拡張と再生産のためのナショナリズムの推進、そのための差異的関係性としてのジェンダーの構築、それを目的とした家庭教育の振興、その教科書的役割を担った媒体と教師的役割を担った媒介者の成立、および〈絵解きの空間〉で交わされた言葉に対する統制についての検討である。本書では、これらの課題を、近代日本の絵本・絵雑誌および関連資料の分析を通して検討し、仮説を検証する。

なお、本書で子どもと見なす者は、明治・大正・昭和初期の中等教育最高学年相当の年齢（満18歳未満、以下、満年齢で表記）を上限とする。表象分析に於いては、子ども像を、男性／女性を年齢別にして、0歳児頃を性別不明の乳児、1〜3歳児頃を幼児期として男児／女児と表記する。さらに尋常小学校入学以前の2年間と入学後の4年間（尋常小学校低学年・中学年）を規準として、4〜9歳児頃を幼年期と見なして男子／女子、10〜17歳児頃を少年期として少年／少女と表記する。表象分析であることから、具体的な性別と年齢を確定し難い面がある。一般認識としての性別は衣服や髪型を根拠にして、年齢区分は他の表象との関連から推測する。したがってこのような分類と表記は、便宜上のものである。

2　本書の意義と構成

〈絵解きの空間〉に於ける子どもと母親の国民化の検証を目的とした本書は、家庭教育論、ジェンダー論、ナショナリズム論、メディア論などの先行研究に、多くの部分を依拠している。そこで以下では、メディアと国民国家構築の関係を論じた先行研究を概観し、それらに依拠しながらも、本書の研究に取り組むことの意義を示して、その構成を記す。

2-1　先行研究レビュー

ベネディクト・アンダーソンの『想像の共同体』が邦訳されたのは1987（昭和62）年であり、10年後に増補版（1997）が邦訳されて普及し、この書はメディアとナショナリズムの関係を論考するための必読図書となった。この書では、「国民とはイメージとして心に描かれた想像の政治共同体」（アンダーソン1997：24）と定義され、「想像の共同体」を構築するメディアの問題が明らかにされた。ジョージ・L.モッセの『大衆の国民化』（1994）の邦訳も、メディアと「大衆」の関係性を論考したものとして、大衆文化論や国家構築

論に影響を与えた。この二書が、日本のメディア研究に与えた影響は大きい。
　前掲二書の邦訳以前の先駆的なメディア研究では、近代の読者層の成立を、「読者層の実態を三つの位相——作者の対読者意識、出版機構の構造、読者の享受相」（前田1973：307）から考察した読者研究がある。そこでは、近世から近代への出版形態の変容を踏まえて、読者と作者や出版機構との関係性は示されているが、その関係性の背景にある国家の構造については触れられていない。ところがこれらの邦訳以後には、メディアを介した読者と国家の関係性にまで踏み込み、近代読者の国民化の問題が論じられるようになった。
　明治維新から四半世紀が過ぎた明治30年代（1897-1906）には、各地に暮らす人々が「ほとんどまったく同時に消費（「想像」）」（前掲アンダーソン：61）する雑誌と新聞が普及した。このような明治30年代に焦点を当て、雑誌と新聞の言説分析を通して、国民国家の形成や国民の誕生を論考した先行研究がいくつかある。
　その一つは、新聞・雑誌に掲載されたスキャンダルや精神病者監護法を巡る言説、家庭小説や少女小説、投稿記事などの言説を、歴史的コンテクストを取り込みながら分析することで、明治30年代の文化研究とした小森陽一などの共同研究である（小森〔ほか〕編1997）。そこでは、資料によって証明できる客観的事実を「〈事実〉たらしめている政治性」（前掲小森：336）が論じられた。今一つは、読書文化の変容過程を分析し、「読書国民」の誕生を論じた永嶺重敏の研究である（永嶺2004）。「読書国民」とは、「国民国家のさまざまな社会的装置を基盤として、国民国家の形成と不可分の関係で形成されてきた読書公衆」（前掲永嶺：vii）と定義された。永嶺は、鉄道の延伸が〈活字メディアの全国流通〉と〈旅行読者の全国移動〉と〈読書装置の全国普及〉を同時に生じさせたのであり、それは明治30年代のことであった、と論じた。もう一つは、博文館の『太陽』（1895-1928）を取り上げた鈴木貞美などの共同研究である（鈴木（貞）編2001）。この書は、「明治期後期の思想・文化の全体像の中に置いて検討する」（前掲鈴木：ⅱ）という多角的な方法で、

『太陽』の性格と誌上で展開された言論の特徴を明らかにし、明治後期の国民文化の形成を論考した。

　以上の先行研究から明らかなように、明治30年代は、活字メディアの転回点であり、国民国家形成の転回点でもあった。それは、「国語」の制度化が議論され（長1998）、子ども用メディアが相次いで創刊された時期でもあった。

　明治20年代（1887-1896）には、先駆的な子ども用メディアが創刊され、明治30年代になると、それらには、男性と女性の差異的関係性が顕在化した。明治20年代に創刊された『少年園』（1888創刊）は、この誌以降に『日本之少年』（1889創刊）などのように「少年」を誌名に含んだ雑誌が頻出したという意味で、少年雑誌展開のメルクマールとなるものであった。この誌の「論説欄」の分析から、「少年」が「学校制度との関わりを通して表象されていく」（酒井1999：290）過程が論考されている。明治20年代の前半では、「少年」とは、学校教育を受ける年齢の者を指しており、性別を表す意味を含んでいなかった。

　ところが明治20年代の末頃になると、メディアでは「少年」から「少女」が差異化されて、「少年」には男性、「少女」には女性の性別が与えられた。1895（明治28）年9月の『少年世界』（1895創刊）に、少年雑誌を読む少女のための読者欄としての「少女欄」が開設された（久米1994）。久米依子は、これを端緒として、明治30年代に「少年」と「少女」の性別区分が明確化した、と指摘している（前掲久米：195）。この後に、少女読者が読者主体としてのまとまりを見せるようになり、明治30年代後半になり、少女雑誌の『少女界』（1902）や『少女世界』（1906）が創刊されるに至った。

　明治30年代から四半世紀が過ぎた昭和初期、成人男性に限り、普通選挙法が公布（1925）された。この公布によって、政治の舞台に「大衆」が登場し（佐藤（卓）2002：12）、その膨大な「大衆」に呼びかける手段として、新しい情報媒体が注目された（前掲佐藤：20）。

　佐藤卓己は、「第一次大戦後の巨大な社会変化」（前掲佐藤：12）を示して、

大衆的公共性の確立が、発行部数100万部を記録した大日本雄弁会講談社の雑誌『キング』(1924-57) の成功につながった、と指摘した (前掲佐藤：12-25)。読者対象としての「婦人・少年・大衆」を結集させた講談社文化は、その視点を欠いた岩波文化を凌駕し、「岩波的市民文化が掬い上げることができなかった広大な階層を国民的公共圏に組織した」(前掲佐藤：63)。『キング』は、労働者層にも人気を博した。佐藤は、労働者の仲間内の会話を記した『労働雑誌』(1935) 掲載の投書、「俺の仲間の大部分は『キング』の読者です。〔……〕「早く戦争がおこればよいのになあ、そうすりゃ、俺達も金をもうけてやるんだがなあ。」〔……〕」を引用して、「第一次大戦後に男子普通選挙が必然化したように、総力戦体制下に国民が総「動員＝参加」する高揚感への期待」を指摘した (前掲佐藤：374-375)。

　これらの先行研究から、明治維新後、四半世紀をかけて、帝国国家の支配構造が、大人と子ども、少年と少女などのように、世代と性別を差異化して、メディアを介して、人々をジェンダー化しつつ国民化していった過程が見えてくる。さらに四半世紀が過ぎると、国民化された「大衆」が国家の拡大膨張に関与した構図も見えてくる。

　活字メディアが国民国家の形成に関与したことは、多くの先行研究から明らかにされている。しかしその形成に関与したのは、活字メディアだけではなかった。展覧会や博覧会、美術や建築、挿絵や写真、広告、演芸、メディア・イベントなども、国民国家の形成に関与したメディアとして、メディア研究の分析対象になっている (吉見1992；山口1995ab；津金澤編1996など)。様々なメディアが、国家と国民の関係性の構築に関与したのだが、それらの主宰者のほとんどは、成人男性であった。

　一方で、国定教科書では、「国語教育ハ愛国心ヲ成育スルノ資料」(海後編1968：244) と見なされて、〈母もの〉教材が積極的に取り入れられ、〈母〉の表象が繰り返し提示された (イ1996)。イ・ヨンスクは、〈母もの〉に天皇制の支配構造を見出し、「反省的意識が入り込む以前のおぼろげな前意識のな

かに、国家の根拠をきざみこむこと」(前掲イ：126)が、「〈母〉を媒介としておこなわれればおこなわれるほど、国家は家族とおなじように自然的で融和的な共同体としてあらわれてくる」(前掲イ：126)と指摘した。学校教育では、将来に母親になる女子に対して、「みずからの子供を国のために天皇に捧げることこそ〈母〉の役目であることを教え込む女子教育」(前掲イ：126)が遂行された。

女子教育に於ける良妻賢母思想の推奨が女性の国民化に関与したことは、多くの先行研究が指摘している。その一つ、深谷昌志は、良妻賢母主義を儒教的女性観の系譜と見なして、近世から継続する女子教育によって良妻賢母イデオロギーが形成され、女性の行動様式が規定されたことを、時系列で示した(深谷1966)。今一つ、小山静子は、良妻賢母思想は儒教的女性観に基づくものではなく、「女を近代国家の国民として統合していく際のキー概念」(小山1991：58)であったと見なして、「良妻賢母思想が確立したのが、世紀転換期」(前掲小山：235)と指摘した。「世紀転換期」とは、明治30年代に他ならない。

男性と女性の差異的関係性の確立に、メディアの果たした役割は大きい。特に婦人雑誌は、家庭に於ける女性の位置を明確化して、良妻賢母思想の普及の一役を担った。20世紀に入り婦人雑誌の創刊が相次ぎ、『婦人画報』(1905)、『婦人之友』(1908)などが創刊されて、『主婦之友』(1917)、『婦人倶楽部』(1920)などの婦人雑誌の百花繚乱期を迎えた。

婦人雑誌を分析資料として、女性と家族および国家の関係性について論考した先行研究が、いくつかある。その一つ、小山静子は、「家族にとって近代とは何か」、「家庭の形成にどのように国家が関わっていたのか」、「女性に対して啓蒙活動が行われたことが、女性にいったい何をもたらしたのか」の3つのテーマを設定して(小山1999：ⅴ-ⅵ)、婦人雑誌や「生活改善運動」などの分析から、女性の国民化を論じた。もう一つ、若桑みどりは、婦人雑誌の表紙絵や挿絵などの表象分析から、戦時期に於ける女性動員の視覚的プ

ロパガンダを検証し（若桑1995）、昭憲皇后の表象分析を通して女性の国民化を検証して（若桑2001）、表象としての女性像や母親像が女性の国民化に果たした役割を論じた。今一つ、木村涼子は、婦人雑誌の実用記事分析から、「主婦」の誕生を論考して、近代日本に於ける性別役割分業観構築の道筋を示した（木村（涼）2010）。

　先行研究では、婦人雑誌が、家庭内で遂行された女子教育の教科書となり、女性の国民化に果たした役割が論じられた。これらによると、近代日本の成人女性は、家庭内に居場所を定められつつも、メディアを介して社会とも関わりを持ち、そのことによって、ジェンダー化されつつ国民化されていった。

　ところで少女雑誌や少女小説に描写された少女像は、きわめて観念的な表象である。少女雑誌を分析資料として、ほぼ同時に上梓された先行研究二書では、象徴としての「少女」像が描き出された。その一つ、今田絵里香は、「少女」とは何かの問いをたて、少年雑誌も視野に入れながら少女雑誌の少女像を分析した。今田は、少女像に「良妻賢母主義」ではなく「芸術主義」と「童心主義」の表象を見出した（今田2007）。今一つ、渡部周子は、自著の表紙に、日傘を差す少女と白百合を表象した『少女世界』4巻10号（1907）の表紙を図像として引用した。渡部は、「明治期におけるジェンダー規範の構築とその固定化を明らかにする」（渡部2007：312）ために、少女像に見る「愛情」規範、「純潔」規範、「美的」規範の表象に着目して、白百合に象徴される規範としての少女像を論考した（前掲渡部）。

　先行研究で発見された少女像は、大正末期から昭和初期にかけて展開した「児童文化運動」の嚆矢と見なされる童話・童謡誌『赤い鳥』（1918創刊）に於いて、「純粋」と「無垢」の表現で修飾された子ども像と同様である（河原1998）。つまり少女雑誌の少女像は、純粋無垢な子どもと同様に「純潔」の表象であり、白百合に象徴されるそれは、男性である生産者が女性である読者に求めたセクシュアリティであろう（コンネル1993）。少女雑誌の読者である少女は、正統な天皇の統治する帝国国家の再生産を担うために、「純潔」

を担保にして、帝国国家と婚約した、と見ることもできる。

　一方で、少年雑誌の分析では、「「弱」に対する嫌悪と、「弱」と判定されてはならないという強迫観念」である「ウィークネス・フォビア」によって、雄々しい男性性を構築することで国民化される少年像が描き出された（内田2010）。この先行研究によると、少年は、メディアを介して国家拡張の任務につく男性性の構築を期待された。

　以上の先行研究から見ると、メディアを介して、男性は帝国国家の拡張のための国民化を期待され、一方で、女性は帝国国家の再生産のための国民化を期待された。これらから、メディアを介して、男性と女性の差異的関係性としてのジェンダーが、ナショナリズムに支配されるかたちで構築されていく過程が見えてくる。

2-2　本書の意義と構成

　近年に展開された近代日本の絵本・絵雑誌研究に焦点を絞れば、歴史的コンテクストを意識した画期的なものとして、幕末・明治から現代に至る絵本史研究（鳥越編2001-02）、および大正期の北海道に実在した一少年のコレクションを資料とした大正期の絵本・絵雑誌研究（前掲三宅編）が挙げられる。しかしながらこれらでは、絵本・絵雑誌の形式面と内容面の概要が記述され、表象分析は行われているが、家庭教育やジェンダーを意識しながら、近代日本を支配したナショナリズムに関する表象分析は行われていない。

　これまでに見てきたように、雑誌媒体や学校教育を分析対象とした、成人男性と成人女性、および自律的な年齢に達した少年と少女の国民化についての先行研究はあるが、家庭に於いて読まれる絵本・絵雑誌を分析対象として、幼年の子どもの国民化を論じた研究はない。婦人雑誌の母子像の分析から女性の国民化を論じた研究はあるが（前掲若桑）、母子一体の国民化を論じた研究はない。ファシズム期の母子と国家の関係性を論じた研究はあるが（村田1993）、そのような関係性の成立に至る回路の構築を検証した研究はない。

母性および母性愛の構築はナショナリズムの重要な要素であったにもかかわらず、幼年用メディアに於ける媒介者としての母親に着目した研究はない。

　近代日本の家庭や家族、および生活の問題が議論される時、家族の一員としての子どもへの視点は抜け落ちている（国立民族学博物館2010）。メディア研究でも、「婦人・少年・大衆」への視点はあるが、幼年の子どもへの視点はない（前掲佐藤）。家庭教育に関する議論では、教師的役割を担った母親への社会教育は取り上げられ（小林（輝）1986ab；小山1999；奥村2008, 2009）、学校教育と関連づけた子どもへの家庭教育は論じられるが（小山2002）、子どもと母親の関係性を見据え、家庭教育に於ける教師的役割を果たした母親に関する議論は展開されていない。個別であるはずの関係性を平準化させ、「想像の共同体」に組み込むことを目的とした家庭教育に於いて、教科書的役割を果たした幼年用メディアについては明らかにされておらず、家庭教育の実態は不明なままである。幼年の子どもと母親の関係性から、母親の育児役割や介助役割の構築に関する歴史的意義を問うた先行研究もない。

　以上のように、幼年用メディアである絵本・絵雑誌の表象分析、および関連文書の言説分析を通して、近代日本の子どもと母親の国民化を論じた研究は皆無である。したがって本書には、絵本・絵雑誌と母親と子どもで構成された〈絵解きの空間〉に着目して、家庭教育に於ける母子一体の国民化を検証するという意味に於いて、先行研究には見られないオリジナリティーがあり、学術的意義がある。

　そこで次に、本書の章構成を示しておきたい。この構成は、メディア分析のキー概念（情報媒体、媒介者、手段）に基づくものである。

　1章「〈赤本〉と呼ばれた絵本の成立、そして排除から包摂へ—絵本の生産・流通・受容を巡る諸問題—」では、19世紀末から20世紀中頃までの絵本の生産・流通・受容の場の諸相を辿ることを通して、〈絵解きの空間〉が近代日本の社会構造の中に位置づけられていく過程を記述する。そこから、以下の章で取り上げるべき問題点を抽出する。

2・3章では、絵本・絵雑誌の表象分析を通して、これらのメディア＝情報媒体としての意義を検証する。2章では絵雑誌、3章では絵本を分析対象とする。

2章「絵雑誌の出現と子どもの国民化―『お伽絵解　こども』（1904-11）に見るジェンダー―」では、幼年用メディアとして単行の絵本と競合しつつ、逐次刊行物としての特性を保った絵雑誌の嚆矢『お伽絵解　こども』を事例とする。その表象分析から、ジェンダーの問題を検討し、この誌が情報媒体として創刊されたことの意義を問う。

3章「家庭教育メディアとしての絵本―金井信生堂の創業期絵本（1908-23）に見る〈暮らしのイメージ〉―」では、近代日本の絵本生産者を代表する金井信生堂の創業期絵本を事例とする。ここでは、〈暮らしのイメージ〉の表象分析を通して、歴史的コンテクストを読み取りながら、情報媒体としての意義を検討する。

続いて4・5章では、メディア＝媒介者の成立、および媒体と母親と子どもの関係性の構築を検討する。5章では、関係性を拡大膨張させるメディア・イベントを取り上げる。

4章「エージェントとしての〈お母様方〉の成立―倉橋惣三と『日本幼年』（1915-23）の広告―」では、主に倉橋惣三監修『日本幼年』の創刊広告を分析し、エージェントとしての〈お母様方〉の成立過程を検証する。その検証を通して、幼年用メディアに於ける母親の媒介者としての介助役割、および母性愛溢れる母親像の構築過程の一端を明らかにする。

5章「『子供之友』17〜25巻（1930-38）のメディア・イベント―「甲子上太郎会」と「甲子さん上太郎さんたち」―」では、昭和初期の『子供之友』の読者欄を主な分析対象とする。この誌で展開されたメディア・イベントに於ける、読者家庭を一単位とした「甲子上太郎会」、子どもを点数化して報告することで認定される「甲子さん上太郎さんたち」の意義を問い、媒体と媒介者と読者の関係性が、メディア・イベントに参加することでどのように

構築され、読者家庭を越えてどのように拡大膨張していくかを検討する。

　これまでの分析を踏まえて、6・7章では、戦時統制期の絵本に焦点を絞る。これらでは、メディア＝情報媒体としての絵本、メディア＝媒介者としての母親、および〈絵解きの空間〉の絵本・絵雑誌と母親と子どもの関係性が、「高度国防国家」構築のためのメディア＝手段になると見なされて、戦時体制に組み込まれていく過程を検証する。

　6章「《講談社の絵本》(1936-44)に見る総力戦の道筋―『講談社の絵本』(1936-42)と『コドモエバナシ』(1942-44)の付記―」では、昭和初期の幼年用メディアとしては最大の発行部数を誇った叢書《講談社の絵本》を取り上げる。これらの付記の分析から、〈絵解きの空間〉を回路として、子どもが総力戦に取り込まれていく道筋を検証する。

　7章「戦時統制期(1938-45)に於ける生産者の主体性―金井信生堂、岡本ノート・創立事務所を事例として―」では、戦時期に活動した生産者二社を事例として、刊行絵本の付記「母の頁」を主な分析対象とする。戦時体制の展開を踏まえ、媒介者となった母親を視野に入れながら、戦時統制に対する生産者の対応策を検証し、生産者の主体性を論考する。

　終章では、これまでの検証から結論を導く。加えて、子どもの受容についても検討する。

　終章「近代日本の〈絵解きの空間〉に於ける子どもと母親の国民化―臣民としての主体性の構築―」では、これまでの章で明らかになったことを整理し、〈絵解きの空間〉に於いて、子どもと母親が大日本帝国の臣民として国民化されることの意義を考察して、結論とする。補遺として、『講談社の絵本』を巡る子どもの受容を検討し、おわりに、今後の課題を示す。

　以上が、本書の章構成である。このような章構成は、幼年用メディアに於ける帝国国家の拡張と再生産を巡る内容の分析にはじまり、〈絵解きの空間〉に於ける子どもと母親の国民化を巡る実践の分析に至るものとなる。

3　一冊の絵本

　本書に於ける資料分析のためのキー概念にそって、絵本・絵雑誌の表象分析をどのように進めるか。ここでは、キー概念をさらに詳しく説明し、それに沿って一冊の絵本を事例として、表象分析を試みたい。

3-1　キー概念

　本書で使用する用語、メディア（media）には、3つの意味を含ませている。それらは、第一に情報媒体、第二に媒介者、第三に手段の意味である。

　第一に、絵本・絵雑誌は、幼年の子どもを読者と想定して刊行された商品である。それらは、様々な社会的情報を、幼年の子どもにも理解しやすいように形象化して表象として提示し、印刷・製本などの複数の行程を経て、読者に提供される。ゆえに絵本・絵雑誌は、読者に社会的情報を提供するメディア＝情報媒体である、と言える。

　第二に、幼年用メディアと幼年の子どもが出会うには、大人の介助を必要とする。選書や購入、そして絵解きを行う家族、多くの場合に母親は、絵解きを介して、子どもに楽しみや喜びをもたらすと同時に、大人社会の慣習や規範を伝達する。ゆえに母親は、社会的価値規範を子どもに媒介するメディア＝媒介者である、と位置づけられる。

　第三に、〈絵解きの空間〉を巡る次の3点から説明する。〈絵解きの空間〉には、情報媒体である絵本・絵雑誌、媒介者となった母親、および読者である子どもが存在する。

　まず、〈絵解きの空間〉では、絵本・絵雑誌の表象を介して、子どもと母親がつながり、母子と生産者がつながり、母子と生産者と情報源である社会がつながり、情報の通信回路が構築される。ゆえに〈絵解きの空間〉は、情報の通信回路として、社会と母親と子どもの関係性を構築するためのメディ

ア＝手段になる、と言うことができる。

　次に、〈絵解きの空間〉では、規範や思潮を反映した情報が、そこに構築された関係性を通信回路として、家庭内に進入する。するとその関係性は、同じ情報を共有することで、個別性を排除され、平準化されることになる。ゆえに〈絵解きの空間〉は、社会と母親と子どもの関係性を平準化するためのメディア＝手段になる、と見ることができる。

　最後に、絵本・絵雑誌を介して、国家権力によって操作・統制された情報が送信されるとするならば、〈絵解きの空間〉に構築された関係性は、単なる平準化に留まらず、国家権力によって統制されることになる。ゆえに〈絵解きの空間〉は、社会と子どもと母親の関係性を統制するためのメディア＝手段になる、と言うことができる。

　以上から、第三の意味については、次のように説明できる。〈絵解きの空間〉は、子どもと母親と社会の関係性を構築するためのメディア＝手段になり、そのような関係性に於いて、個別性を排除して平準化させるためのメディア＝手段になり、戦時に於いては操作・統制された情報の通信回路として、そこに構築された関係性を統制するためのメディア＝手段になる、と指摘できる。

　以上のように、メディアの３つの意味（情報媒体、媒介者、手段）を分析のためのキー概念とする。これらを軸にして、幼年用メディアの表象と関連文書の言説の分析を試みる。

3-2　一冊の絵本

　ここに、一冊の絵本［図０—１〜５］がある。これは、『一目でわかる最近五十年間　日本躍進絵本』（長岡規矩雄・玉谷高一著、金子茂二画、（株）わかもと本舗栄養と育児の会、1938.3.15）を標題とした、18.5×12.5cmの大きさ、表紙共紙20頁の薄い冊子状の絵本であり[5]、名の知れた絵本ではない。序章では、この絵本を事例として絵解きし、本書に於ける分析方法のキー概念、

メディアの3つの意味（情報媒体、媒介者、手段）を軸にして検討を加える。

まず、表象の意味解釈のために、表紙イメージと内部イメージの絵解きを試みる。表紙イメージ［図0—1］から絵解きすると、そこには、中央部に描かれた男女の子ども像を包み込むように、左上部から右下部にかけて、富士山、地球儀、日章旗が描かれており、それらは大日本帝国の表象と見なせる。加えて、国土を象徴する富士山と同等の位置と大きさで、母親が描かれている。そこに父親は描かれていない。

家族国家観に於いては、天皇の存在によって家庭内に父親の不在は問われず、家庭内の母親は〈父〉たる天皇に対照化される〈母〉と位置づけられた[6]。そこからこの母親は、富士山と同様に国家の表象と見なせる。ゆえに、富士山から母親に至る国家の表象に包み込まれた男女の子ども像は、国家の再生産や未来への継続性の表象と捉えられる。

ところが、子どもは男女一対で描かれているにもかかわらず、地球儀や日章旗に手を触れているのは男子だけである。女子は、母親と同じように地球儀を眺めている。そこから、男子は国家の拡張に直接関与する存在、女子は母親同様に男子の背後から拡張する国家を見守る存在と見なされていた、と見ることができる。

内部イメージ、2頁［図0—2a］には、「帝国の面積」と「帝国の人口」が図像と数値で掲示されている。「帝国の人口」には、男性しか描かれていない［図0—2b］。3頁［図0—2a］には「歳出入」、4頁には「国富の増大」、5頁には「国富内訳」、6頁には「国防」の標題で、帝国国家の規模が図像と数値で掲示され、以下、それらが展開する。

例えば13頁のイメージ［図0—3a］を取り出すと、その一部、「邦人の海外発展」の「在外邦人の故国への送金」には、右下部にビルを背景にして投げるしぐさの男性、中央部に「昭和十年」と「20441000」の文字と数字を記した膨らんだ財布、左下部に富士山を背景にして飛んでくる財布に手を伸ばす女性が描かれている［図0—3b］。この数字は、1935（昭和10）年度に在

外邦人が「故国」に向けて送金した金額であり、〈国体〉イデオロギーに基づく帝国国家の海外にまで拡大膨張した規模を示す数値でもある。

「故国への送金」を受けとろうとしているのは、〈頂戴のポーズ〉をとる女性である。富士山と共に描かれたこの女性は「故国」の表象であり、帝国国家の表象でもある。さらにこの女性は、表紙イメージの母親と同一人物であり、海外に単身赴任するこの男性は、そこに不在であった父親である、と見ることもできる。このように内部イメージは、大日本帝国の表象である図像と、その規模を科学的に説明する数値によって構成されている。

内部に描かれた人物（シルエット表現の老若男女15人の「ラヂヲ聴衆者」を除く）は合計41人である。その内、7頁の「小学校教育」に4組の男女の一方として女子4人、同じく「学校数」の「高等女学校」に女学生1人、13頁［図0－3ab］に女性1人が数えられるが、女性はこれら計6人（15％）だけである。一方で、表紙の家族像に父親は不在であるが、内部では、男性は計35人（85％）を数える。2頁［図0－2b］の「帝国の人口」には大小の男性像、5頁の「人口一人当たりの国富…一千七百十円」には札束を持つ男性像などのように、国民像は全て男性像となっている。これらから、家庭内に不在の父親は、家庭外に於いて、帝国国家の拡張のための兵役や労働の任務についている、と解釈できる。

『一目でわかる最近五十年間　日本躍進絵本』は、以上のような絵本である。次に、メディアの3つ意味（情報媒体、媒介者、手段）を軸にした分析を行う。

第一に、この絵本には、「日本」の成立から「五十年間」の歴史に於ける「躍進」は、天皇を〈父〉と仰ぐ帝国国家とその再生産を担う母子の親密な関係性、およびそのような国家とその拡張のための任務に就く男性の主従の関係性という、二重構造の関係性によって成立していることが、情報として提示されている。ここからこの絵本は、国民に帝国国家の規模を知らしめ、帝国国家との関係性を確認させ、帝国国家への帰属を認識させるためのメデ

ィア＝情報媒体であった、と言える。

　加えてこの絵本には、大日本帝国の情報のみならず、「錠剤わかもと」の情報も提示されている。18-19頁［図0−4］には、「世界一の日本商品」の標題で、輸出額が世界1位であった当時の日本商品が掲示されており、その一角には、出版物に記される奥付のような形態で、300錠入り「錠剤わかもと」の1ヶ月の年齢別消費量と、「全国薬店に販売す」の文言が記されている。裏表紙［図0−5］には、「胃腸栄養　錠剤　わかもと」の広告が掲載され、その枠外に奥付が印刷されている。定価は10銭と記されて、単行本の体裁は整えられているものの、裏表紙の主体は栄養剤の広告であったことは明らかである。

　歴史的にみれば、全国を駆け巡った行商の薬売りは本屋も兼業しており、オマケやついでの商品として子ども用の豆本や紙風船などの玩具を商っていた。「薬と本は兼業だった明治半ばまでの大阪のしきたり」の標題の対談も残されており（尾崎〔ほか〕1991：577-598）、近代以前の商人にとって、本は薬と同じ家庭用品としての商いの対象であった。つまりこの絵本は、家庭薬と共に販売された、あるいはそのオマケとされた広告媒体であった。この点に、この絵本のメディア＝情報媒体としての広告機能が説明される。

　第二に、前述したようにこの絵本の刊行目的は、わかもとの広告にあった。「栄養と育児の会」は、1929（昭和4）年に東京大学の沢村真博士（納豆菌の発見、1906）の協力を得て、胃腸薬わかもとを販売する合資会社として設立された事業体である。この時期、子どもに関する「科学的研究」が興隆し、衛生思想や優生思想が標榜された（本田2000：33-49）。1930（昭和5）年には、「家庭教育振興ニ関スル件」が訓令とされて、「母の講座」開催などの家庭教育に関する様々な事業が展開した。この事業体は、母親の関与を念頭に置いた家庭教育振興に関連したかたちで設立されたものであり、この絵本も、科学的な家庭教育の一環として家庭薬と共に家庭に入ったものである。したがってこの絵本が子どもの手に届くまでには、母親の介在があった、と考えら

れる。この点に、母親が、この絵本の表象を子どもに絵解きするメディア＝媒介者になった、という可能性を指摘できる。

　第三に、前述したイメージは、近代日本のナショナリズムとジェンダーの表象である。これらは、〈絵解きの空間〉を回路としてナショナリズムとジェンダーを家庭内に進入させ、母親には母性および母性愛の構築を促し、男子には国家拡張の義務を負わせ、女子には母親のひな形であることを認識させて、媒介者と読者の平準化を図ることになる。ゆえにこの絵本を介した〈絵解きに空間〉は、国家と媒介者と子どもをつなぎ、その関係性を平準化させるためのメディア＝手段になった、と言える。

　これまでの検討から、この絵本は国家総動員法公布（1938.4.1）前夜の時空間に於けるイデオロギー装置（アルチュセール1993）[7]であったことが明らかになる。現在の私達の家庭にダイレクトメールが無造作に進入するように、この絵本が、薬と同様に家庭用品として、実に無造作に人々の暮らしに進入したであろうことを勘案すると、あらゆるかたちのイデオロギー装置が人々の暮らしの中に仕掛けられていたことが見えてくる。それらが、近代日本の子どもと母親を国民化させるために、有効な作用を及ぼしたであろうことも見えてくる。したがって本書では、メディアに含まれたキー概念（情報媒体、媒介者、手段）を軸にして、19世紀末頃から20世紀中頃までの時系列で資料分析を進め、仮説を検証する。

おわりに

　以上のように本書は、近代日本に於いて、絵本・絵雑誌は家庭教育の教科書、母親はその教師、〈絵解きの空間〉は情報伝達の回路と見なされて、媒介者である母親と共に子どもが国民化されていく過程を検証するものである。このような検証は、多くの学際的知見の点す灯りを頼りにして、家庭内で読まれた幼年用メディアという細い針の穴を通して、ダイナミックに展開する

近代日本を概観し、〈国体〉イデオロギーに基づき大日本帝国を構築する手段として、子どもと母親が国民化されていく過程を検証することになる。

本書は、幼年用メディアの表象分析、関連資料の言説分析であることから、近代日本に生きた子どもと母親の実態に迫るには限界がある。当時の読者の声はほとんど残されておらず、読者がこのようなメディアをどのように受容したかについての議論を展開できない。設定した仮説の下に、近代日本の絵本・絵雑誌のイメージにナショナリズムやジェンダーの表象がどの程度、どのように混入、反映されているかを絵解きするのであるから、本書には、恣意的な表象分析に陥る危険性もあり、表象分析の限界も存在する。

さらに、これまでに児童文学・文化学と絵本学の視座から絵本史研究を続けてきた私にとって、社会学の視座から取り組む幼年用メディア研究は新鮮であると同時に困難も伴い、調査資料の山を前にして、辿り着きたい頂上は雲上はるかに見えるものの、そこに辿り着く道筋やそこに潜むものについては見通せていない。そこで私は、本書では、浅学であることを自覚して、先行研究に依拠しながらも、それらでは明らかにされていない幼年用メディアを介した子どもと母親の国民化の問題を検証していきたい。

註
1) 本書で主な資料とする地本組合加盟の発行所は、概ね家内工業の零細企業であり、出版・流通の道筋を辿りにくい。東京を所在地とした発行所は、関東大震災（1923）と東京大空襲（1945）を経ており、会社概要などの書類を残していない。地本組合の刊行物は、帝国図書館への納本義務はなく（田中1997）、戦時統制期までは『出版年鑑』（書籍組合）に記載されていない。ゆえに、当時の絵本と絵雑誌の出版社の総数、および発行の総点数と総部数を把握することは、不可能である。現在に確認できるのは、概ね研究者（コレクター）の地道な努力によって古書購入され、その死後に公共機関に寄贈されたものである。例えば、大阪府立中央図書館国際児童文学館の「南部新一記念文庫」、神奈川近代文学館の「滑川道夫文庫」である。研究者の関与しない例では、金井信生堂の二代目経営者・金井英一が会社整理に当たり寄贈した日本近代文学館の「金井英一氏寄贈」図書（大橋2001：187）、

大正期の北海道札幌区に実在した一少年（池田慎一郎、1910-不明）の幼年期のコレクションを、その死後に、妻が札幌市中央図書館に寄贈した「池田イシ氏寄贈」図書（三宅〔ほか〕編2009）、戦時期の出版関係者が寄贈した上田市立上田図書館の戦時統制期絵本コレクションがある。本書は、このような公共機関蔵書を資料としており、原資料と関連文献から確認できる書誌事項を提示するが、用紙配給のための許可発行部数を記載した戦時統制期を除くと、詳細な発行点数や発行部数を提示できない。

2) 『日本国語大辞典』第二版には、四つの「絵解き」の意味が示されている。その内、「①絵の意味を説明すること。また、そのことば。」と「③文字の代わりに絵や図を主体にして事柄をわからせようとするもの。また、その方法。」が、本書に関連する意味である。絵本・絵雑誌の生産者は、③の意味で、伝達したい意味内容を画面に「絵解き」する。〈絵解きの空間〉に於ける媒介者は、①の意味で、読者である幼年の子どもに画面の意味内容を「絵解き」する。このように辞書的な意味では、「絵解き」は、生産者と媒介者の双方の行為や方法を説明する用語である。そこで混乱を避けるために本書では、生産者の「絵解き」を表象、媒介者の「絵解き」を絵解きと表記する。

3) 有賀喜左衛門は、江戸時代の武家社会では、徳川家が全ての武士、庶民に対し主君として君臨し、武士層は庶民層の農工商とは身分的に異なるものと定められ、農工商の中にも主従関係が存在したという構図を示して、義理と人情に基づく主従関係の重層構造を指摘した（有賀1967b：231-232）。最上層が最も重要な〈公〉であり、〈私〉は常に〈公〉に従属するものであった。この先行研究を踏まえて、村田晶子は、近代日本の母子や家庭は、西洋近代の相対的に独立した関係としての〈公〉に対する〈私〉ではなく、〈公〉に従属する日本的〈私〉であったと位置づけた（村田1993：350）。

4) 『日本国語大辞典』第二版には、「母性」は「女性が母親として持つ性質。子どもを守り育てようとする母親の本能的な性質。」、「母性愛」は「母親が子どもに対して持つ愛情。生活力の未発達の乳幼児に対して発現の度合いが特に強い。保護、心配、世話、いたわりや接近、接触などの行動を通じて表現される。」と記されている。

5) 表紙共紙（ペーパーバック）の絵本は、原紙の両面に表紙・裏表紙を含めて各場面を印刷した後に、裁断し、中綴じしている。表紙・裏表紙を入れて頁数は4の倍数となり、表紙共紙20頁の絵本は、表紙（1）・裏表紙（20）／2・19を両面に印刷した用紙など、計5枚の用紙を重ねて中綴じしており、表紙、2-3、……、18-

19、裏表紙の構成となる。中心部10-11頁だけが見開き印刷となる。
6) イ・ヨンスクは、「日本における〈家族国家観〉は、きわめて素朴な日常にまで浸透した点、さらに、家族のなかの水平的な関係はまったく無視され、〈忠孝〉を軸とした親子の一方向の垂直関係のみが支配的であったという点で、やはり特筆すべきものである。そして、この垂直関係の頂点に天皇がいるわけである」（イ1996：125）と示した。イや加納実紀代（加納1979）の先行研究を踏まえて本書では、家族国家観に於ける〈父〉と〈母〉の関係性を、次のように考える。父性と母性を併せ持つ両義性を示しながらも天皇は、「権威と規律の象徴」（前掲イ：125）としての絶対的権力＝〈父〉と位置づけられたことから、家庭内の母親は、そのような〈父〉と垂直関係で対照化された〈母〉となる。一方で、その母親と水平関係をつなぐはずの父親は、垂直関係にある天皇とは〈親子〉と見なされたものの、家庭内の親子関係に於ける〈父〉にはなり得なかった。
7) ルイ・アルチュセールは、「政府、行政機関、軍隊、警察、裁判所、監獄など」の国家（の抑圧）装置とは別に、国家のイデオロギー装置（Appareils Ideologiques d'Etat＝AIE）として、「宗教的AIE（様々な教会制度）」、「学校のAIE（様々な公立、私立の《学校》制度）」、「家族的AIE」、「法的AIE」、「政治的AIE（政治制度、その中での様々な政党）」、「組合的AIE」、「情報のAIE（新聞、ラジオ・テレビなど）」、「文化的AIE（文学、美術、スポーツ等）」を挙げた（アルチュセール1993：34-36）。イデオロギーは「諸個人が彼らの存在の現実的諸条件に対してもつ想像上の関係の《表象》である」（前掲アルチュセール：66）と定義されて、「AIEにおいて機能しているイデオロギーはその多様性や矛盾にもかかわらず、《支配階級》のイデオロギーである支配的イデオロギーのもとで常に統一されている」（前掲アルチュセール：40）と示された。絵本『一目でわかる最近五十年間　日本躍進絵本』は、〈国体〉イデオロギーに基づく国家の規模を知らしめることを目的として、統制された情報を表象とした絵本であることから、アルチュセール言うところのイデオロギー装置と見なせる。

＊図版は、著者蔵書を使用した。

［図０−１］『日本躍進絵本』 表紙

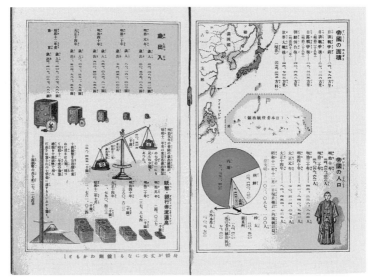

［図０—２ａ］『日本躍進絵本』 2-3頁

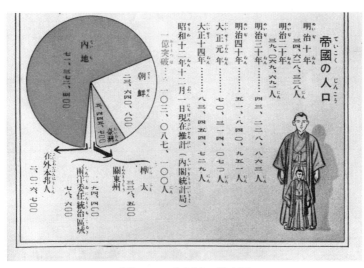

［図０—２ｂ］同上 拡大図

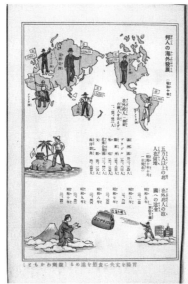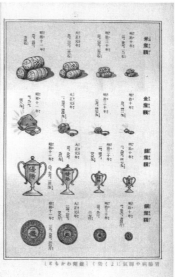

［図０−３ａ］『日本躍進絵本』 12-13頁

［図０−３ｂ］ 同上　拡大図

序章　幼年用メディアを介した子どもと母親の国民化を研究することの意義　31

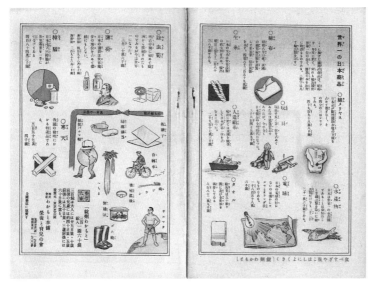

［図0-4］『日本躍進絵本』　18-19頁

［図0-5］同上　裏表紙

1章 〈赤本〉と呼ばれた絵本の成立、そして排除から包摂へ
―絵本の生産・流通・受容を巡る諸問題―

はじめに

　本書で分析資料とする絵本は、絵を主体として、そこに詞を添えた構造でなり、図書館では単行の図書（本）に分類される。絵を主体とした本は、子ども用とは限られていなかったが、近世からあり、本の形式に限らなければ、中世の絵巻物にも原型を遡れる。表象を絵解きすることで、意味内容を伝達する表現形式は、法隆寺の「玉虫厨子」（7世紀作）の側面に描かれた「捨身飼虎図」にも見ることができる（赤井1989：32-43）。

　本章の目的は、絵本の形式や内容の変遷を辿ることにあるのではなく、近代日本に於いて、媒体である絵本、媒介者としての母親、読者の子ども、およびそれらで構成された〈絵解きの空間〉が、家庭教育の振興に伴い、当時の社会に位置づけられていく状況を概観することにある。ここでは、幕末・明治初頭から昭和の戦時統制期までのこれらと社会の関係性を確認するために、絵本の生産・流通・受容を巡る諸問題を通史的に辿ることにする。そこから、序章で設定した課題に基づき、次章以降で検討すべき問題点を抽出する。

　以下、1節では、幕末・明治期の〈絵解きの空間〉を巡る回想録から、〈絵解きの空間〉の意味を確認する。2節では、絵本が明らかに子どものメディアとして刊行された明治末期、20世紀初頭の絵本の出版状況を概観する。3節では、近世の草双紙を継承した絵本が〈赤本〉と呼びかえられて、近代教育の枠組みから排除されていく状況を概観する。4節では、近代家族の子

ども観と家庭教育の問題を検討する。5節では、昭和期になり、家庭教育の振興が国策として展開し、その情報媒体としての絵本、媒介者としての母親が戦時統制下に位置づけられていく状況を概観する。6節では、戦時統制期に於ける絵本への統制の展開を記述する。おわりに、今後の章で検討すべき課題を取り出す。

1　前近代を継承した〈絵解きの空間〉

　幕末・明治期には、絵を主体とした本は、江戸時代の草双紙を継承して「草双紙（くさ草子）」、「絵草紙（絵双紙）」などと呼ばれた。江戸時代の草双紙とは、版木に図像と文字を掘り込んだ木版刷りの通俗的な読み物を指す。内部は墨一色刷りであったものの、表紙の形態は変化したことから、それらは赤本、黒本、青本、黄表紙、合巻と呼び変えられた。赤本の表紙は丹色の無地であったが、時代が下るに従い、表紙は無地でも題箋に絵柄が入るようになり、幕末・明治初頭にもなると表紙全体が多色刷りの錦絵風になった。

　江戸から東京に首都の名称が変わって間もない頃の〈絵解きの空間〉を描写した回想が残されている。以下では、日本画家の鏑木清方（1878-1972）、女流劇作家の長谷川時雨（1879-1941）、作家の中勘助（1885-1965）の随筆や自伝的小説から、この時期の〈絵解きの空間〉を描写した文章を取り出してみる。

1-1　鏑木清方の場合

　鏑木清方は、近代日本を代表する日本画家であったが、若き日に烏合会（1901結成）に所属し日本画を発表する一方で、金井信生堂の《教育絵本》『新女礼式』（1909）を含む出版物の挿絵を数多く描いた挿絵画家でもあった。清方は、随筆『こしかたの記』（『鏑木清方随筆集』双雅社、1941）を次のように始めている（鏑木1977：7）。

今のような高層建築のまだ無かった時分には、地平線につづく大空を東京の何処からでも見ることが出来た。その広々とした空を映して、さのみ大きくはないけれど、満々と水を湛えた池に臨む小座敷に、半白の髪をざんぎりにした老女が、傍近く積み重ねた草双紙を次々に取りあげて、うしろ紐の男の子に絵解きをしてきかせている様子を、私は遠い昔の幻に懐いて、ともすれば思い出すことがある。

　清方によると、「江戸から続いて東京に住む家庭」の「況して相当の暮らしをした旧家」（前掲鏑木：7）には、美しく保存された錦絵版画や「草双紙」が残されており、幼い子どもは、身近な大人からそれらを日常的に絵解きしてもらっていた。清方は、「明治の文学者には、母の遺愛の草双紙が文字に親しむ始めだとか、土蔵の中で草双紙を読み耽ったとかいう話が夥くない」（前掲鏑木：9）とも記しており、文字の読み始め頃には、子どもはそれを一人でも読んだようである。『こしかたの記』には、江戸から東京へ首都の呼称が変化する社会構造の中で、それまでに社会に蓄積された文化が、ゆるやかに変容しながらも前近代から近代に継承されていく様子が綴られている。

1-2　長谷川時雨の場合

　長谷川時雨は、随筆『旧聞日本橋』（『女人芸術』1929-32連載）で、「絵双紙屋の店には新版ものがぶらさがる。そぞろあるきの見物はブロマイド屋の店さきにたつ心と、劇好きと、併せて絵画の鑑賞者でもあるのだ」（長谷川（時）1983：254）として、まだ江戸の風情の残る明治中期の東京の風景を綴っている（前掲長谷川：62）。

　　柏墨の「丸八」は大伝馬町三丁目の老舗で、立派な土蔵造りの店だった。紀文に張りあった奈良奈の家〔…〕ときいていた。「大晦日草紙」とかいったように覚えているが、くさ双紙に、若い旦那の色里通いを、悪玉がおだてている絵があって、お嫁さんが泣いているのを見たとき、丸八の先代のことだとかいった。後

に、春の絵の本を見たら、香字という大尽に張りあう高総という大尽のことがあった。それも多分「丸八」のはなしだとかきいていた。その事実は知らないがとにかく、そんなにまで豪奢な、派手なことがあったうちと見える。

　この時期の「草双紙」は、子ども用と限定できるものではなく、現代の大衆ゴシップ誌の要素も備えていた。時雨は、下世話な内容を絵解きする大人の話に耳をそばだてる子どもの様子を綴っており、次のように、当時の家庭の団欒も記している（前掲長谷川：325-326）。

　　奥蔵前の、大長火鉢をかこみ、お夜食のすんだ行燈の許の集りは、八十八で死ぬ日まで祖母が中心だった。ある年は、行燈の影絵を写してよろこんだ私だった。ある年は、小切れをもらってお手玉をつくる小豆を、お盆の上で選っていた。ある年はお手習いしていた。またある年は、燈心を丸めて、紙で包んだ鞠を、色糸で麻の葉や三升にかがっていた。ある年は、妹たちときしゃごをはじき、ある年はくさ草紙を見ていた。母はつぎものをする時もある。歌舞伎〔…〕の似顔絵を見ている事もあるが、かき餅を焼いたり蕎麦がきをこしらえてくれたりした。女中たちは雑巾をさしたり、自分のじゅばんの筒袖をぬったりした。

　時雨の祖母は伊勢の百姓の娘で、「ただ、学をまなばず、字に暗し」の「面白い凡人」であった（前掲長谷川：326）。祖母を中心にして成立していた家屋の中には、豊かな言葉で語り合う空間が存在した。そこでは、親族だけではなく使用人も交えた女性達が家族として集い、内や外の出来事が語り合われた。様々な関係性の中で、様々な情報が行き交い、子どもの文化面が形成されたことが、この回想から窺える。

1-3　中勘助の場合

　中勘助は、和辻哲郎によって「不思議なほどあざやかに子供の世界が描かれている」（中1935：193）と評価される自伝的小説『銀の匙』（1921）を著した。中は、主人公である「私」の幼い頃の思い出を、次のように表現してい

る（前掲中：32-33）。

　また本箱にいっぱいある草双紙をぶちまけて気のながい伯母さんにあとからあとへと話させることもあった。なにかしかられて泣いたあげくさんざんすねて、なんのかのとすかしにくるのさえ腹だたしく、部屋のすみにひとりひっこんで草双紙をひろげたりおもちゃをいじくったりして慰めてると、お犬様や、牛や、才槌や、草双紙のなかのお姫様などがものこそいわないが親切にいたわってくれる。そうされれば泣きやんだくやし涙がまたとめどもなくわきだして泣きじゃくりしながら
「こんなに味方があるからいいやい」
という気になってみんなを恨んでいる。

　子どもにとっての「草双紙」は、単なる絵空事ではなかった。その表象は、「ものこそいわないが」命を備えた生き物のように、子どもにとっては現実的なものであった。そこには、家族の絵解きが関与しており、その絵解きの記憶が、家族から離れ一人になった時にも、その表象に命を与えた。

1-4　事例に見る〈絵解きの空間〉

　事例とした〈絵解きの空間〉は、文学史上に残された限られた記録である。これらでは、〈絵解きの空間〉の介助者は、母親ではなく、祖母や伯母であり、子どもの生活全般への介助の一環として、〈絵解きの空間〉が成立していた。〈絵解きの空間〉に於ける介助者と子どもの関係性は、年月を経ても色あせることのない記憶として、語られていた。

　ここで検討した〈絵解きの空間〉は、言葉の学習の場でもあった。三者は、〈絵解きの空間〉に於いて、人や物と身体的に関わることを通して、言葉を学び、感性を養い、後に優れて豊かな芸術を生み出した。この三者にとって、〈絵解きの空間〉で学習した言葉と培われた観察眼は、現実とは異なる想像世界を構築する糧になった、と考えられる。

2　20世紀初頭の絵本

　前節では、19世紀末の〈かつての子ども〉の回想録から、まだ学校教育がさほど普及していない時期の〈絵解きの空間〉が、子どもにとってどのような意味をもつものであったかを概観した。次に、明治末期、20世紀初頭の出版界の動向を通して、幼年の子ども用の絵本が、当時の社会に、どのように位置づけられていったかを探ってみる。

2-1　書籍組合の認識

　江戸時代の本屋には、浮世絵版画や草双紙を扱った地本問屋と、漢籍を扱った書物問屋の株仲間組織があった（鈴木（敏）1980）。いずれも出版（「出板」とも表記）だけでなく、流通・販売にも関わり、維新直後の出版行政は、江戸の出版形態を維持したまま展開した。明治維新から10数年が経過し、東京の出版界は、これらの組織を引き継ぎながら、次第に組織化されていった。1881（明治14）年に、前者は東京地本錦絵問屋仲買小売営業人組合、後者は東京書林組合を設立したが、いずれも数年で消滅した。新規参入や世代交代を含み、前者は1886（明治19）年に東京地本彫画営業組合（1886-1924、改組後に東京書籍商懇話会、1924-41、以下、地本組合と表記、その刊行物を地本系と表記）を、後者は1887年（明治20）年に東京書籍出版営業者組合（1887-1902、改組後に東京書籍商組合、1902-40、以下、書籍組合と表記）を設立した。戦時統制で一元化（1941）されるまでは、流通界では取次の再編が繰り返されたが、出版界は比較的安定した状態で推移した（宮本2001：74-76）。

　『図書月報』創刊号（1902）では、書籍組合組長・小柳津要人（1844-1922）が、「我等出版業者は即ち文明の進歩を其肩上に擔ふといふも敢て過当の言にあらざるなり」（『図書月報』1—1：1）と発刊の辞を記している。創刊号から9年後の10巻（1911）では、月報主幹・小林鶯里（善八などの筆名、生没

年不明）が子どもの本についての「論説講話」を連載している。その内の一点、「幼年文学に就て」は、次のように始まる（『図書月報』10—1：1）。

　　世の進化と共に読書家の数も激増し、文学的範囲も拡張せられ、殊に近頃著しく発展したのは幼年文学である。試みに一夜露店の連る町を歩めば、必ず絵本お伽噺の如き図書を商ふもの二三軒及至六七軒は見受くるのである。近き数年前の露店と云へば、飴屋、玩具店、古道具屋などに占領されて、偶々千代紙を粥ぐものゝあった位である。流行の異動と教育の普及とは、此の露店にまで影響を及ぼし、いつ迄も飴屋、古道具屋の勢力を持続せず、漸く絵本お伽噺の全盛時代を現実するに至った。而も露店のみならず、玩具、文房具、雑貨商の如き、幼年に関係ある物品販売業にては、必ずお伽噺絵本の類を盛んに備置くやうになった。

　小林は、続いて「流行を駆逐するに粗造品の乱発である、故に折角の隆盛も自ら求めて破壊する」とか、「毎日幾種となく発行さるるお伽噺画本の内には、児童に読まして反って害を醸すやうな劣等の作物もある」と記している。「教育」が「教盲」となっている誤字を指摘して、20世紀初頭に、「お伽噺絵本」や「お伽噺画本」などと呼ばれた絵本が流行し、粗悪化していった様子を描写した（前掲10—1：2）。

　1904（明治37）年に国定教科書の使用が開始され、〈良い子〉の褒美として絵本が位置づけられた。『尋常小学校修身書　第二学年教師用』の第27項目「よい子供」には、この項目を教授するに当たり、「二人の子供が父母より絵本を貰ひし話によりて、これまで教へしことをまとめて復習せしむるを以て、本課の目的とす」（仲〔ほか〕編1983：84-85）と記されている。子どもは、〈良い子〉であったことの結果として絵本を貰えるのだが、絵本を貰うことを目的として〈良い子〉であろうとした、という可能性も指摘できる。その結果、〈良い子〉が増加したと同時に、絵本の売り上げも増加した、と考えられる。

　この時期、小林は、「お伽絵本の編者及出版者に望む」を、次のように記している（『図書月報』10—5：66）。

近時幼年読物勃興の時、書店雑誌店若くは玩具商の店頭には、お伽的新刊書の
　　千紫萬紅、堆く積み上げられ、妍を競ひ美を争ふの状、恰も春の花の其れの如く
　　である。これは所謂家庭教育の補ひとなり、小学校教育の助けとなるべく、まこ
　　とに今日の隆盛を慶賀せねばならぬ。試みに其一二を手にするに、絵と言ひ文と
　　言ひ一通りに書かれ、幼年者の小さき頭脳に巧く消化され、精神的滋養となる資
　　格を有するものもあるが、中には甚しきは不注意の絵や拙劣の文を書き、之を児
　　童に与へて反って害を醸す程のものあるに至っては、黙過するに忍びず、少しく
　　警告を与ふるの要があろうと思ふ。

　小林は、多色刷りの絵本が華やかに店先を飾っていた様子を描写している。
絵本は、「小学校教育」を強調することで、「草双紙」から差異化されて子ども
用であることを意味づけられて、「学校の読本と連絡を保たし、読本の足
らざるところを補ひ、読本に挙げられぬ注意などを加へ、語句の練習となる
事を主眼とすべく」（前掲10－5：68）と位置づけられた。

2-2　名称の試行錯誤

　「絵本」の用語は前近代からあり、明治初期にも『ゑほんをしへぐさ』（山
田仙文、1885）、『絵本楠公記』（上田屋、1887）などのように、「絵本」を含む
書名は確認される。しかしそれは、「絵入り本」の意味であり、「子ども向け
という暗黙の約束は全くなく、むしろ大人向けの本」（鳥越2001：4）と見な
されている。一方で、幕末頃に出現した「昔話を主体とした子ども向けの絵
本」（内ヶ崎2001：17-18）と定義される「豆本」と呼ばれた小型の昔話絵本、
『桃太郎噺』（小森宗次郎、1876）などもあった。

　明治末期、20世紀に入ると、地本系絵本の書名や叢書名には、「絵本」や
「画本」の名称も使用されるようになったが、それ以上に目に付くのは「絵
噺（画噺、絵話など）」や「画帖」などである。金井信生堂刊《教育歴史絵は
なし》『加藤清正公』（山中古洞画、1909）、同《お伽教育画噺し》『二人桃太
郎』（1910）などが例としてある（3章参照）。他社でも、様々な名称が混在し

ているが、内容にさほどの差異はない。書籍組合加盟の出版社では、冨山房の《日露戦争ぽんち》(1904) は「ぽんち」、丸善系列の中西屋刊《日本一ノ画噺》(1911-15) は「画噺」を使用している。大正になると、大阪の心斎橋筋で近世から営業していた田村九兵衛の《サザナミヱホン》(1919) は「絵本」、金井信生堂も「絵本」を使用するようになり、「絵本」の名称が定着した。

1904（明治37）年に、絵雑誌の嚆矢『お伽絵解　こども』が創刊されたのだが、この誌は本文中で「絵本」と自称している（2章参照）。ここから、この時期の生産者には、単行本と逐次刊行物の形式面に関しての差異的認識はなかった、と見ることができる。

様々な名称は、それまでの「絵本」の認識から、子ども用絵本を差異化するための試行錯誤でもあった。一方で、小林鶯里の使用した「絵本」は、"PICTURE　BOOK" の翻訳語であり、西洋文化を意識した書籍組合の認識であった、とも考え得る。当時の絵雑誌にはイギリスの絵本作家の影響の明らかな実例もあり（三宅2003）、この時期には、児童文化の分野でも西洋文化の影響が強かった。

この頃、三越呉服店主催の「児童博覧会」(1909) が開催され、「児童教育上の必需品」(1909.7『みつこしタイムス』7―8：2）として、玩具や絵本も展示された。これに関連して、黒田清輝（1866-1924、洋画家、東京美術学校教授）は、標題「眼で見る玩具と手に持つ玩具」（前掲『みつこしタイムス』：120-124）に於いて、「眼で見る玩具」に分類された絵本に、教育性と芸術性を盛り込むことの必要性を示した。

絵本は、明治も末頃にもなると、前近代の造本・販売形式を継承しつつも、内容面に於いては、近代的、教育的要素を求められるようになった。それらは、近代日本が子どもを国民化する上で必要と見なした要素でもあった。

3　排除される〈赤本〉

　大正から昭和に入り、地本系絵本は、江戸時代の草双紙の初期形態であった赤本に蔑視的な意味が付加されて、〈赤本〉と蔑称されるようになった。そこには、明治維新後40数年を経て顕在化した社会構造の変容が関係している。ここでは、〈赤本〉が20世紀初頭から30年間に、近代的であることの枠組みから排除されていく状況を概観する。

3-1　経済性の問題
　地本系絵本蔑視の要因として、絵本の生産・流通に係る経済性の問題が挙げられる。次に経済性の問題に関して、第一に印刷インクの問題、第二に販売方法の問題を検討する。

3-1-1　印刷インクの問題
　〈赤本〉と呼ばれた第一の要因は、赤色を中心とした印刷インクの粗悪さにあった。幕末になり浮世絵版画に外来の鉱物性インクが導入され、地本系絵本にも安価なアニリン・インクを使用するものがあった。それは水溶性であったことから、派手な色調と共に安全性が問題視された。

　1900（明治33）年4月の「官報第五〇三四号」に於いては、「内務省令第十七号」の「有害性著色料取締規則」が通達された。その「第四条」には、「第一条第一種ノ著色料ハ販売ノ用ニ供スル化粧品、歯磨、小児用玩弄品（絵草紙、錦絵、色紙ヲ含ム）ノ製造又ハ著色ニ使用スルコトヲ得ス〔…〕」の文言が記されている。1909（明治42）年1月の「官報第七六六五号」に於いては、「内務省令第十七号改正」が掲載されており、「乾燥油又ハ「ワニス」ニ融和シ若ハ「ワニス」ヲ塗布シタル〔…〕」ものを規制外とすることが示された。

　これを受けて、「此絵本は明治四十二年一月十六日発布の内務省令に基き

乾燥油及びワニスを融和して着色印刷したる者故御安心之上御注文被下度候」(『曽我兄弟』日吉堂、1910) などの文言が、地本系絵本の奥付に印刷された。江戸時代の地本問屋の直系にある日吉堂、綱嶋島鮮堂、青盛堂の刊行絵本には、このような文言が大同小異に印刷されている。しかし明治末期開業の富里昇進堂と金井信生堂の刊行絵本には、これらは印刷されていない。

　前者は、江戸文化の木版摺りを継承したことから、水性インクを使用しており、後者は、西洋文化の石版刷りを導入し、石版よりも安価な亜鉛版を使用したジンク平版印刷であったことから、油性インクを使用していた。前者の安価な水性インクが問題視され、両者共に粗悪品扱いされて、〈赤本〉と蔑称される要因となった。

3-1-2　販売方法の問題

　第二の要因は、書店のみならず露天でも売られた販売方法にある。そこでは、売るための商品性が強調され、香具師が介在したことから、非近代性、非教育性が問題視された。

　その背景には、雑誌の供給過多があった。博文館は書籍組合発展の牽引力となったが、大量発行、大量販売は大量残本の要因にもなった。1911（明治44）年頃に、博文館雑誌を値引きして売り捌く商法が発生した。雑誌組合設立の1914（大正3）年以後には、様々な雑誌が市場に氾濫して、月遅れ雑誌を売り捌く商法は活況を呈した（小川1992）[1]。それらはまず古本屋や雑貨屋などの店舗で商われたが、それも間もなく飽和状態になった。

　地本組合はこれに目を付け、香具師の介在した露天商を通じて、5冊程度の月遅れ雑誌や絵本を束にして、1束10銭ほどで売る商法を編み出した。浅草の仲見世などの露天や大道で立って売るのは「バサ売り」（あるいは「立ち売り」）、東京見物の汽車や汽船で売るのは「ハコ売り」と呼ばれた（前掲小川：242）。「ハコ売り」の呼子は口上を述べながら販売し、「ハコ売り」の中でも、汽車で売るのは「汽車売（はこばい）」、汽船で売るのは「汽船売（うきばい）」と呼ばれた（尾崎〔ほか〕1991：490-510）。このような商いは、戦時

期の出版統制が始まるまで、好不調の波を潜りながら展開された（前掲小川）。

　このような販売ルートは、書籍組合と雑誌組合の残品売り捌きのために出現したのだが、前近代の流通を継承し、露天商に販売ルートを持っていた地本組合が参入して、その機能を強化した。地本系刊行物だけが、裏ルートで販売されたのではなく（前掲小川）、地本系刊行物は、裏ルートだけで販売されたのではない（大橋1998：91）。

3-2　交通・通信手段の近代化

　絵本と絵雑誌は、幼年の子どもを読者対象として、絵を主体としたメディアであるという意味で、競合する関係にあった。雑誌組合の設立後の1910年代後半には、絵雑誌の創刊ラッシュがあり、絵雑誌の乱立状態が発生していた（三宅〔ほか〕編2009）。

　雑誌組合設立の要因となった雑誌の供給過多は、第一次世界大戦の報道合戦や交通・通信手段の近代化と関連している。20世紀も10数年が過ぎ大正期に入ると、都市と地方をつなぐ交通・通信手段が整備され、様々な情報が拡散して、都市文化が地方にも波及した。経済的地盤を確立した庶民層も増加して、メディアに対する需要も増加した。

　このような時期に地方に暮らした〈かつての子ども〉の回顧録を覗いてみたい。長野県飯田市に生まれ、長じて日本経済史や日本農業史の研究者となった古島敏雄（1912-95）が、1920（大正9）年頃の正月の想い出を、次のように記している（古島1997：36）。

　　　私の欲しいものは本屋の福袋であった。小学校一年生の時から『赤い鳥』を月極で届けて貰っていた文星堂や、学校の教科書を扱っていた西沢書店の福袋よりは、いつもあまり顔を出さない小店の生川書店の福袋をよく買ったように思う。売れ残りの、月おくれの雑誌や、忍術物の小型本が入っているのが、いつもは買って貰えない種類の本に接する機会であった。それに雑誌の付録についてくる双六の変り物、質の悪いいろはカルタなどが入っている。正月の遊びの材料を手に

入れる機会である。

　そこには、教育性を謳われた雑誌『赤い鳥』よりも、非教育的と批判された講談本や紙製玩具が入った福袋に心を躍らせた少年がいた。古島は、次のようにも記している（前掲古島：299）。

　　〔…〕伯父は、その後を東京で学んで、そのあとアメリカへ渡り、カリフォルニアのサクラメントあたりにいた。〔……〕この伯父は明治の終わり頃、アメリカ人の伴をして帰り、〔…〕骨髄炎をおこし、大正初年数年にわたり父の患者であった。私はその枕元に座りこんで絵本をみたり、動物や植物の英語名を口うつしに教えられた。これは伯父が町を離れ、神奈川県の真鶴に家を構えるようになる大正七、八年頃には全部忘れてしまい、ライアンではなく、本で覚えたライオンになった。

　古島の読んだ絵本が、外国製か日本製かを断定できないが、地本系絵本であった、とも考えられる。地本系絵本を代表する金井信生堂創業期絵本の奥付には、全国各地の大手の書店が売捌店として掲載されており、1915（大正4）年頃には、長野の西澤書店も含まれていた（前掲大橋）。冨里昇進堂もほぼ同様の販売店網を奥付に記載しており、そこから、他の地本系絵本も、正規の流通によってこの地に配本された、と考えられる。

　信州は、距離的に江戸に近く、冬季の生活の厳しさから江戸に出稼ぎに出る者を多くして、近世から江戸文化にふれる機会の多い土地柄であり、教育に関心の高い地方としても有名である。このように文化意識の高い地方では、大正にもなると、東京の都市文化が地方都市の子どもの暮らしにも進入していた。

　交通・通信手段の近代化は、地方と都市の時間的、空間的距離を縮め、地方や都市の家庭の個別性を平準化していった。平準化や画一化にメディアの果たした役割は大きく、幼年用メディアもその一端を担った。

3-3　家庭教育論者による蔑視

　1925（大正14）年5月に普通選挙法が公布された。これは25歳以上の成年男性に限り選挙権を与えたものであったが、この公布によって「大衆」が発見された。先行研究では、「政治の舞台に登場してきた膨大な「大衆」へ呼びかける手段として、新しい「メディア」が注目された」（佐藤（卓）2002：20-21）と指摘されている。

　新中間層の成立に伴い、雑誌の読者層が拡大し、雑誌は大衆化していった。婦人雑誌の興隆は、雑誌文化の「大衆化＝資本主義化」を主導するものであり、インフラ整備に伴う新中間層の成立とその階層を購買層とした大量販売、広告や別冊付録などの景品を指して、婦人雑誌はデパートに喩えられた（前掲佐藤：28-30）[2]。幼年用メディアである絵雑誌も、漫画の興隆を含めて、この時期には多種多様に生産されていた。絵本も、絵雑誌に対抗する意味もあり、乗り物絵本が氾濫するなど、都市生活を描いた同様の内容のものが繰り返し刊行された。この時期の絵本・絵雑誌を含む大衆メディアには、「都市的でモダンな国民生活の欲望の高まり」（住友2005：49）を指摘できる[3]。

　関東大震災（1923）を経て、1926（大正15）年になり、文部省から冊子『子どもの絵本』が配布された。そこでは、教育や衛生思想に関連した絵本の問題点が指摘され、改善点が示された。

　この頃から、家庭教育論者の言説で、〈赤本〉という用語が使用され、地本系絵本への批判が行われるようになった。〈赤本〉を積極的に批判したのは、絵雑誌『日本幼年』（1915-23）、『コドモノクニ』（1922-44）、『キンダーブック』（1927-）の監修を行った倉橋惣三（1882-1955）であった（4章参照）。倉橋は、『キンダーブック』創刊の翌年に、次のような〈赤本〉批判を行っている（1928.6『児童研究』32—3：54-55）。

　　〔…〕我が国で子供の絵本として分量的に一番の問題になつて来ますものは、決して皆さんの御家庭などにありますやうなああいふ値段の高い、或は立派な商店

に並んで居るやうなああいふ種類のものではなくして、あれは普通の子供が見て居ります中の分量としては極く一部でありまして、大部分といふものは所謂本屋では扱ひませぬところの赤本、豆本、値段で申しますならば高々十銭十五銭位のものが大部分を占めて居るのであります。〔…〕それが多数の子供の中に行き渡って居る。必ずしも極く低い社会の方々の家に行くばかりでなくして、不用意にはそれが相当の考へのある家庭内へも紛れ込んで行く程溢れて居るのであります。そこでさういふものを作って居ります人は、まるでそう申すと何でありますけれども、絵本制作者といふやうな、私どもがお互に考へるやうな標準から見ればまるで低級な人でありまして、或は児童の性質を解しないとか、児童心理を知らぬとか何とかいふやうなそんな問題ではない。一体の人生観そのものが極く低級な人、一体の趣味観そのものが極く俗な人、さういふ人の手によって、さういふ人の頭から割り出されて作られて居るのでありますからして、いいものが出来ないことは勿論であります。〔…〕

　倉橋の〈赤本屋〉に対する画一的、断定的な批判は根拠に乏しい。東京の〈赤本屋〉の多くは下町である浅草や蔵前を拠点として、『出版年鑑』（東京書籍商組合）には記載されていない家内工業的な零細業者であったことは確かである。しかしながら、金井信生堂は関東大震災後に合資会社となり、二代目経営者・金井英一（1900-82、東京帝国大学卒）は高等教育を受けている（上編著1974）。湯浅春江堂は株式会社組織であり、大阪の榎本法令館は全国的な販売ルートを持っていた（前掲宮本）。〈赤本屋〉と呼ばれた出版社には多様性があり、倉橋の断定の仕方は、階層差別を含むものであった。

　絵雑誌『子供之友』（1914-43）の編集主幹・羽仁もと子（1873-1957）も、倉橋と同様に、既存の絵本には批判的な眼差しを向けていた（5章参照）。羽仁は、『子供之友』創刊に至る思いを述べる一環として、この時期に既存した絵本に対して、次のように批判している（羽仁1928（10）：153-154）。

　どこの子供も熱心に、桃太郎や舌切雀のお話を聞くものですから、その話し方の善悪は子供の教育に大関係のあることでございます。私どもの子供もお伽噺を

謹聴するばかりでなく、だんだん絵草紙を買うようになりました。その中には桃太郎、舌切雀を初めとして、かちかち山、花咲爺、狐の嫁入り、猿蟹合戦などいろいろありますが、いずれも教育などということに考えのない商人のつくったものですから、読んでみると、せっかく面白くまた為にもなるように出来ている昔からのお伽噺を、まるでこわしてしまうばかりか、かえって害になるようにしているようでございます。

　羽仁は、当時に流通していた絵本を「絵草紙」と呼称し、その非教育性を批判した。加えて、「ことに市中に売っている絵草紙などを買って来て、女中たちにそのまま読みきかさせること〔引用者注：「読み聞かせ」をさせることの意〕はやめたいと思います」（前掲羽仁：156）と述べている。

　これらの文脈には、羽仁の階層意識が表れている。それらは、第一に、「女中」を雇えるという特権意識、第二に、中等・高等教育を受けることなく「女中」になった者や商人になった者への差別意識、第三に、そのような非教育的な領域に属すると見なした「絵草紙」への差別意識である。『子供之友』創刊には、このような階層意識が前提としてあった。

　これらの言説から、大正・昭和初期には、知識層が自己をエリート化して、偏りのある眼差しを社会に向けていたことが窺え、近代化が江戸時代の身分制度とは異なる新たな階層社会を生成させていたことがわかる。このような知識層が、国民のリーダーとして大日本帝国の政治・経済・教育・文化などの中枢を担っていた。明治期に高等教育を受けた知識層が、江戸時代の士農工商のどの身分に属した家系の出身者であったかを勘案すると、それは新たなと言うよりも、古い階層社会の再編成であった。明治維新が政治体制を近代的に変容させたとしても、それまでの社会に蓄積された文化は、社会の構成員の行動様式や考え方を規制していた。知識層である家庭教育論者の眼差しによって、地本系絵本は、〈赤本〉と蔑称されて、近代的であることの枠組みから排除されていった。

4　近代家族と〈絵解きの空間〉

　前節では、昭和になり地本系絵本が〈赤本〉と呼びかえられて、近代性から排除されていった状況を概観した。本節では、大正から昭和に移行する時期、1920年代から30年代に焦点を絞り、新中間層と呼ばれる近代家族の子ども観と、〈絵解きの空間〉の諸相を取り出して、その関係性を検討する。

4-1　近代家族の子ども

　第一次大戦終了後（1919）から満州事変勃発（1931）に至るこの時期の日本は、ワシントン体制に順応し、米英と協調することで帝国の安定をはかり、日本経済を躍進させたと同時に、社会運動の展開や大衆文化の開花を伴い、金融恐慌などの不安定要因も抱えていた（江口1994）。東京・大阪などの都市に人口が集中し、新中間層がその多くを占めるようになった。1920（大正9）年に於ける新中間層の割合は、全人口では5～8％しかなかったが、東京市人口では21.4％にもなっていた（伊藤（壮）1965：187）。

　新中間層と呼ばれた近代家族の特徴を、小山静子は次のようにまとめている（小山2002：157-159）。家庭の形態については、第一に、労働形態は頭脳労働であり、第二に、所得形態は俸給（サラリー）により、第三に、社会階級上の位置づけは資本家と賃労働者の中間に存在し、第四に、生活水準は中位であった。家族の形態については、第一に、「夫は家庭から離れた職場」にあり、妻は「主婦として、場合によっては女中を使いながら、家事・育児に専念」しており、第二に、俸給を得た職業が官公吏、教員、会社員、職業軍人などの近代的職業であり、第三に、多くの場合、夫は農村から中等・高等教育を受けるために都市に流入し、就職・結婚した農家の次・三男であり、妻は舅・姑と同居することなく、夫婦と子どもで構成された核家族であった[4]。

ところが、俸給生活者である新中間層は安定的な生活水準を保っていたと見られがちだが、第一次大戦後に物価は上昇したものの、それに伴わない賃金によって、下級官公吏、巡査、小学校教員、会社員などの新中間層であっても中・下層の家庭では、生活難が深刻化していた（小山1999：67-68）。大正期には、女中と御用聞きへの依存から脱却して、主婦自らが買い物に出かける大衆文化も生まれた（住友2011：183）。

1920（大正9）年に、第1回「国勢調査」が開始され、以後、5年毎に「国勢調査」が行われた。以下に、1〜5回は内閣統計局「国勢調査」、6回は戦時期に行われた内閣統計局「人口調査」に見る総人口、0歳児人口、5歳児人口を表にする［表1―1］（東洋経済新報社編1991（1）：23）。末尾に、0歳児は5年後には5歳児になることから、その数値差を加筆する。

1922（大正11）年に、産児制限活動家のマーガレット・サンガー（1879-1966）が来日し、日本でも産児制限の取り組みが積極的になされるようになった（田間2006：66-67）。先行研究では、この時期は「多産多死社会から少産

［表1―1］「国勢調査」（1920-40）、および「人口調査」（1945）に見る0歳児人口と5歳児人口

回	西暦年	総人口（人）	0歳児人口* （人）	(%)	5歳児人口* （人）	(%)	0歳児人口の5年後** 数値差（人）	減少値（%）
1	1920	55,963,053	1,877,543	3.4	1,372,928	2.5		
2	1925	59,736,822	1,920,724	3.2	1,599,491	2.7	278,052	14.8
3	1930	64,450,005	1,952,306	3.0	1,625,564	2.5	295,160	15.4
4	1935	69,254,148	2,035,909	2.9	1,724,347	2.5	227,595	11.7
5	1940	73,075,071	1,998,647	2.7	1,795,478	2.5	240,431	11.8
6	1945	71,998,104	不明	不明	1,981,218	2.8	17,429	0.9

割合は、小数第2位以下を四捨五入した。
＊　0歳児と5歳児の人口（人）、およびその人口が総人口に占める割合（％）を記した。
＊＊前回の0歳児人口から当回の5歳児人口を引いた数値を「数値差」（人）、その数値が前回の0歳児人口に占める割合を「減少値」（％）とした。

少死社会への転換点」(小山2002:165) と見なされている。

　ところが［表1―1］によると、0歳児人口の割合は徐々に減少しており、1920年代から「少産」傾向は説明できるが、5歳児人口の割合は変動していない。0歳児の5年後の減少値には揺らぎがあり、減少傾向は1940年代になり明らかになる。この間に戦争があり、調査自体も変容していることから、この数値だけでは「少死」傾向は説明しにくい。

　昭和に入ると、東京女子師範学校（1874創立、1908改称、東京女子高等師範学校）をはじめとして、奈良女子高等師範学校（1908創立）などで幼児教育を学んだ者も増加して、各地に幼稚園が普及し、幼稚園児も増加した。1930（昭和5）年では、幼稚園数1,509園、保母数4,657人、園児数[5]121,975人、1935（昭和10）年では、幼稚園数1,890園、保母数5,861人、園児数143,676人である（東洋新報社編1991（4）：173）。［表1―1］の1930年と1935年の5歳児人口に限り比較しても、園児数はその8％前後に過ぎない。このように子どもの全体像から見れば、戦前期の幼稚園児とは限られた人数の子ども達であった。

　昭和初期の幼稚園児の全てが新中間層の子どもとは限らず、新中間層の子どもの全てが幼稚園に通ったとは限らない。しかし、幼児教育に対する新中間層の親の意識水準は高かった、と考えられる。新中間層の割合と幼稚園児の割合を勘案すると、子どもの全体像から見れば、新中間層の子どもの人数は限られていた。ゆえに新中間層の親は、少数の子どもに〈良い子〉を希求し、手厚い保護と教育を行った（小山2002：166）。そこでは、母親には母性愛が求められ、子どもは保護されるべき対象となり、「子どもらしさを尊重するという心性」（小山2002：171）が生み出された。

　その一つのかたちとして、1920年代から30年代にかけて、童心主義を謳った「児童文化運動」が展開された（上野（浩）1981；川勝1999；浅岡2004）。童心主義とは、「子どもの無邪気で純粋な心を童心と呼び、尊重し理想化した子ども観」（大阪国際児童文学館編1993（2）：440-441）と定義されている。

『赤い鳥』(1918創刊)は、「最初の計画的な児童文化運動」(前掲上野：359)と見なされている。この誌に登場する子ども達は「良い子」、「弱い子」、「純粋な子」に分類されて、その表象は「純粋」と「無垢」の表現で修飾された(河原1998)。同時期に、『おとぎの世界』(1919創刊)、『金の船』(1919創刊)、『童話』(1920創刊)などの子ども用雑誌も創刊され、子どもの純粋無垢な童心を謳う童話や童謡が発表された。

絵を主体とした幼年用メディアに於いても、倉橋惣三の関与した『コドモノクニ』と『キンダーブック』の創刊が「児童文化運動」の一環として捉えられる。前者では、芸術的、教育的であることが標榜され、童画表現によって「可愛い」子ども像が表象されて[6]、童心主義が謳われた。後者では、幼稚園令(1926)に示された保育項目・観察に沿った観察絵本として、幼稚園を通した直販方式が採用された。この他にも、教育者の関与した『幼女の友』(1917-40頃)や『幼年男子の友』(1918-40頃)などの学校教育と連携させた絵雑誌が、数多く創刊された。

4-2　近代的な眼差し

子どもへの眼差しが変容した背景として、「児童」に関する科学的研究の興隆が挙げられる。それは、西洋近代の教育や科学の導入と関連してあった。ダーウィン(1809-82)の進化論に依拠し、20世紀を「児童の世紀」と謳ったエレン・ケイ(1849-1926)は、高島平三郎(1865-1946)、三田谷啓(1881-1962)、倉橋惣三などの心理学者、医師、教育者などに影響を与えた。優生思想と児童中心主義が結びつき、科学的であることが近代的であると見なされて、「教育」や「科学」が子どもの文化を語る際のキーワードとなった。「児童」に関する研究誌では、子どもを巡る実験や観察、調査が報告されている。

その一つ、1929(昭和4)年の『児科雑誌』(日本小児学会)には、慶應義塾大学医学部小児科教室・中鉢不二郎(育児会)による、金井信生堂絵本を

サンプルとした印刷インクの検査報告書「小児絵本、印刷用「インク」の毒性に就て」が掲載されている（『児科雑誌』344：169-172）。中鉢は、絵本を色別に細分し、溶解実験、荷電実験、動物実験をした後に、絵本に接触する際にインクに含まれた化学物質を微量に摂取する可能性はあるが、その毒性は問題視するほどでもない、とする検査結果を報告した。

前述の『子どもの絵本』（1926）には、「衛生的でなければならぬ」の一項が示されており、この実験はその文脈に沿ったものであろう。この時期には衛生思想が標榜され、子どもの健全な身体の構築と健康管理が関心を呼び、健康観を謳った「こども博覧会」（東京日日新聞社、1926）や「健康優良児表彰事業」（朝日新聞社、1930）が開始された（有山1998）。絵本も、科学的に検査され、衛生的であることの評価を必要とした。

今一つ、時代は下るが1936（昭和11）年に、大阪市東区所在の幼稚園10園で「それぞれの幼児の家庭に依頼して、その平素見ている絵本類を幼稚園に持参させる」方法で絵本調査が行われた（稲垣1936）。それは、教育的観点による幼稚園児の読み物調査であった。

幼稚園児が持参した絵本は夥しい数であり、重複を除くと、絵雑誌56書、絵本1,680書が記録されている。内、金井信生堂絵本は250書余り（15%）あり、集められた絵本の発行所としては、この社が1位を記録している。2位は春江堂、以下、冨士屋書店、日本図書出版社、中村書店、榎本法令館、泰光堂、一心社、富永興文堂、鈴木仁成堂、綱嶋亀吉書店などである。10位以内の絵本発行所は、榎本法令館（大阪）を除くと、東京を所在地とする業者であり、ほとんどは〈赤本屋〉と呼ばれた地本系業者であった。

前述の印刷インクの実験に金井信生堂絵本が使用された理由は、この社がこの時期の業界を代表する絵本発行所であったことにある。大正期に北海道庁札幌区に在住の一少年が愛蔵していた大量の絵本・絵雑誌も、榎本法令館を含み、綱島島鮮堂、金井信生堂などの東京の地本系業者のものであった（大橋2009a：30）。つまり大正・昭和初期の絵本のほとんどは、流通に乗り全

国的に販売されていた〈赤本〉と呼ばれた地本系絵本であった。

4-3　家庭教育論者の視野から外れた子ども

　このように見てくると、この時期の〈絵解きの空間〉には、童心主義で彩られた絵雑誌も存在した一方で、〈赤本〉と蔑称された絵本も存在した。さらに社会には、新中間層の子ども達もいれば、童心主義では捉えられない子ども達もいた。

　新堀哲岳は、「問題の街頭少年」（1936）に於いて、この頃に子どもが行っていた街頭商売として、「玩具売」、「絵本売」、「花売」、「豆売」、「辻占売」、「新聞売子と配達」、および「陰間」の7種を挙げている。そこに取り上げられた「絵本売」とは、次のような商売であった（南責任編集1998（18）：20）。

　　　　之も玩具売同様一定の場所の外、移動式に三冊十銭五冊十銭と子供向きの絵本を売る。仲介者からは一冊八厘乃至一銭で受けて売るのであるから、子供の収入としては手内職よりは割がよい、けれども之れは押売りをする故通行者は迷惑をすることが多い。盛場には必ず此種の少年を見受けるが、東京浅草の如き雷門から観音堂に至る仲見世には、五六組の絵本売りが常に通行者に追随して居る。厳寒の夜など風にさらされながら、之等の子供達が夜間相当遅くまで、街頭で押売りをして居るのを見ると実に可哀想になる。

　浅草の仲見世や花屋敷は参拝客や遊興客で常に賑わい、地方から上京した人々が必ず訪れる東京最大の観光地であった。そこでは、大人のみならず子どもの売人によって、〈赤本〉絵本が「立ち売り」されていた。観光客は、それらを購入し、家族への土産とした。

　写真家・桑原甲子雄（1913-2007）は、1936（昭和11）年の東京・浅草仲見世で、子どもが絵本を「立ち売り」する光景を撮影している（桑原1974：78）。絣の着物に学帽着用の少年とその姉らしき縞の着物を着用した少女が、手に絵本の束を持ち、街路に立っている。背景には本屋の店先が写し出されてお

り、「キング」の文字を印刷したのぼりが見える。ここで得た収入は、子どもの小遣いではなく、家族の生活費になった、と考えられる。

戦後の日本国憲法（1946公布）で義務教育が定められるまでは、子どもも労働社会の一員であった[7]。幼稚園から大学までの十分な学校教育を受ける者もいれば、尋常小学校に入学しても卒業を待たずに奉公に出る者、初等教育だけで学校教育を終える者など、多くの子ども達は近代教育の周縁あるいは外におり、子ども社会にも、明らかな階層格差が生じていた。〈赤本〉批判は、このような売り方にも起因したことから、近代の学校教育を受けずに成人した大人達と、学校教育を十分に受けられない子ども達への差別意識でもあった。

近代教育の枠組みから外れた人々への蔑視を伴い、家庭に於ける〈絵解きの空間〉で愛でられた絵本は、帝国国家に構築されたヒエラルキーの上層部に位置する教育者の認識するところの近代知の枠組みの外にあるものとして、批判された。さらにそれらは、〈赤本〉と呼びかえられて、近代的であることの枠組みから排除された。

5　公教育としての家庭教育

家庭教育は明治期から唱道されていたが、1930（昭和5）年末に、北海道庁・各府県宛に文部省訓令第18号「家庭教育振興ニ関スル件」（1930.12.23『官報』1197、以下、「家庭教育訓令」と表記）が発せられ、家庭教育振興策が国策として展開された。「家庭教育訓令」は、学校教育に一任したかたちで推進されたそれまでの近代教育の行き詰まりに対する、文部省の自己批判および打開策でもあった（奥村2009：30）。

5-1　「家庭教育訓令」について

文部省は、「家庭教育訓令」発令の前年、1929（昭和4）年から、教化総動

員運動を開始しており、発令半年前から、「母の講座」(1930.2~12) と家庭教育指導者講習会 (1930.6~11) を開設した。この訓令には、「国民精神の作興と経済の改善による国力の培養という二つのねらい」(小林1983：41) が存在した。

「家庭教育訓令」の半年前、1930年6月開催の催事で、家庭教育への提案がなされた。一つは、家庭教育指導者講習会の「家庭教育振興案」（以下、「振興案」と表記)[8]、今一つは、「家庭教育振興上適切ナル方案如何」の諮問に対する全国社会教育主事会議による「答申」であった（小林1983）。

「振興案」には、「一、一般成人、特に母に対し家庭教育に関する事項の修養方法を講ずること。」、「五、家庭と学校との連絡を一層完全ならしむること。」などの10項目が示されている（千野1979：258-259）。ここでは、母親の教養の向上、学校以外の教養機関の改善は示されているが、メディアに関しては触れられていない。

一方で、「答申」の冒頭は、次のように始まる（1930.8『文部時報』353：20）。

家庭教育ノ要諦ハ父母長者各々其ノ責ニ任ジ健全ナル家風並ニ一家団欒ノ家庭愛ノ下ニ常ニ女子ニ対シ理解ト同情トヲ持シ之ガ個性ニ注意シ以テ優良有為ナル国民ヲ養成スルニ在リ、而シテ輓近動トモスレバ我国家庭ノ固有ノ美風ヲ破壊スルノ憾ナキニアラズ此ノ際ニ当リ家庭教育ノ振興ヲ期センニハ之ガ振興方策多々アルベシト雖モ就中左ノ実施方案ノ実現ヲ急務ナリト認ム

家庭教育の理念は、両親および家父長の責任に於いて健全なる家庭を築き、家庭愛によって優良で有為な国民を育成することにあった。各家庭の美風を破壊することなくその理念を実行するには、家庭教育の振興策を必要とした。その具体策として、「一、文部省ハ家庭教育振興ニ関シ道府県ニ訓令ヲ発スルコト」、「四、家庭教育指導者養成機関ヲ設置スルコト」、「十二、読物玩具等ノ改善ヲ図ルコト」などの13項目が示された。ここでは、読み物、玩具な

どの幼年用メディアは家庭教育のための情報媒体になると見なされて、その改善に関する答申がなされた。

「振興案」と「答申」を受けて発せられた「家庭教育訓令」の冒頭は、「国運ノ隆替風致ノ振否ハ固ヨリ学校教育並社会教育ニ負フ所大ナリト雖之カ根蒂ヲナスモノハ実ニ家庭教育タリ蓋シ家庭ハ心身育成人格涵養ノ苗圃ニシテ其ノ風尚ハ直チニ子女ノ性行ヲ支配ス」（前掲「官報」1197：607）と始まる。ここでは、国運隆替、風教振否は学校教育と社会教育に負うところが大きいが、家庭は心身育成および人格涵養のための場となるとして、家庭教育の重要性が示された。末尾は、次のようである（前掲「官報」1197：607）。

　　家庭教育ハ固ヨリ父母共ニ其ノ責ニ任スヘキモノナリト雖特ニ婦人ノ責任重且大ナルモノアリ従ッテ斯教育ノ振興ハ先ツ婦人団体ノ奮励ヲ促シ之ヲ通シテ一般婦人ノ自覚ヲ喚起スルヲ主眼トス之カ実際的施設ニ関シテハ別ニ示ス所アルヘキモ地方長官ハ右ノ趣旨ヲ体シ今後一層斯教育ノ振興ヲ図リ各種教育施設ト相俟チ我カ国民教育ヲ大成スルニ於テ万遺憾ナキヲ期スヘシ

「学校教育に対する家庭教育の比重を高めること」（前掲奥村：31）を目的とした「家庭教育訓令」では、両親の責任が記されたが、加えて女性の責任が強調された。その強調は、「家庭が崩壊し、家制度が昭和初期の恐慌により危機に瀕していくなかで、家庭教育をキーワードとして家庭を再編していく意図」（村田1993：333）を集約するものであった。家庭教育の責任者である女性、特に母親の奮励と自覚を促すために、家庭教育論者などを講師とした「母の講座」などの教育施設が、各地で開催された（5章参照）。

「家庭教育訓令」以降、1930年代前半では、家庭教育を学校教育に準ずる位置にまで高めるための諸策が実施されて、家庭教育固有の教育機能が期待された。1930年代後半になると、学校教育に強く連動した家庭教育が求められるようになり、家庭教育は学校教育によって統制されることになった（前

掲奥村：40)。

5-2 戦時期家庭教育の展開

　1941（昭和16）年4月に、国民学校令が発足し、それまでの尋常小学校、高等小学校、尋常高等小学校を包括したかたちで、学区制を導入した学校教育が実施された。その主眼は「皇国民の錬成」であり、それまでに「児童」と呼ばれていた小学生は「少国民」と呼びかえられて、学校教育に連携した家庭教育が推進された。

　1941年6月に、教育審議会から内閣総理大臣宛の答申として、「家庭教育ニ関スル要綱」（以下、「家庭教育要綱」と表記）が、「社会教育一般ニ関スル要綱」、「青年学校ニ関スル要綱」、「青少年団ニ関スル要綱」、「成人教育ニ関スル要綱」、「文化施設ニ関スル要綱」と共に提出された。「家庭教育要綱」の冒頭には、「一．家庭教育ハ子女育成ノ基礎タルヲ以テ皇国ノ道ニ則リ我ガ国家族制度ノ美風ヲ振起シテ家生活ヲ充実シ健全優位ナル子女ヲ薫陶スルヲ以テ趣旨トナスコト」と記されている。次の項目で、そのための留意点として7点が挙げられており、その7点目には「家庭ニ於テハ学校ト密接周到ナル連絡ヲ図リ子女ノ教養上遺憾ナカラシムコト」の文言が記されている（1941.6『教育審議会総会会議録』8：8-9）。

　この時点で母親は、学校教育と連携した家庭教育に於ける教師として、明確に位置づけられた。国民学校は「皇国民の錬成」を目的とするものであったことから、母親は、学校教育に連携して、家庭教育に於ける子どもへの「皇国民の錬成」を担うことになった。

　1930年代には、「家庭教育訓令」が発令され、母親は家庭教育の責任者として位置づけられたが、各家庭の個別性が残される余地はあった。1940年代に入ると、家庭教育対策事業の統制が強化され、家庭と学校の連携が図られて、家庭教育は学校教育に準ずるものとなり、公教育体制に組み込まれるに至った。公教育としての家庭教育に於ける母親は、母性を賛美され、「皇国

民の錬成」のための教師として位置づけられた（6・7章参照）。

1942（昭和17）年に、内閣総理大臣諮問機関・大東亜建設審議会が設置され、「第二部会」の第5回目審議（1942.5）で「家庭教育要綱」が承認された。同月に、「戦時家庭教育ニ関スル件」が通牒され、「戦時家庭教育指導要項」が発表された。その「母ノ教養訓練」の節では、「子女ノ薫陶養護ニ関シテハ特ニ母ノ責務ノ重大ナルニ鑑ミ母ノ教養訓練ニ力ヲ致シ健全ニシテ豊カナル母ノ感化ヲ子ニ及ボシ次代ノ皇国民ノ育成ニ遺憾ナカラシムルト共ニ健全ニシテ明朗ナル家ヲ実現セシメンガ為ニ」留意すべき点として、「国家観念ノ涵養」、「日本婦道ノ修練」、「母ノ自覚」、「科学的教養ノ向上」、「健全ナル趣味ノ涵養」、「強健ナル母体ノ錬成」が示された（文部省社会教育局編1942(1)：3-4）。母親は「皇国民」育成を目的とした家庭教育の実践のために、教養を積み、強健な心身の構築を求められた。

6　包摂される〈赤本〉

これまでに見てきたように1930年代後半になり、家庭教育は学校教育に連携したかたちで推進され、母親は家庭教育に於ける教師として「皇国民の錬成」を担うことになった。以下では、幼年用メディアに対する戦時統制を概観し、〈赤本〉と蔑称されながらも絵本が「高度国防国家」[9]に位置づけられていく状況を記述する。

6-1　戦時統制の概要

1930年から1945年に至る幼年用メディアに対する戦時統制の中でも、1938（昭和13）年10月に内務省が業者に対して通達した「児童読物改善ニ関スル指示要綱」[10]（以下、「指示要綱」と表記）は、幼年用メディアにおける戦時統制のメルクマールとなるものであった。「指示要綱」とは、内務省警保局図書課企画係・佐伯郁郎（1901-92）[11]が、詩人・百田宗治に「児童読物改善」に

ついて相談し（1938.3）、百田など9名に「児童読物改善」案の答申を委嘱して[12]、その答申をまとめたものであった（浅岡1991, 1994；宮本2002）。

　しかし「指示要綱」は、1938年になり、突然に通達されたわけではない。それは、少なくとも1930年の「家庭教育訓令」以降の「児童読物改善運動」の延長線上にある。

　大正期には、文部省主導の「生活改善運動」に於いて、衛生思想や優生思想に基づき、絵本を含む子ども用品も改善の対象となった（小山1999）。昭和期には、倉橋惣三が「玩具絵本改善の標識」（1927.2『社会教育』 4 ― 7 ： 12-17）などで絵本の改善を唱導した。「児童読物改善」に対する社会的関心は、「家庭教育訓令」以降になり国家的「児童読物改善運動」へと結実し、「指示要綱」通達に至った。「指示要綱」通達だけが「児童読物改善運動」の事業ではなかったが、これを契機として検閲が開始され、戦時統制に突入したという意味で、この通達は幼年用メディアに対する戦時統制の起点となった。

　「指示要綱」発案者の佐伯郁郎は、統制以前を指して、「それ以前にあっては絵本は玩具の一種として取り扱はれていたに過ぎず、所謂赤本屋か赤本屋でないまでも絵本の持つ文化的教育的機能に関して何等の関心をも抱かぬ出版社によつて刊行されていた」（佐伯1943：119）と記している。ここで佐伯は、そのような絵本は子どもに害を与えることから「児童読物浄化」の対象とせざるを得なかった、と統制の正当性を主張して、「指導」と「弾圧」の用語を使用して、「このやうな指導要綱によつて指導する一方、極端に悪質なものは思ひ切つて弾圧した」（前掲佐伯：161）と記している。

　本書で「指示要綱」と表記するこの通達には、正式な表題はなく（浅岡1991）、文献では他に、「指導要綱」、「指導要項」、「指示要項」の表記が見られる。作成に関わった民間人や官吏は一貫して「指導」、生産者は強制的な意味を含めて「指示」と表記している。

　佐伯郁郎の示す「弾圧」とは、発行禁止処分を指している。「指示要綱」通達後、まず処分されたのは、〈赤本〉漫画を主として、他に『講談社の絵

本』などであった（宮本1998）。この統制の第一の目的は、〈赤本屋〉刊行の〈赤本〉絵本・漫画の統制にあった（7章参照）。それは、前述した倉橋惣三の〈赤本〉批判（本章3節）や絵本調査の結果（本章4節）から見て、〈赤本〉が多くの家庭で読まれていたことを理由としている。

　文部省推薦事業は、1939（昭和14）年5月から開始された。その2ヶ月前の3月には、日本児童絵本出版協会（1941.7改組、日本児童絵本研究会）が、理事長を金井英一（金井信生堂）、顧問を内務省警保局図書課長、警視庁検閲課長、大阪府特高課長として、〈赤本屋〉を中心にした26名の会員（後に、児童読物業者全体に拡大）で発足した。同年4月には関西児童絵本卸業協会、5月には少年少女幼年雑誌編集者の会である青葉会が発足して、生産・流通に関わる者は組織化されていった。組織化は、一見では一致団結して統制に対抗するための主体的な行動のようであったが、組織全体で連帯責任を負うために、実際には個別性の排除と相互監視のための手段になった。

　内務省の発禁処分と内閲制、および文部省の推薦事業は、統制の手段としての〈ムチ〉と〈アメ〉の関係にあった。この関係性は、絵本が用紙やインクを必要とする印刷媒体であり、より多く売る必要のある商品であるという性質を巧みに利用したものであった。

　日本出版文化協会が設立（1940.12、改組1943.3日本出版会、以下、「出文協」および「出版会」と表記）されて、「出文協」への企画提出、その発行承認を経て、業者は用紙配給を受けることになった[13]。1941年12月になり、子どもの文化に関する全ての関係者（業者、作家、画家など）を吸収した一元的統制団体である日本少国民文化協会が設立された。

　この時期の厚生省や文部省の動向、および戦局の展開を勘案すると、絵本を含む幼年用メディアの統制は、幼年の子ども達を総力戦に組み込むための統制に他ならなかった。これらから、学校教育だけが子どもを総力戦に組み込んだのではなく、家庭教育も同様の動力因となったことが見えてくる。

6-2 「指示要綱」と文部省推薦事業

次に、「指示要綱」の内容と文部省推薦事業の展開を確認する。これらを取り上げるのは、戦時統制の初期段階において、これらが内務省や文部省という国家組織が生産者に対して差し出した〈ムチ〉と〈アメ〉の関係にあったことによる。

「指示要綱」は、大きく「廃止スベキ事項」と「編集上ノ注意事項」の2事項にわかれ、さらに細分化された21項を指示内容としている。以下では、その内容を概観する。

「廃止スベキ事項」には、まず活字ポイントの規制が示されており、これは衛生思想に基づくものであった[14]。次に示された「懸賞」、「広告」、「付録」の廃止は、幼年用メディアもデパート化し、特に絵雑誌にその傾向が強かったことから、それを規制したものであった。廃止項目とされた「卑猥」、「俗悪」、「猟奇的」の用語は、大人用メディアに於ける昭和初期の流行語「エロ・グロ・ナンセンス」に相当する。幼年用メディアは、1920年代には倉橋惣三の関与した絵雑誌『コドモノクニ』などの作家性、芸術性のあるものが出現した一方で、そこから排除された〈赤本〉には大人用メディアと同様に安寧秩序を乱すものもあり、この廃止項目はそこに向けられたものであった。

「編集上ノ注意事項」の多くは、「家庭教育訓令」の影響を受けている。「教訓的タラズシテ教育的タルコト」の表現は、非科学的「教訓」ではなく科学的「教育」の必要性を強調しており、家庭教育の在り方を示したものであった。5・6歳時向けの童話に求められた「母性愛ノ現ハレタルモノタルコト」も、「家庭教育訓令」以降の展開に見る、母親に対する母性愛の強要と関連している。「小国民ノ生活ニ近イ物語又ハ日本国民史ヨリノ建設的ナル部分ニ取材セルモノ」は、「高度国防国家」の構築を意図したものであり、「科学的知識ニ関スルモノ」、「歴史的知識ニ関スルモノ」、「古典ヲ平易ニ解説セルモノ」はその具体的施策であった。「記事ハ可及的ニ専門家ヲ動員ス

ルコト」、「事変記事ノ扱ヒ方」も、総力戦に向かうための情報操作であった、と言える。

　「指示要綱」は、強制力のない「通達」であり、内務省が生産者にちらりと見せた〈ムチ〉に過ぎなかった。この段階で行使された発禁処分という〈ムチ〉は、それまでに目に余る内容に対するものであり、多くの幼年用メディアには無関係のものであった。〈ムチ〉を見せるだけでは統制は進まず、〈アメ〉も必要になった。それが文部省推薦事業であった。

　文部省は「児童図書推薦ニ関スル内規」を作成し、児童図書推薦事業を開始（1939.3）して[15]、戦時統制を推進した。メディアや地方官庁の公文書でも宣伝された推薦図書には、20〜30版と重版したものもあった（滑川1978：117）。絵本発行者は推薦を得るために、与田準一（1905-97）などの著名な児童文学者と、武井武雄（1894-1983）、黒崎義介（1905-84）、鈴木寿雄（1904-75）などの人気挿絵画家を起用した（前掲滑川：114-130）。

　「出文協」設立後になると、児童図書推薦事業は文部省だけではなく「出文協」も行うようになった。「出文協」の場合は、「大東亜共栄圏」建設の展開に伴い、南西諸島を舞台にしたものや軍部の監修した戦闘を扱ったものにも推薦を与えている（前掲滑川）。

6-3 〈絵解きの空間〉に於ける言葉の統制

　絵本は、内務省や文部省の〈ムチ〉と〈アメ〉によって統制されたのだが、それは、〈絵解きの空間〉に於ける言葉の統制に他ならなかった。この頃、戦後にも活躍した児童文学研究者・滑川道夫は、次のように述べている（滑川1941：326-327）。

　　それまでは——といつても、今でも大部分の赤本的絵本はさうであるが——絵が先行してその説明・解説といつた目的をもつカタカナの詞書が添へられたにすぎないといつても決して過言ではない状態のままに放置されてゐた。絵本そのも

のへの関心と認識が払はれなかつた時期には、その部分的構成にすぎないことばなどに重要性が認められるはずのなかつたのは当然であつた。
　まづ「赤本」と呼び慣はされる蔑視の対象であつた悪どい色彩と図柄に浄化の視点が向けられて、その後に「ことば」が問題になつて来たのである。色彩―図柄――ことば――への関心の推移は、絵本改善の過程ともなつているといふことは注意されていいことである。

　滑川の記す「ことば」（著者強調）は、文字言語に限定されており、〈絵解きの空間〉で語られる言葉の総体を意味していない。しかし、絵本の文字言語を統制し、「母の頁」で母親の絵解きを統制することで、〈絵解きの空間〉で交わされる言葉は国策に沿ったものになる。
　同じ頃、文部省児童図書推薦委員の石森延男は、次のように述べている（石森1941：103）。

　　「ことば」の躾ということは、学校で行われるよりも、むしろ家庭であらわれる場合が多いのであるから、家庭と学校とともに手をとつて、育てることによつて、初めて子どもの「ことば」が、枯れないでのびていく。

　この時期には、学校教育に連携した家庭教育が求められ、母親はその教師として位置づけられた。子どもの「ことば」を枯れさせないための母親の責任は重大であった。
　「ことば」に関するジェンダー研究では、戦時期になり、「女子国民にはその伝統を守ることで、戦時体制に協力することが期待されるようになる」（中村（桃）2007：212）と分析されている。さらに女子国民の役割には、「国語を守るだけではなく次代の子供に正しい国語を指導することも含まれる」（前掲中村：214）と指摘されている。
　このように、家庭教育に於ける教師として位置づけられた母親は、「皇国民の錬成」の具体的取組として、子どもへの「国語」指導を求められた。そ

のためには、家庭内で交わされる言葉を統制する必要があった。それが、絵本の言葉の改善を迫り、「母の頁」によって媒介者である母親に絵解きを指示し、〈絵解きの空間〉で語られる言葉を統制した第一の理由であった。

　戦時統制期の〈絵解きの空間〉に於ける言葉の統制には、心理学、文学、教育などの研究者が関わった。その大半は、戦後にも児童心理学、児童文学などの第一線で活躍した人物でもあった。例えば滑川道夫は、戦後に「戦時期の絵本事情」（滑川1978）を著したが、当事者であったことから、統制を否定していない。他にも、戦時統制を肯定的に捉えた「浄化運動」や「復興現象」の表現が、近年まで顧みられることなく使用された（鳥越2002）。

おわりに

　以上、絵本の生産・流通・受容の諸相を時系列で概観した。そこには、拡大膨張する大日本帝国と、それをどのように運営するかという認識の変容に伴う、絵本、媒介者、〈絵解きの空間〉と、社会の関係性の変容が認められた。

　「家」制度の下に、各家庭が個別性を保ち得ていた19世紀に於いては、絵本、媒介者、〈絵解きの空間〉の在り方にも個別性があり、媒介者は母親に特定されるものではなかった。20世紀に入り、学校教育が整備され、新中間層の増加に伴い、近代的な家庭が意識され始めたと同時に、グローバルな経済政策や植民地政策が展開された。第一次大戦以降になり家庭教育は、〈国体〉に関する様々な解釈を踏まえて（鈴木（正）1993：156）、帝国国家を再構築するためのものとして重要視され、その振興が国策として展開された。その展開に伴い、子どもにナショナリズムを構築させるための、絵本はメディア＝情報媒体、母親はメディア＝媒介者、〈絵解きの空間〉はメディア＝手段と見なされて、社会に位置づけられていった。さらに戦時統制期になり、〈絵解きの空間〉に於ける幼年用メディアと媒介者と子どもの関係性は、「高

度国防国家」構築のためのメディア＝手段になると見なされて、統制の対象となった。

　本章では、19世紀後期から20世紀中葉までの、絵本の生産・流通・受容の諸相を辿ることを通して、絵本、媒介者、読者、および〈絵解きの空間〉の社会に於ける位置づけを試みた。これらを踏まえた上で、以下の章では、次のような課題を精査する。

　第一に、メディア＝情報媒体としての絵本・絵雑誌に見るナショナリズムとジェンダーの表象の検証である。第二に、家庭教育振興のためのメディア＝媒介者として位置づけられた母親の問題、および幼年用メディアと媒介者と子どもの関係性の構築についての検証である。第三に、メディア＝手段と見なされた〈絵解きの空間〉と帝国国家の関係性の構築、および〈絵解きの空間〉に於ける言葉の統制についての検証である。これらを、幼年用メディアを介した子どもと母親の国民化の問題を精査するための具体的課題とする。

註

1)　委託販売の書籍は 6 ヶ月、雑誌は 3 ヶ月以内に発行元に返品されたのだが、出版文化の興隆により返品も増加して、それを「ゾッキ物」として売る商売が生まれた（小川1992：240-248）。
2)　佐藤卓己は、『キング』（講談社、1924-57）を巡り、「近代日本における参加＝動員のメディア史」を著した。その一節「「婦人＝大衆」雑誌の出版革命」で、婦人雑誌をデパートに喩えた言説 3 点（青野李吉1933.6.24「雑誌文化の変遷　四、婦人雑誌のこと」「東京朝日新聞」、秋田雨雀1927.3「雑誌記者達の自覚と協力を望む」『改造』、大宅壮一1934.7「婦人雑誌の出版革命」『大宅壮一選集 7 』）を引用して、婦人雑誌の成長要因と社会的機能を説明した。デパート成立の前提には、「都市部への人口集中、交通通信技術の発達、中産階級の成長、金融制度の整備、規格品の大量生産」、「多品種を同一空間に配列統制する組織力、生産から宣伝まで一貫した大量化によるコストダウン、正札販売・返品自由が生み出すブランドへの信頼性」が挙げられ、「委託販売制度、定価販売はもとより、別冊付録という「景品」による拡販合戦も、催しによる読者の組織化などの「デパート」商法は、婦人雑誌の特

1章 〈赤本〉と呼ばれた絵本の成立、そして排除から包摂へ　67

徴にもなっていた」(佐藤 (卓) 2002：28-30) と指摘している。
3)　住友陽文は、欲望を満たしてくれる「国家への所属意識＝ナショナル・アイデンティティを増幅させ、その欲望を満足させてくれる限りでの、公権力としての国家の存在を承認し、戦時などでは国民はこのような国家と一体化する泡沫的リアリティをもった。」(住友2005：49) と記している。このような欲望は、ボトム・アップのエネルギーを作動させる要因になった、と見ることができる。
4)　「近代家族」の定義については論争があり、その論争を概括すれば、近代日本の特徴としての「家」制度をどのように捉えるかの相違点にある。近代家族を最初に定義した落合恵美子は、「家」制度の概念を含まず、8項目の特徴を示した (落合1989：18)。西川祐子は、「家」／「家庭」の二分法を分析概念として、9項目の一般的性質と1項目の定義を示した (西川2000：14-15)。小山静子は、「家」制度に含まれる近代性を実証的に明らかにした (小山1991, 1999)。これらを踏まえた上で、田間泰子は、「歴史的産物である「近代家族」に関して本質的な概念定義は不必要と思われる」と示した (田間2006：20-21)。近代日本の絵本史研究を続けてきた私は、その表象に、二分法では説明しきれない曖昧さ、西洋近代の理論では説明しきれない特殊性、さらに定義しきれない多様性を感じている。そこで本書では、「近代家族」を定義せず、これらの一般的な傾向を示すために、小山の提示する新中間層の近代家族像をここに記した。
5)　東洋新報社編『完結昭和国勢総覧　第4巻』の「表16—2」では、「幼児数」と表記されている。それは、「幼稚園児」の意味であると考えられることから、ここでは「園児数」と表記する。
6)　「童画」の用語は、1924 (大正13) 年開催の画家・武井武雄 (1894-1983) の個展に於いて、「子供の為の画」の意味で初めて使用された。「童画」の成立は、子どものための絵の様式が生まれたことを意味しているが、同時に、子どもを描く際にはその純粋無垢な「可愛い」姿態を強調する傾向も生まれたとも言える (大阪国際児童文学館編1993 (2)：437-439)。
7)　幼年労働者や女子労働者の工場労働に対して、保護を目的として、最低就業年齢を12歳と定めた内容を含む工場法 (1916施行) が制定されたように、子どもの労働は野放しの状態にあった。
8)　村田晶子によると、この会で、文部省社会教育局成人教育課長・小尾範治 (1931「社会教育と家庭教育」『現代家庭教育の要諦』宝文館) が、母親を「学校でいえば教師にたとえて、教師が教師たるために人格や精神の修養が必要であるように親にも特に母親に必要である」(村田1993：333) という主旨の発言をしている。

9) 戸部良一によると、「高度国防国家」の在り方は、「たたかいは創造の父、文化の母」と記した陸軍省新聞班公刊の「国防の本義と其教化の提唱」(1934)の中心部分、「須らく国家の全機構を、国際競争の見地より再検討し、財政に経済に、外交に攻略に、将た国民教化に根本的の建て直しを断行し、皇国の有する偉大なる精神的、物質的潜勢を国防目的の為め組織統制して、之を一元的に運営し、最大限の現勢たらしむ。」に示されている（戸部1998：280）。「高度国防国家」とは、戦時体制を維持するために、国家権力が、国民の〈私〉領域にまで暴力的に介入して、自由権を奪い、思想、言論、活動を制限して、総動員を計った全体主義国家のことである。

10) 「児童読物改善ニ関スル指示要綱」の全文は、『はじめて学ぶ　日本の絵本史Ⅱ』の巻末資料（宮本2002：355-357）に掲載されている。

11) 佐伯郁郎は、早稲田大学卒業後、内務省警保局図書課に勤務、図書検閲を担当したが、文人気質から出版傾向調査担当の調査掛に配置換えされ、1938年から「児童読物改善運動」担当になった。

12) 委託された9名は、山本有三（1887-1974、劇作家・小説家）、小川未明（1882-1961、小説家・童話作家）、坪田譲治（1890-1982、小説家・児童文学者）、百田宗治（1893-1955、詩人・児童文化研究家）、城戸幡太郎（1893-1985、心理学者・教育学者）、波多野完治（1905-2001、心理学者）、西原慶一（1896-1975、日本女子大付属豊明小学校主事）、佐々木秀一（東京高等師範学校附属小学校主事）、霜田静志（子供の家児童研究所長）であった（滑川1978）。

13) この時点で、絵本の奥付に発行部数が記載され、『出版年鑑』（東京社）に絵本の書名、出版社が記載されるようになった。

14) 『子どもの絵本』（文部省、1926）第5章には、「絵本が子どもの眼のために必ず衛生的であるべきことを注意されなければならぬ。此の為には、用紙の光沢印刷の鮮明、色彩の強度、併用する活字の大小などが、第一に挙げられる」と記されている。翌年に出された倉橋惣三の「玩具絵本改善の標識」（『社会教育』4―7）もほぼ同じ論調であり、「第四　衛生的」の章にも、「絵本においては、色彩印刷特に活字の大小などによつて生ずる眼に及ぼす影響」と記されている。

15) 開始当時の推薦委員は、田中重之（社会教育局長）、小田成就（成人教育課長）、柴沼直（青年教育課長）、倉橋惣三（社会教育官）、小山隆（社会教育官）、小川義章（教学局教学官）、下村市郎（督学官）、桜井役（督学官）、桑木来吉（図書監修官）、森下真男（図書監修官）、石森延男（図書監修官）、宮崎謙太（普通学務局学務課長）、岡部弥太郎（東京帝国大学教育学部教授）、藤野重次郎（日比谷図書館

長)、波多野完治(法政大学講師)、百田宗治(児童文学研究家)の16名であった(前掲滑川:115)。

2章　絵雑誌の出現と子どもの国民化
――『お伽絵解　こども』(1904-11) に見るジェンダー――

はじめに

　本章では、絵本・絵雑誌のメディア＝情報媒体としての役割を検証するために、1904（明治37）年創刊の絵雑誌『お伽絵解　こども』を事例とする。この誌創刊と同一年の1904年に、「子どもたちに国体の尊厳を教え、忠君愛国の思想を育てていく」（山住1987：76）ための国定教科書が使用開始された。20世紀初頭は、良妻賢母思想が確立し、家庭教育の問題が社会的関心を引いた時期でもあった（小山1991）。このような背景を踏まえて、この時期の就学児童の国民化に関して、学校教育と家庭教育の協同にふれた先行研究（小山2002）はあるが、家庭教育を介した未就学の子どもの国民化に関する先行研究はない。

　帝国国家を再生産していくために必要であったのは、国民化された一組の男性と女性の関係性であった。そのようなヘテロな関係性を構築するためには、国民を男性／女性に差異化して、ジェンダー化する必要があった。ではこの時期に、未就学の子どもに対しても、そのような国民化を期待するような動きがあったか否か。あったとすれば、そのことにどのような意義があったか。本章では、幼年の子どものジェンダー形成に対するメディアの関与について、『お伽絵解　こども』の表象分析を通して検討したい。

　この誌を事例とするには、次のような理由がある。第一には、この誌の創刊年が、国定教科書の使用開始年であったと同時に、日露戦争の開戦年（1904）でもあったことである。先行研究では、男性兵士に限った「帝国軍隊」が近代日本の国民のジェンダー形成に関与し、日露戦争がその強化の節

目になった(大日方2006)、と指摘されている。すると、このような節目とこの誌創刊には、何らかの関連があったのではないだろうか。関連があったとすれば、この誌を巡る〈絵解きの空間〉では、日露戦争に関連した国家とメディアと読者の関係性が構築され、その中で、子どものジェンダーも形成されたのではないだろうか。

第二には、この誌が多色刷り絵雑誌の嚆矢(大阪国際児童文学館1993(2):524)と見なせるものであったことである。この誌創刊までの子ども雑誌の普及については次節で確認するとして、表紙は多色刷りであっても、内部は単色刷りであったそれまでの雑誌に比べると、内部までも多色刷りのこの誌は、視覚面で読者に強い興味を覚えさせた、と考えられる。多くの需要を見込めた多色刷り絵雑誌は、メディア=情報媒体として家庭教育に於ける教科書の役割を果たし、未就学の子どもの国民化に関与したのではないだろうか。

以上の理由と、そこに付随する疑問から、本章では、『お伽絵解　こども』を事例とする。本章では、この誌は、日露戦争時の国家とメディアと幼年の子ども読者の間に関係性を構築し、未就学の子どもの国民化に関与した、と仮説をたてて、分析を進める。

以下、1節では、子ども雑誌の普及、および絵雑誌の出現を概観する。2節では、『お伽絵解　こども』の概要を示し、男女像の量的比較をする。3節では、ジェンダー表象を抽出し、分析する。4節では、表象に見るジェンダーの意義を問う。おわりに、この絵雑誌の情報媒体としての意義を示し結語とする。

1　子ども雑誌の出現と普及

近代的な雑誌の出現は、1869(明治2)年2月に新聞紙印行条例、5月に出版条例が制定されたことに始まる。その後に、『明六雑誌』(1874)などの啓蒙雑誌が登場し、『教育時論』(1885)などの教育雑誌、『女学雑誌』(1885)

などの婦人雑誌、『太陽』（1895）などの一般雑誌が次々に創刊された。では、子ども雑誌の出現はどのようであったか。以下、『お伽絵解　こども』創刊までに出現した子ども雑誌の主なものを概観する。

1-1　明治中期までの子ども雑誌

『穎才新誌』（1877）が、子ども雑誌の嚆矢として挙げられる。自由民権運動が全国的に展開する前段階に創刊されたこの誌は、初等・中等学校生徒のみならず教員などを読者層として、読者投稿によって構成された新聞形式の4〜8頁の週刊誌であり、当時の学校教育を享受することのできた階層の子どもに人気を博した媒体であった。その後、教育令制定（1879）から改正（1880）、再改正（1885）を経て、誌名に「こども」を含む雑誌、例えば『女学雑誌』の広告を掲載した『教育　小供のはな誌』（1887）、山田美妙の関与した『こども』（1888）などが創刊された。しかしこの二誌は、僅かの号数しか現存していないことから、さほど普及しなかった、と見なせる。

一方で同時期に、継続性と普及性から子ども雑誌が展開していくメルクマールになる三誌、『少年園』（1888）、『日本之少年』（1889）、『小国民』（1889）が、相次いで創刊された。『少年園』創刊号の諸言「発刊の主旨を述べ先づ少年の師父に告ぐ」は、「教育の事は独り直接なる学校教育の力に頼る可からず、家庭の教育も亦一大勢力なり、社会の教育も亦一大勢力なり、而して実に印行書類の教育に及ぼす力も是れ亦一大勢力なり」と記している。教育勅語発布（1890）以前のこの時期には、すでに家庭教育が定義され、「教育する母」が浮上しつつあったが（沢山1990；小山2002）、この諸言によると、近世を引き継ぐ「師父」はまだ健在であった。『日本之少年』創刊号の諸言「本誌発行の主意を明かにす」は、「本誌ハ更に少年の父母に対かつて家庭教育の法を講する」と記している。ここでは家庭教育の行為者として父母が指定された。この二誌は、小学校の就学率が50％に満たない時期にあって（文部省編1972）、家族による家庭教育を重視しており、子ども雑誌をそのための

情報媒体として位置づけている。『小国民』創刊号の諸言は、「拝啓、我が幼き国民、第二の日本国民たる、幼年諸君足下」と国民を強調して、子どもに呼びかけている。この誌はアメリカの児童誌を摸していることから（前掲大阪国際児童文学館編（2）：557-559）、西洋近代の国民国家意識が曲がりなりにも導入された、と見なせる。

明治中期になると、雑誌を主力商品にした博文館が出版界を牽引するようになり、子ども雑誌でも同様であった。博文館刊『尋常小学　幼年雑誌』創刊号（1891）の緒言は、「我日本国に生るる人は。これ日本国を守る為の人なり」と記している。この後博文館は、『少年世界』（1895）と『幼年世界』（1900）を創刊した。それを摸して金港堂書籍は、『少年界』（1902.2）を創刊し、2ヶ月後に少女雑誌の嚆矢とされる『少女界』（1902.4）を創刊した。これを機に、他社も少女雑誌の創刊を開始した。

1-2　明治後期の子ども雑誌

明治後期になると、出版に関する生産面では、西洋の印刷技術が輸入され、印刷法が変容した（香曽我部2001）。流通面では、交通網と郵便制度が整備され、近代的な流通が発達した（宮本2001）。日清戦争と日露戦争の戦況が国民共有の情報として即時的に視覚化され報道されて、受容面では、「感性の変容」（目黒2001：310）が起きた。

これらは、雑誌のみならず単行図書にも影響を及ぼした。近世からの株仲間組織が再編されて、地本組合（1896）と書籍組合（1897）が設立された。絵本の場合、幕末から営業の前者加盟業者が明治中期から子ども用絵本の刊行を開始したのだが、それらは表紙を多色刷りとしていても、内部を木版や銅版の墨一色刷りとしたものであった。ところが、前者では、1902（明治35）年頃に富里昇進堂、後者では、1904年に冨山房が絵本の刊行を開始しており、それらは、表紙のみならず内部も石版やジンク版の多色刷りとしていた。

出版文化の近代化は促進され、日露戦争開戦時になると、これらの現象は

一定の普及を見るようになった。子ども雑誌にも影響が及び、加えて幼児教育が意識され、絵の比重を高めた幼年期の子ども用多色刷り絵雑誌が創刊された。1904年4月に大阪で創刊された絵雑誌『お伽絵解　こども』は、内部も多色刷りという画期的な造本形態であったことから、同業者にも衝撃を与えた。翌年には東京の業者が追従し、内部まで多色刷りの後続誌、『家庭教育　絵ばなし』（尚友館、1905.6）、『少年智識画報』（近事画報社、1905.9）と『少女智識画報』（同）、『幼年画報』（博文館、1906.1）が創刊された[1]。

　もう一点、国定教科書使用開始年に、冨山房が絵本出版を開始し、『お伽絵解　こども』が創刊されて、内部までも多色刷りの絵本・絵雑誌の出版が活発化したことには、次のような理由がある。国定教科書の『尋常小学校修身書　第二学年教師用』の第27項目「よい子供」には、この修身項目の教授目的として、「二人の子供が父母より絵本を貰ひし話によりて、これまで教へしことをまとめて復習せしむるを以て、本課の目的とす」と記されている。説話要領には、父母に仕え、教師の教えを守り、兄弟姉妹仲良くして、様々なことに主体的に取り組む〈良い子〉であれば、父母も教師も大いに喜ぶので、父母はその褒美として絵本を与えるのであるから、「よき日本人となり、天皇陛下の御恩に報い奉るよう一心がくべし」と記されている（仲〔ほか〕編1983：84-85）。修身科の締めくくりに、絵本が〈良い子〉の褒賞として取り上げられたことは、絵本の需要につながり、供給を活発化させた、と推察される。同時に、絵本を得るために「よき日本人」になろうとした子どもが増加した可能性も指摘できる。

　以上のように、1904年に創刊の『お伽絵解　こども』は、創刊年が国定教科書使用開始年であり、日露戦争開戦年であったがゆえに、絵雑誌の嚆矢となり得た。この誌創刊に至る子ども雑誌の推移からも、この誌には未就学の子どもを国民化させるための要素が含まれていた、と推察できる。以下では、『お伽絵解　こども』に焦点を絞り、ジェンダー表象を主に分析することを通して、メディア＝情報媒体を介した子どもの国民化を検証する。

2 『お伽絵解　こども』について

1節で見てきたように、『お伽絵解　こども』は絵雑誌の嚆矢として出現した。絵雑誌は、同様の幼年用メディアである絵本と競合しつつ、その逐次性を活かして普及していった。

2-1 『お伽絵解　こども』の概要

『お伽絵解　こども』（1904.4-1911.11推定）は、辻村秋峯（又男、1871-1948）による絵、久保田小塊（小吉、1871-1939）による詞で構成されており、両者によって設立された児童美育会（大阪市東区高麗橋詰町九一番屋敷）を発行所としている[2]。両者は大阪朝日新聞記者でもあったが、児童美育会と大阪朝日新聞社との関係は未詳である。形式面では、製版法は描画法、印刷法はジンク平版、製本法は中綴じ製本、頁数は表紙共紙（ペーパーバック）16頁、形態は多色刷り（表紙（1）、4-5、8-9、12-13、裏表紙（16））と墨一色刷り（2-3、6-7、10-11、14-15）を交互に配置した両面印刷の四六判（18×12㎝）のものである。この誌は雑誌であり、この期の製版法と印刷法、製本法には限界があったことから、中心部の8-9頁を除くと、全ての見開き頁が一記事または一画面で構成されているわけではない。

これまでに現存するものとして、1904年4月発行の1号から、1911（明治44）年11月発行の8巻5号までの計69書（1―1～8―5までの計74書中、欠号5書）を確認した。この誌の1巻から3巻までの開始月は4月であったが、3巻9号（1906.12予定）は休刊されて、次号は4巻1号（1907.1）となり、以後の巻の開始月は1月に変更された。この誌は月刊であったが、4巻10号（1907.11）は4巻9号（1907.9）の2ヶ月後、7巻5号（1910.5）から8巻3号（1911.5）までは隔月、8巻4号（1911.8）と同5号（1911.11）は3ヶ月後となり、発行間隔は次第に間遠になり、8巻5号がほぼ終刊と推定される。

2-2 『お伽絵解　こども』の販売方法

　販売方法では、この誌は、書店でも販売されたが、幼稚園の賞品にも採用された。1巻1号から4巻7号までの奥付（15頁）に売捌所名が記載され、奥付周辺の頁に幼稚園名が列挙されている。4巻8号以降になると、奥付は裏表紙の外枠に移動し、売捌所名や幼稚園名は記載されなくなる。

　まず販売所は、1巻1号では大阪と名古屋、2号では東京を加えて3社、3号では京都を加えて4社、4号では神戸を加えて5社、9号から奈良・博多・京城を加えて8社、さらに東京で2社増えて10社となり、創刊年間にも販路は拡大していった。その後も増加し、販売所を最も多く記す4巻7号（1907.7）には、売捌所として大阪（盛文館、文観堂）、東京（東京堂、東海堂、上田屋、至盛堂）、京都（宝文館、三共社）、名古屋（中京堂）、神戸（吉岡支店、熊谷書店、日東館）、奈良（藤田書店）、姫路（山野書店）、博多（積善館支店）、熊本（長崎書店）、長崎（渡辺書店）、札幌（三方園書店）、根室（山本書店）、那覇（小澤書店）、清国漢口（平岡書店）の計21社が記されている。

　次に幼稚園については、1巻4号には愛珠幼稚園（1880開園）の創立記念日の記念品とされたと記され、5号には「愛珠、汎愛、浪華、中大江などの幼稚園の賞品に採用」と記されており、この方法でも販路が拡大していった。幼稚園数を最も多く記す3巻8号（1906.11）では、大阪（愛珠、集英、汎愛、船場、浪華、中大江、南大江、精華、高台、日吉、大宝、御津、桃園、金甌）14園、京都（吉祥）1園の計15園、およびその他各地の幼稚園に採用されたことが記されている。

　愛珠幼稚園は、全国で4園目、大阪で2園目に開園の幼稚園であり[3]、他の3園が官立幼稚園であったのに対して、全国初の町立幼稚園であった。所在地は大阪経済の中心地にあり、園児の多くは商人の子ども達であった。汎愛幼稚園、浪華幼稚園なども同様であり、大阪の幼稚園児は、東京女子高等師範学校附属幼稚園の主な園児であった華族や士族の家庭の子ども達ではなく、平民の中でも裕福な家庭の子ども達を主な構成員としていた。

大阪の幼稚園児を主な読者対象とした『お伽絵解　こども』は、後には、大衆層を意識した後続誌、特に『幼年画報』の全国展開の前に惨敗せざるを得なかった。後続誌は、複数の画家を登用しているが、この誌は、秋峯が原画のほとんどを描き、画家自らが版下を描く描画法製版であったことから、その手間を考えると生産量に限界があった、と考えられる。この誌は、確かな描写力と表現力、上品な美しさを備えたモダンな意匠によって構成されており、「西洋の影響の濃い明治モダニズムの漂う絵雑誌」（村川2006：65）と評価されている。しかし販路拡大の頂点にあった4巻後半から、描線が乱れ、描写力が低下して、模写と写真が増加している[4]。

　この誌には、浮世絵版画の模写もあるが、グリムの「ブレーメンの音楽隊」を「和合一致」（1—2）、コールデコットの絵本"BABY BUNTING"を「兎の皮」（1—9）とするなど、西洋の物語や絵本、ポンチ絵の翻案や改作も掲載されている（三宅2003）。創刊号の10-11頁「幼稚園」など、幼稚園の表象や記事が掲載され、5巻5号から幼稚園巡りの記事「幼稚園かがみ」の連載が開始された。4巻5号15頁では、「児童の誕生日や幼稚園に入った時など」の記念として読者の写真掲載が呼び掛けられて、その後、この企画は継続された。

2-3　『お伽絵解　こども』の数量的概要

　この誌は性を特定しない「こども」を誌名としているが、性別の表象に差異があるか。まず量的比較のために、69書の表紙イメージの子ども像について、性別構成の比較を［表2—1］、性別人数の比較を［表2—2］とする（＝は同等、＞は多いまたは大きいの意味）。

　［表2—1］と［表2—2］から、表紙イメージでは男子像が優位に扱われ、その人数も多いことがわかる。この誌は性を特定しない「こども」を誌名にしているにもかかわらず、誌名を印刷した表紙イメージには、既に男女の量的差異が現れている。

[表2-1] 表紙イメージの子ども像の性別構成

子ども像の性別構成	書数
男性単数	27
女性単数	16
男女複数、男性＝女性	4
男女複数、男性＞女性	6
男女複数、女性＞男性	3
乳児	3
性別不明	1
その他（動物、玩具）	9
計	69書

[表2-2] 表紙イメージの子ども像の性別人数

子ども像の性別	人数	割合
男性	41	51
女性	30	37
性別不明、乳児	3	4
性別不明、幼児	2	2
性別不明、幼年	5	6
計	81人	100%

　次に、69書全体に見る人物像の性別人数を検討する。表紙イメージと内部イメージに見る人物像の内、性を特定できる子ども像の延べ人数を［表2-3］、大人像の述べ人数を［表2-4］にする（群像は概数）。

　［表2-3］では、全体に見る男性子ども像は女性子ども像に比べると2倍以上にもなり、表紙イメージの男女比よりも、その差は開いている。さらに［表2-4］では、男性大人像は女性大人像よりも4倍以上になる。その内訳を見るために、上位5位の男性大人像を［表2-5］、同様に女性大人像を［表2-6］とする。

　［表2-5］では、日露戦争が繰り返し描かれていることから、軍人の群像が多い。西洋ポンチ絵の模写らしきものに、男子の悪戯を諫める父親が描

[表2-3] 69書の子ども像

子ども像	人数	割合
男性	1,285	69
女性	582	31
計	1,867人	100%

[表2-4] 69書の大人像

大人像	人数	割合
男性	779	81
女性	188	19
計	967人	100%

［表2―5］男性大人像の上位5位

男性像	人数	割合
軍人	348	45
歴史的英雄	89	11
武士・武官	50	6
父親	41	5
旅人	41	5
その他	210	27
計	779人	100%＊

［表2―6］女性大人像の上位5位

女性像	人数	割合
母親	91	48
保母	17	9
老人	7	4
乳母	4	2
伯母	4	2
その他	65	35
計	188人	100%

＊割合の計は、小数点以下を四捨五入のため、100%になっていない。

かれている。他には巡査、運転手、農夫などの男性大人像は多義にわたり、群像が多い。［表2―6］では、母親とその代理的な人物像が大半を占める。他には女官、メイド、売り子、電話交換手などが描かれている。男性大人像の六割以上が戦闘役割を担う〈公〉の表象であり、女性大人像のほとんどは介助役割を担う〈私〉の表象である。このような大人像は、社会の構成員に関する生産者の認識の表象であり、子どもにとってのモデル像になった、と言える。

また、全69書に描かれた親子の性別組み合わせを見ると、父親と男子だけのものは10点、父親と女子だけのものは2点である。一方で、母親と男子だけのものは27点、母親と女子だけのものは10点である。この数量差に、男子中心の親子観、特に母親と男子の密着度に関する、男性である生産者の認識を読み取ることができる。

なおこの誌は、子ども像を中心にした〈遊びのイメージ〉と〈学びのイメージ〉を主な構成要素としており、その間に日露戦争に関連した〈戦争のイメージ〉を挿入している。西洋の絵本やポンチ画の翻案イメージには家庭や両親の表象は見られるが、それらを除くと、日々の家庭生活の表象である〈暮らしのイメージ〉や、両親と子どもで構成された家族像はない。さらに

雑誌であることの特性から、この誌には、一貫した物語性は乏しい。

　以上のように、この誌は性を問わない「こども」を誌名としているにもかかわらず、男性／女性の数量的差異が認められ、男性優位のメディアであることは明らかである。さらにこの誌には、戦争への関心を指摘できる一方で、家庭や家族への無関心も指摘できる。

3　『お伽絵解　こども』を絵解きする

　2節では、男性像と女性像の数量的差異を指摘した。3節では、その差異的関係性に潜む生産者のジェンダー観を検討するために、筆者による絵解きを通して、第一に表紙イメージ、第二に内部イメージを分析する。

3-1　表紙イメージの絵解き

　第一の分析では、まず、人物を描いた1～7巻1号の計7書の表紙イメージをサンプルとする。1巻1号［図2―1］には、縁側に腰掛けイヌを相手に寛ぐ男子が描かれている。セーラー服という軍服様の服装は〈男らしさ〉の表象と見なせるものの、股を閉じて小首をかしげる仕草は〈女らしさ〉の表象とも言え、この男子像には、男性／女性の二分法では説明しきれない多義性を感じる[5]。2巻1号［図2―2］には、野に座して本を読むエプロン掛けで洋装の女子と、その肩にもたれかかり居眠りをするセーラー服の男児が描かれている。3巻1号［図2―3］では、遠景に雲と山、中景に野原に座して花を摘む女児、近景に両手をポケットに入れて中景を眺める男子が描かれており、男子の巨大な後ろ姿は威圧的であり虚勢的でもある。この年から新年号となった4巻1号［図2―4］では、巨大な日章旗を掲げるセーラー服の男子と、それを手伝う振り袖の女子が描かれており、眼差しを上向きとすることで日章旗の翻る空を想像させている。5巻1号は、赤い背景に、ノートに向かい眼差しを伏せた女子の上半身像のデッサン画を組み込んで

る。6巻1号［図2―5］には、エプロンにタマゴを包み込んだ洋装の女子とニワトリが描かれている。7巻1号は、赤い背景に、イヌを抱いた和装の男子の写真を組み込んでおり、それまでよりも庶民的な様相になっている。

次に、69書の表紙イメージを検討すると、1〜2巻では、多様な視角による豊かなイメージが展開されており、2巻7号［図2―6］には、赤色ワンピース姿で颯爽と自転車を漕ぐ女子が描かれている。新奇な乗物に乗り真っ直ぐに突き進むその正面像は、強い好奇心と意志の表象と見なせる。69書中、最も主体的と言えるこの女子像や、1巻1号［図2―1］の男子像は、一般認識としての〈女らしさ〉や〈男らしさ〉に囚われない子ども観の表象と見ることができる。しかし3巻1号［図2―3］の子ども像では、大／小の表現で男性／女性の差異的関係性が強調されているように、3巻以降には、ジェンダーの表象が顕在化する。さらに、4巻1号［図2―4］の日章旗に見るように、ナショナリズムの表象が付加されていく。女子像では、4巻8号［図2―7］のように、顔をアップで描き〈女らしさ〉を強調したものや、他にも、眼差しを横向きや下向きにしたものなど、閉塞感のある表象が増加する。一方で男子像では、兵士のひな形のような表象が1〜8巻を通して出現しているのだが、4巻以降では、その様相はより具体的になる。5巻9号［図2―8］の陸軍軍服を着用してラッパを吹く男子像には、男子を将来の兵士になる人材と見なした生産者の認識を指摘できる。

この誌の表紙イメージには、日露戦争を起点とした数年間に、これだけの子ども像の変容が見られる。この点を、この誌創刊と同一年に使用開始された国定教科書と比較したい。

教師への指導要領である「尋常小学修身書　第二学年教師用」の「自分のこと」に関する「説話要領」では、農家の姉弟が「お梅はその年九歳、性質温和にして、よく父母につかへ、一郎は七歳にて、元気良き児童なりき。お梅は一郎を愛すること深く、つねづね親切に世話せり」（前掲仲：62-63）と描写されており、男性／女性の差異的関係性が示されている。これは、子ど

ものジェンダー構築のために、国策として遂行されたトップ・ダウンの指導要領であるが、次に改訂されるまでの数年間は変容しない。

　ところが『お伽絵解　こども』のような逐次刊行物では、同じテーマであっても内容は、需要を反映して、巻号ごとに省略や強調を加えられて変容していく。そこから、この誌の表紙イメージに見られる子ども像の変容は、需要を反映した変容と見ることができる。

3-2　内部イメージの絵解き

　第一の分析では、時間の経過に伴いジェンダーの表象が顕在化していくことを示したが、そこに潜むナショナリズムの表象も見えてきた。そこで第二の分析では、ジェンダーがナショナリズムと結び付く様相を検討したい。

　まず、1巻1号の第1場面2-3頁［図2-9］を取り上げる。詞は、次のようである。

　　　　ドシヤここにゐるよ／ドシヤ打つてやろ／泣面をかちいな／日本強い。坊は／
　　　　日本の児／伯父さんも／兵隊さんも日本の児
　　　　　地球儀まるいな。くるくるまはれ。／手鞠もまるいな。ころころころべ。／地
　　　　球と／手鞠と／くるくる／ころころ／まーはつた／こーろんだ

　男子は、右頁下部に位置し、手に玩具の銃を持ち、海軍を表象するセーラー服を着用して、陸軍を表象する木馬に跨っている。上部に陸軍の帽子とラッパ、男子の眼前には大きな地球儀が描かれて、玩具の銃口は地球儀の中の中国大陸に向けられている。この男子は、絵では、室内に身体を置きつつも、開かれた外に身体を向けており、詞では、「坊」と名づけられ、「兵隊さん」同様に「日本の児（「こ」のルビ）」と定義された。したがってこの男子は、国家の内にアイデンティティをおきつつも侵略に向かう存在として、その未来の方向性を定められた、と見ることができる。

一方で女子は、左頁上部に位置し、和装にエプロン掛け、台の上に立ち、椅子の背越しに前方を見つめている。足元には、女子の室内遊びの表象と見なせる糸鞠が転がっている。この女子は、絵では、窓枠のような曲線を描く背もたれを手に持ち、椅子の後部に立ち、室内に閉じ込められているようである。詞では、名づけられておらず、アイデンティティも定義されていない。一見では、この女子は、家庭の内に居ることを標しづけられている。

　次に、2巻2号5頁［図2―10］を取り上げる[6]。外枠上部に「わかば」の標題、右側に「花子わ花に水をやり　太郎わ大将の旗を持つ」、左側に「花子の心愛らしや　太郎の心勇ましや」のキャプションが記されている。前景に花に水を遣る女子の正面像、後景に旭日旗を持つ男子の背面像が描かれており、緑色濃淡で彩られた林の向こうには薄青色の空間が拡がり、男子の向かう空や海が示唆された。

　これらの女子像は内に留まる〈育てる身体〉、男子像は外に向かう〈戦う身体〉の表象と見なせる[7]。それは、生産者のジェンダー観の表象と言える。同様の表象を他に探せば、1巻2号5頁［図2―11］が挙げられる。男子は兵隊ごっこのために旭日旗の下に整列して、年長の女子は赤ん坊を背負い、年少の女子は人形を抱いて見物している。1巻12号5頁［図2―12］も同様であり、ひな飾りと飯事道具の前で、人形を背負った年少の女子が女学生らしい少女の背にもたれている。この構図は、異世代の女性間で伝承される〈育てる身体〉や〈産む身体〉の表象であるかのように見える。5巻5号表紙［図2―13］も、「わかば」同様の林の中から薄青色の空間の拡がる外に向かいヨットの玩具を引く、セーラー服着用の男子の背面像で構成されている。この表象は、海軍の遠征を想起させる。

　他の巻号にも、兵隊ごっこや軍服様の服装の男子像は多く、子守りや人形遊びの女子像も多い。これらも〈戦う身体〉と〈育てる身体〉の表象と見なせる。前述した［表2―5］の男性大人像と［表2―6］の女性大人像も同様であり、この誌の大人像と子ども像のジェンダー表象には整合性がある。

3-3　ナショナリズムの表象

　この誌は日露戦争開始年に創刊されたことから、創刊号には、大日本帝国の優位性の表象と見なせる図像や記事が満載されている。創刊号2-3頁［図2－9］の他にも、4頁には神武天皇像と金鵄勲章の図像［図2－14］、7頁には「日本がロシアと戦争するといふ御宣言の出たのは今年の二月十一日紀元節の日です」の説明文、8-9頁には大日本帝国軍人を中心に描いた世界各国の軍人像［図2－15］などに、ナショナリズムの色濃い表象が見られる。14頁には「動物も人間と同じやうに時々戦争をいたします」と記され、動物の争いも「戦争（「いくさ」のルビ）」と表記されている。

　その後の巻号についても、2〜8巻の1号、計7書をサンプルとして、ナショナリズムの表象を検討する。2巻1号では、3頁の橿原神宮参詣の男子群像には、「今日わ丁度四月三日　神武天皇祭！サー一所に御参詣いたしましよー。そして日本軍のますます大いに勝つよー祈りましよー」の詞が添えられている。4巻1号の表紙、3頁、8-9頁には、日章旗が描かれ、10-11頁の「尾津の浜松」には、日本武尊の東征の物語が記されている。5巻1号15頁には、イヌの置物に跨りラッパを吹く軍服姿の男子写真が掲載されている。6巻1号、8-9頁の「錦の御旗」では、御旗を取り返す村上義光が描かれ、10-11頁には、護良親王に仕える義光の忠義の物語が記述されている。7巻1号4頁の「練兵あそび」では、雪の日に軍服姿の男子3人が銃を構えて兵隊ごっこを行っている。8巻1号、2-3頁の「御幼年の皇族」には、迪宮裕仁親王殿下以下18名の子ども皇族の写真が掲載され、4頁の「小楠公の幼時」には、楠木正行の幼年期の戦遊びが描かれ、6-7頁には、久邇宮良子女王殿下以下10名の子ども皇族の写真が掲載され、8-9頁の「キユジヨウニジウバシ」には、二重橋を背景にして陸軍大将と金鵄勲章が描かれている。

　このように、ナショナリズムの表象と見なせるイメージに登場する人物像のほとんどは男性である。神話的天皇や親王と幼年皇族は「万世一系」の天皇の正統性と継続性の表象、国旗は国家の表象、歴史的英雄や軍服姿の男性

も忠君愛国の表象である。このような男性像は、〈国体〉イデオロギーに基づくナショナリズムの表象でもある。

ところが中には、勇ましい女子を描いたものもある。3巻1号の5頁「軍艦あそび」［図2—16］には、旭日旗を頂点にした三角形の構図で2人の男子と1人の女子が描かれている。6-7頁［図2—17］の詞は、「太郎わ司令長官。次郎は士官候補生。花ちやんわ女だけれど参謀になッて勇ましいグンカンアソビ。」と始まり、太郎の命令は「忠君愛国の強い見事な精神がこもッているから」、大砲の弾は「敵の軍艦に命中」とされている。

他の巻号、1巻10号8-9頁［図2—18］、6巻4号8-9頁の戦争ごっこのイメージにも女子が描かれている。後者は前者の構図の一部を取り出して一枚絵としたものであり、これらでは、机が裏返され軍艦に見立てられて、男子は穂先に立ち双眼鏡を覗き、女子はオールを漕いでいる。大きくまた多く、さらに指揮官の立場で描かれているのは男子であり、そこにはジェンダーも指摘できるが、女子も兵力の一部として描かれている。

女子に参謀という重要な役割を与えているのは3巻1号だけであるが、戦争ごっこのイメージには女子像も散見される。ここから、日露戦争の興奮冷めやらない時期にあって、〈育てる身体〉を持つ女性であっても、国家の非常時には〈戦う身体〉を持ち得るとした生産者の認識を見て取れる。

1〜8巻の1号の全てにナショナリズムの表象が含まれ、この他の巻号でも同様である。1〜3巻では戦闘の表象が多く、4巻以降では国旗や皇族、忠君愛国などの表象が多くなる。この誌は、7巻2号の「韓国（「ちょうせん」のルビ）の皇太子殿下」や、8巻2号の「第二回大阪こども博覧会」などの時事的な記事も掲載しており、帝国日本の優位性や先進性を誇っている。これらは、国民の共存意識を高めるためのナショナリズムの表象であり、ジェンダーと結び付けられ、様々に形象化されて全69書に出現している。

4 期待された主体性

　2節では、数量分析から男女像の差異的関係性を示し、3節では、ナショナリズムと結び付いたジェンダーの表象を明らかにした。そのようなジェンダー表象は何を目的とするものであったか。4節では、その意義を問いたい。

4-1　児童美育会の理念

　この誌は、創刊号15頁には「太郎さん僕は小塊……花ちゃん僕は秋峯……僕等はこの雑誌『こども』のお友達です」、3巻6号14頁には「学校教育と共に家庭教育が盛に唱えられ児童（「こども」のルビ）ということが重く研究せられるよーになつたのわ誠に結構でございます」と記している。金井信生堂や博文館が絵本刊行を開始した1908（明治41）年、創刊5年目の5巻4号2頁では、児童美育会の理念が説明された（句読点はママ）。

>　第一にこれを読んで下さい
>　「児童美育会」わ児童の幸福を進むるため、智識趣味を増すため。太郎の父。花子の母の理想によって組織せられたものです。
>　雑誌「こども」の発刊わ美育会の理想中の一個の事業です
>　「こども」わ明治三十七年の発刊です。今年で五年になります
>　「こども」わ現代に於ける彩色お伽絵本の元祖です。お伽絵本改良の先頭者です
>　　　　　　　　主任　久保田小塊　　　辻村秋峯

　「太郎の父」と「花子の母」は、一般的な父親と母親の意味と解釈できる一方で、1巻1号2-3頁［図2—9］の「日本の児」の表現を加味すると、「父」を国父、「母」を国母とする解釈も可能である。しかし、家族国家観が蔓延していたとしても[8]、この文脈から媒介者や読者の全てが国父や国母を連想した、とは考えにくい。ゆえにこれらは、帝国国家の拡張と再生産に関

わる国民としての理想的な父親と母親の意味である、と解釈するのが妥当であろう。これらから、児童美育会は国家にとって理想的な国民像の形成を目指して組織された会であり、『お伽絵解　こども』はそのような児童美育会から国民に向けて発信された家庭教育書であった、と言える。

4-2　再考、ナショナリズムの表象

　日露戦争開戦時に創刊されたこの誌が、〈国体〉イデオロギーに基づくナショナリズムに強く支配され、特に男子像にそれが顕著であったことは、これまでに見てきた通りである。しかし、女子像にもナショナリズムの表象が潜んでいる可能性も指摘した。

　そこで改めて、1巻1号2-3頁の第1場面［図2－9］を検討したい。絵本や絵雑誌のイメージは、絵と詞の組み合わせによって構成されており、それらの組み合わせを基にして絵解きされるものである。そこで次に、このイメージの絵と詞を併せた分析を行いたい。

　前述したように、右頁には外に向かう男子、左頁には内にいる女子が描かれている。男子は、絵と詞によってそのアイデンティティを説明されているが、女子は、そのアイデンティティを明確には説明されていない。しかしこの女子は、椅子の丸い座面や丸みを帯びた背もたれの曲線、そして丸い手鞠と共に描かれており、その左頁には、「地球儀まるいな」と「手鞠もまるいな」とした、「まるい」を強調した詞が併記されている。そこからこの女子像は、「まるい」ものの表象と見ることもできる。

　まず、男子の傍らの地球儀と、女子の傍らの手鞠の表象を比較したい。地球儀と手鞠は、室内に置かれるものであり、さらに絵と詞によって「まるい」という共通性を強調されているものの、大／小、外／内と記号化されて、男性／女性に所属するものとして差異化されている。つまりこの創刊号の第1場面では、男性と女性が、「まるい」地球儀と手鞠によって、均質化されつつ差異化されて描かれている。

次に、この一組の男女の手の先に描かれた物体に注目したい。男子は銃、女子は椅子の背もたれを持っている。いずれも、手に持つという共通の行為によって、身体の延長線上に存在している。銃は弾を打ち出し、椅子の背もたれは座る人を受け入れ支える。これらの形状は、直線／曲線、凸／凹の二分法の関係性で説明できる。この誌は、幼年用メディアであることから、生殖行為の表象と見なせるイメージはない、とする先入観で分析しがちであるが、「こども」の誕生を説明するためには、生殖行為の表象があったとしても、不合理ではない。そこから、銃と背もたれは、男性性器と女性性器の表象である、とする絵解きも一概に否定されるものではないだろう。
　このような視点から、あらためて男子像を見ると、その股間には木馬の頭が描かれている。そこで先入観を外すと、1巻1号第1場面であるこのイメージは、「こども」の誕生につながる生殖行為の表象である、とする見方も可能になる。するとこの女子像は、〈育てる身体〉の前提になる〈産む身体〉の表象でもある、と見ることができる。この男子像と女子像は、一組であることに意味を持たされており、地球全体を覆うように拡大膨張する大日本帝国の再生産の表象である、と言えよう。
　今一度、椅子の背もたれは窓枠であり、左頁は家庭の表象であるとする見方に戻る。この女子は、見開き頁の左上に描かれており、台に乗り背伸びして高い位置から男子を見下ろしているようでもある。窓に見立てた椅子の背を通して見つめているのは、男子よりも地球儀である。台に乗り窓枠越しに外を眺める女子は、家庭の内に留まることに満足しておらず、男子と同様に、あるいは男子を介して世界とつながろうとする欲望や願望を抱いている、とする絵解きもできる。ところが女子は、そのような欲望や願望を抱きつつも、窓枠越しにしか外を見ることができない。このような表象から、女性は、内に留ることを前提にされながらも、内だけを見るのではなく、背伸びをしてでも外にも関心を向け、世界に向かう男性の行為の先を見通すべきである、とする生産者の認識を読みとることができる。このような女性像は、女性に

期待された多様性の表象でもある。

4-3　期待された主体性

　男性と女性、女性と世界の関係をさらに考察するために、もう一つのイメージ、3巻6号（1906.9）5頁の標題「貞ちゃん」［図2—19］を見ていきたい。黒っぽい枠で縁取られたこれは、辻村秋峯画の既存の絵葉書を転写したものである。

　まずこの絵葉書は、「台湾日日新報」の新年号の付録とされた（1905.1）。満州軍総参謀長・児玉源太郎（1852-1906）が、その付録絵葉書に「貞ちゃんはほしいか旅順」と書き込み、東京在住の孫娘・貞子（1902生）に戦地から軍事郵便で送った。そのことが、「国民新聞」の記事になった（1905）。さらに『お伽絵解　こども』3巻6号5頁に、宛名面の日付スタンプ（38-1）を同一画面に組み込むなどして、秋峯の手で改めて構成されて、一つのイメージとして掲載された。この誌の刊行時、2ヶ月前に児玉源太郎は死去し、貞子の父は韓国総督府書記であった（1906）。このような記事が、6-7頁［図2—20］に掲載されている。

　この絵葉書には、一組の男性＝少年と女性＝女児が描かれている。この男性／女性は、大／小の形態、洋／和の服装によって差異化されている。さらにそこには、兵士人形も描かれており、児玉源太郎による「旅順」の詞も書き添えられている。

　赤い着物を着用した女児は、「貞ちゃん」と名づけられて、セーラー服を着用した少年の差し出す兵士人形に手を伸ばして〈欲する〉気持ちを示している。絵と詞の関係性から、少年は「ほしいか」と語りかける「児玉源太郎」、兵士人形は「旅順」となる。児玉は軍隊の指揮官であったことから、少年も指揮官となり、「貞ちゃん」は、指揮官から兵士の表象である人形と共に「旅順」も受けとることになる。すると「貞ちゃん」は、単に〈与えられる〉存在に留まらず、指揮官に託されて兵士を〈育てる〉存在のみならず、

兵士を介して植民地を〈欲する〉存在になる。

　絵葉書のままであれば、「貞ちゃん」は児玉源太郎の孫娘という個人的な存在に留まっていた。この誌に転写されたとき、「貞ちゃん」は、個人的な存在ではなくなり、「ほしいか」と問いかけられて、欲望を示すために手を伸ばす女性の表象＝代表となり、兵士を産み育て、国土拡張の欲望を示す主体になった。ここでは、「貞ちゃん」は〈欲する身体〉によって主体化されており、少年は〈与える身体〉によって主体化されている。しかし〈頂戴のポーズ〉は「貞ちゃん」の欲望の表象と見なせて、この構図には、先に「ほしいか」と問いかけたはずの少年を客体化するという主客転倒が仕掛けられている。

　この女児と少年、兵士人形の表象、および児玉源太郎の詞によって構成されたこのイメージには、次のような侵略に関する認識を読み取ることができる。それは、女性は欲望を示すことで侵略を誘導するという使命を担っており、男性はそれに応じることで愛すべき者のための侵略であると大義名分化できる、とする認識である。

　ところがこのような男女は、一組の国民＝臣民として帝国国家に回収されるのであるから、このような転倒も、主体である帝国国家に回収される臣民という客体の中で生じているに過ぎない。ここから、この時期の男性に期待された主体性とは、帝国国家の拡張のために〈戦う〉ことであり、一方で、女性に期待された主体性とは、帝国国家の再生産のために兵士となる男子を産み育て、その男子を介して拡大膨張する国家を〈欲する〉ことであった、と読み取ることができる。

　今一度確認すれば、幼年の男性像の多くは、その興味関心を外に向け、帝国国家の拡張のための〈戦う身体〉という一義性の表象であった。中には、男性／女性の二分法では説明しきれない多義的な男子像［図2−1］、〈与える身体〉の表象である男子像［図2−19］もあったが、いずれも〈戦う〉ための軍服であるセーラー服を着用していた。

一方で多くの幼年女性像は、内に留まりながらも、その興味関心を内だけではなく外にも向けるという、両義性の表象であった。しかし精査すると、女性像は、帝国国家の再生産のための〈産む身体〉と〈育てる身体〉の構築のみならず、時には帝国国家の拡張のための〈戦う身体〉や〈欲する身体〉の構築を期待されており、それは単なる両義性ではなく、様々な関係性に於ける多義性の表象と見ることができた。

　このような表象を介して、幼年の男性と女性が共に期待されたのは、ジェンダーによって差異化されているものの、臣民として均質化された主体性であった。このような期待は、帝国国家の拡張と再生産のためのヘテロな関係性の構築を促すものであった。言い換えれば、性を問わず子どもの国民化に期待されたのは、大日本帝国の拡張と再生産のための主体性であり、〈国体〉イデオロギーに基づくナショナリズムの支配の下にジェンダー化された臣民としての主体性であった。

おわりに

　以上のようにこの誌の男性像と女性像には、差異的関係性としてのジェンダーの表象が確認された。さらに検討すると、いずれにも帝国国家と関連づけた主体性の構築を期待する認識の表象が明らかになった。総括すれば、主に幼稚園児を読者対象としたこの誌には、未就学の子どもを帝国国家の構成員である国民＝臣民として社会化させるためのナショナリズムに支配されたジェンダーの表象が指摘された。

　ところがこの絵雑誌には、媒介者になる家族の介助役割を明確に指示した表現は示されていなかった。しかしこの誌は、その販売方法から見て、家族の手を介して子どもの手に届いたであろうことは確かである。ゆえにこの誌は、子どもの教育に関心を抱き、理想的な父親や母親であろうと志していた家族によって、時代思潮や社会的価値規範を手掛かりにして絵解きされた、

と考えられる。そこからこの誌は、絵雑誌の嚆矢としてのみならず、未就学児を含む幼年期の子どもを国民化するための家庭教育書の嚆矢にもなった、と言うことができる。

　『お伽絵解　こども』が児童美育会の理念を掲示した1908年には、地本組合加盟の金井信生堂が絵本刊行を開始して、〈赤本〉と呼ばれた大衆的な絵本の最大手として太平洋戦争敗戦間近に至るまで活動した。3章では、金井信生堂の絵本をとり上げ、この後に興隆する絵雑誌と生産・流通の場で競合し、また補完し合った絵本に見る家庭教育の問題を検討したい。

註
1)　『幼年画報』編集者の木村小舟は、『お伽絵解　こども』は「頗る面白い試み」であり、「この小雑誌にヒントを得た博文館は、新たに最低学年用の絵雑誌を創刊すべく鋭意企画を進めることとなった」と記している（木村（小）1949（下）：269-270）。
2)　『日本国語大辞典』第二版によると、「児童」には「①心身ともまだ十分に発達していない者。こども。わらべ。童児。現在は、特に小学校に学んでいる子どもをいう。学童。②児童福祉法で、一八歳未満の者。乳児、幼児、少年に分ける。」の意味、「美育」には「芸術的教育の総称。美の鑑賞と創造を通して、望ましい人間形成をはかるための教育。知育、徳育、体育とともに教育上の重要な内容を形成する領域。美的教育。」の意味がある。これらから児童美育会は、教育的かつ芸術的な組織であることを強調した名称と考えられる。なお、この誌で使用されている「児童」の漢字には、発行所名では「じどう」、本文では「こども」のルビが打たれている。
3)　1898年の全国の幼稚園総数は229園であったが、幼稚園保育及設備規定（1899制定）により、その普及は促進された。増設数は、20世紀初頭に163園の増加、1908年以降の10年間に291園の増加、1909年に全国最後の岐阜県に設置されて、幼稚園は全国に普及した。5歳児就園率の全国平均は、1906年に1.4％、1910年に2％台、1924年に3％台と推移した（文部省1979：118-126）。
4)　「秋峯」の署名がほとんどだが、5巻より「秋湖」の署名が散見される。
5)　男性だけが兵士になれた近代日本において、この男子像の外見である軍服は、荒々しく力強い〈男らしさ〉の表象と見なせる。ところがその内面性を表現する表

情や仕草は、一般的に認識されている優しくて穏やかな〈女らしさ〉の表象として説明できる。したがってこの男子像には、将来的には兵士としての成長を期待されているものの、まだ確固たる男性性を構築していない年齢に見られる多義性を指摘できる。

6) この図は、フリードリッヒ・フレーベルによる家庭教育書『母の歌と愛撫の歌』の「遊戯の歌」挿絵「小さな園丁」の構図に酷似している（小原〔ほか〕監修 1981：189）。

7) ここで〈身体〉と表現するのは、人物の理想像を、生産者がどのように認識し、どのように身体化して、人物像として表象しているかを示すためである。例えば男子像は、多くの場合、セーラー服や詰襟服を着用しており、旭日旗や日章旗、戦争玩具などの小道具で飾られている。海軍や陸軍の制服を想起させる衣服を着用した男子像から、生産者は、男子に対して、〈戦う〉ための「従順な身体」（フーコー 1977）の構築を期待している、と見ることができる。

8) 天皇と国民を親と子の関係に擬した家族国家観は、「御真影」や教育勅語、修身教科書を介して、明治末期の多くの日本人を支配していた（伊藤（幹）1982）。

* 図版は、梅花女子大学図書館蔵書を使用した。

2章　絵雑誌の出現と子どもの国民化　95

［図2−1］1−1　表紙

［図2−2］2−1　表紙

［図2−3］3−1　表紙

［図2−4］4−1　表紙

［図2−5］6−1　表紙

［図2−6］2−7　表紙

［図2−7］4−8　表紙

［図2−8］5−9　表紙

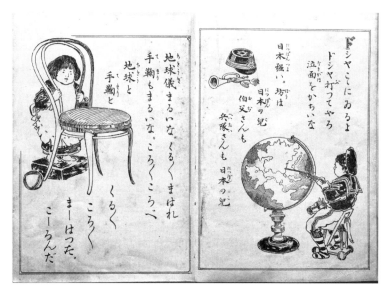

[図2-9] 1-1 2-3頁

[図2-10] 2-2 5頁

［図2—11］ 1—2　5頁

［図2—12］ 1—12　5頁

［図2—13］ 5—5　表紙

［図2—14］ 1—1　4頁

［図2—15］ 1—1　8-9頁

2章　絵雑誌の出現と子どもの国民化　99

[図2−16] 3−1　5頁

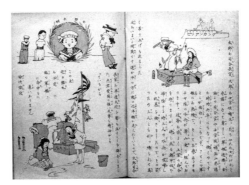

[図2−17] 3−1　6-7頁

[図2−18] 1−10　8-9頁

[図2—19] 3—6　5頁

[図2—20] 3—6　6-7頁

3章　家庭教育メディアとしての絵本
―金井信生堂の創業期絵本（1908-23）に見る
〈暮らしのイメージ〉―

はじめに

　2章では、日露戦争開戦時に創刊された絵雑誌の嚆矢『お伽絵解　こども』を取り上げ、そこには、ナショナリズムに支配されたジェンダーの表象が見られたことを明らかにした。ところがこの誌には、子どもの〈遊びのイメージ〉や〈学びのイメージ〉、あるいは近代軍隊を描いた〈戦いのイメージ〉はあったが、近代家族や近代構築物を描いた〈暮らしのイメージ〉はほとんどなかった。雑誌の特性から、表紙から裏表紙までの一貫した物語性は乏しく、テーマ性はあったとしても断片的なイメージを羅列した傾向が見られた。

　〈絵解きの空間〉に於いて、家庭教育のために有意義なイメージは日常の子どもの暮らしをテーマにした〈暮らしのイメージ〉である、と考える。第一次大戦時に於いては、戦争報道に関連して雑誌メディアが興隆し、それに伴い絵雑誌も興隆したのだが、同時に、絵本も数多く刊行された（三宅〔ほか〕編2009）。そこで3章では、第一次大戦前後の絵本を分析資料として、2章では検討できなかった〈暮らしのイメージ〉を取り上げる。

　本章では、当時の最大手の絵本発行所であった金井信生堂（1908-44、1945-52）の創業期絵本（1908-23）を分析資料とする。この時期の絵本全般には、近世の草双紙を継承した昔話絵本や歴史的人物の英雄伝、物語性の希薄なものが多いのだが（前掲三宅編）、この社の絵本の多くには、一貫した物語性があり、近代家族や近代構築物の表象が見られる。そこで、この社の創業

期絵本を分析対象として、そこには、第一に、どのような〈暮らしのイメージ〉が見られ、第二に、どのような情報が盛り込まれ、第三に、どのような意義があるかを検討したい。〈暮らしのイメージ〉として、風景、乗物、住空間、家族の表象に焦点を絞る。

以下、1節では、金井信生堂創業期絵本の概要を示す。2節では、〈暮らしのイメージ〉の事例を取り出して絵解きする。3節では、ニュース、モデル、夢の表象に絞り検討する。4節では、第一次大戦時の絵本を取り上げて、家庭教育の情報媒体としての役割を精査し、大衆的な絵本の意義を論じる。おわりに、2章で分析した絵雑誌と絵本の相違点を検討する。

1　金井信生堂創業期絵本の概要

本節では、まず金井信生堂の概要、次にこの社の創業期刊行絵本の概要を記す。その概要を記述することで、明治末期から大正期にかけて刊行された絵本の事例として、金井信生堂創業期絵本を取り上げた理由を示す。

1-1　金井信生堂の概要

金井信生堂は、金井金蔵（1866-1938、伊那出身）が上京して木版の板木彫りの職人になり、石版印刷法を習い独立して、1895（明治28）年に石版印刷所を開業したことに始まる。金蔵は、実弟・金井直造（1878-1952、別称・直三、伊那出身）を呼び寄せ共に働いたが、体調を崩し、直造に印刷所を譲った[1]。直造は、1907（明治40）年頃に、取引先から絵本の造本技術を学び、金井信生堂を石版印刷所から絵本発行所に発展させた[2]。

この社は、江戸時代の地本問屋系列の地本組合に加盟しており、大正・昭和初期の地本組合を代表する絵本発行所であり（朝野1934）、1920（大正9）年前後には、江戸時代の書物問屋系列の書籍組合にも加盟していた。直造長男・金井英一（1900-82）は、戦時統制期には、児童読み物の生産者代表とし

て出版統制の攻防の指揮をとり、GHQ による占領期を経た戦後には、「出版会」の管財人として出版業界全体の戦後処理にあたった（大橋2001, 2002）。英一は、自社整理の際に、1967（昭和42）年12月1日付で日本近代文学館に自社絵本などの約1,000冊（他に、輸出用絵本約1,000冊）を寄贈した（大橋2001：187）。

1-2　金井信生堂創業期絵本の概要

　金井信生堂絵本は、形式面（形態、奥付）の変化から、創業期（1908-23）、展開期（1924-38）、戦時統制期（1938-44）、および被占領統制期（1945-52）に分類できる（大橋2001：178-180）。金井信生堂絵本全体の調査実数は1,000冊を優に超えるのだが、その内、創業期絵本に限れば、現存を確認したものは、全国公共機関蔵書と筆者蔵書を合わせると総計128冊（調査実数）あり、複数館に重複する同一書を整理すると合計109書になる（2009現在）[3]。創業期絵本の形式面では、一部異なるものもあるが、大半は、表紙・裏表紙を別紙、内部を6丁12場面（見開き頁1場面のものもあるが、ほとんどは片頁1場面）の片面印刷、袋とじ製本のものである[4]。

　創業期内にも変遷があり、1915（大正4）年の上期と下期では、形式面と内容面に変容がある。奥付の画家名は、上期の《教育小供画噺86》『海国少年』（近藤紫峯画、1915.3）には記載されているが、下期の《教育絵噺91》『関ヶ原合戦』（1915.10）には記載されておらず、この後に無記名になる。第一次大戦に参戦（1914）の翌年になり、戦争報道の氾濫から雑誌メディアが興隆し、雑誌組合が結成されて、逐次刊行物の絵雑誌も相次いで創刊されたことから、この変容は量産体制に対応したものであろう。内容面では、この期を境にして、それまでに多くあった〈歴史もの〉が『関ヶ原合戦』を最後に消滅し、〈当世もの〉が増加する。

　調査実数総計128冊から同一書・同一版を除く合計125冊（初版と重版では体裁の異なる場合もある）の内、緒言ナシ5冊、落丁により不明4冊、計9冊を

除くと、緒言のあるものは、記述者名で分類すると、山本笑月22冊、大和田建樹3冊、熊田葦城3冊、眠雲山人1冊、編者2冊、信生堂編集所11冊、無署名74冊の計116冊になる。創業年1908（明治41）年では、〈お伽もの〉（翻案物語、創作物語）に山本笑月、〈歴史もの〉（歴史的英雄伝、戦記）に大和田建樹、〈教訓もの〉（武士道、女訓）に熊田葦城が記述している。1910（明治44）年頃になると、記述者名は編者、信生堂編集所（一書毎に異なる緒言）に変化し、1915年頃には、全て無署名のもの（全書に同一緒言）になる（大橋1998）。

　このような緒言は、同系の富里昇進堂を除くと、この時期の他社のほとんどには付記されていない。そこで次に、創業初期の緒言、山本笑月（1873-1937）[5]のものを記載する（句読点はママ）。

　　小児衆が生れて始めて勇ましい事を耳にするが桃太郎の鬼ヶ島征伐である又気味のよい話を聞くのは、カチカチ山の狸の土舟である。面白くて堪らない斯う申す拙者も未だに忘れないから面白かつたに相違ひない併し追々三歳が四歳になり耳が肥へて来ると桃太郎や舌切雀では追付ない況して十二三になると生意気に込入つた於伽話を所望する斯うなると注文がむづかしい世間にも於伽話の絵本や雑誌は沢山あるがどうも面白くて為めになるやうな本は尠ない趣向が古めかしかつたり又は小児によろしくないやうな卑しい事やさもしい話が書いてあつて困るさもないのは西洋の話を訳したので人情が違ふから面白味が乏しい。乃で有名な画伯や先生方が集まつて小児衆のために作つたのが此新お伽倶楽部撰の於伽教育絵本である。作つた人達は皆な髭ムシヤの伯父さんだが小児は大好で自分達も小児になつた気で作つたのだから大人にはそんなに面白くないが小児衆には屹度面白からうと思ふ
　　　　　　酉歳の春　　　　　　　　　　　　　　　　山本笑月

　これは、「髭ムシヤの伯父さん」などの表現を使用して、子どもに呼びかけているように装われているものの、幼児が一人で読むには難しい内容であり、その場合は、大人の介助を必要とした、と考えられる。例えば「小児衆」には「こどもしゆ」のように、漢字にはルビが打たれている。ルビはこ

の時期の出版物の特色の一つであり、漢字教育を受けていない大人に向けたものであろう（本書では、引用文献のルビを省略）。そこからこの緒言は、幅広い年齢層、幅広い社会階層の読者対象を想定して書かれたものである、と見なせる。

　この緒言で興味深いことは、第一に、「面白い」を強調していること、第二に、西洋文化をそのまま導入することに異議を唱えていること、第三に、絵本が子どもの人格形成に関与する情報媒体であると認識していることである。これらはこの社の絵本編集理念と見なせることから、この緒言は信生堂絵本の創刊の辞であり、山本笑月は金井信生堂創業期の編集者的立場の人物であった、と考えられる（大橋2001：185）。

　創業期絵本109書の内、95書の叢書名には「教育」の文字が含まれている。全ての裏表紙には広告を兼ねた出版目録が掲載されており、その解説には「家庭教育の一助として」の文言が挿入されている。学校教育が一定の普及を見て、家庭教育が唱道されたこの時期には、「教育」を冠した子ども用メディアが数多くあった[6]。金井信生堂創業期絵本の叢書名「教育」の文字は、この時期の流行に乗り、商品価値を高めることを目的としたものであった。では「家庭教育の一助として」、どのような表象が見られるか。次節では、金井信生堂創業期絵本を紹介しつつ、〈暮らしのイメージ〉を絵解きする。

2　〈暮らしのイメージ〉を絵解きする

　ここでは、〈暮らしのイメージ〉として、都市の風景、乗物の近代、絵本の中の住空間、絵本に見る家族の表象を取り上げる。これらに焦点を絞るのは、日常的に往来する風景や移動の手段、そして住宅や家族の形態が子どもの成長に影響を及ぼす、と考えることによる。具体的な方法としては、各項では〈暮らしのイメージ〉を含む代表的な絵本2書ずつを取り上げ、筆者による絵解きを通して作品を紹介しつつ、その表象分析を行う。

2-1 都市の風景

　人々の暮らしの表象である〈暮らしのイメージ〉を検討するに当たり、まず都市の風景を取り上げる。金井信生堂をはじめとして地本組合加盟の出版社は、東京を所在地としており、これらには、主に東京の都市の表象が見られる。風景を主テーマとした絵本はないのだが、以下に2書、そのような表象の散見される絵本を取り上げる。

　まず、《教育絵噺40》『教育乗物図話』（福富常三画、1912.3、7版1917.6）［図3―1］は、乗物絵本であると同時に、風景絵本でもある。第1場面「都会」［図3―2］では、街並みを遠景にして、線路を走る汽車、鉄橋を渡る電車、川面を行く船などが描かれている。第4場面［図3―3］では、救助袋と救助梯子がかけられた四階建て洋館に向けられた「蒸気ポンプ」のデモンストレーションが描かれている。和装の人々もいるが、「蒸気ポンプ」の駈ける街並みは、西洋のそれと見間違うばかりである。

　次に取り上げる《教育絵噺》『感心ナ兄妹』（荒川国波画、1913.1、再版1913.6）［図3―4］は、父親が死去し母親が病身の貧しい家庭に於ける、兄・市太郎と妹・光の立身出世物語である。第2場面［図3―5］の兄が納豆売りのために天秤棒をかつぐ道は、木造家屋の並ぶ下町であり、第3場面［図3―6］の妹が花売りをする坂道は、石垣と生け垣のある山の手のようである。前者にはマントを着た学生、後者には被布を着た良家の母子が、貧しい兄妹と対照的に描かれている。第4場面［図3―7］、兄は学問をしたいが為に新聞売りをする街には、鉄橋を背景にして「浅草行」のプレートを掛けた電車が走っている。光は浅草寺に日参し、母親の病気平癒を祈願する。市太郎は電車にはねられ、3人の息子の父親である紳士に助けられて書生になり、光も三男の子守りになる。市太郎は、紳士の援助によって大学に進学し、第10場面［図3―8］では、横浜港らしき港から留学する。

　このように前者には、乗物の行き交う都市の表象が見られる。後者では、兄妹の成長に併せて都市の風景が変化する。この時期の東京は、破壊と建設

が同時進行の郊外に向かい拡張し続ける建設現場でもあった[7]。近世を引き継ぐ風景から近代的な風景への変化は、このような都市化の表象であり、さらに、教育の受容によって保障された市太郎の社会的地位の向上を表象したものである、と言える。

2-2　乗物の近代

　前項で取り上げた絵本の書名に乗物名が含まれていたように、近代的な乗物をテーマとした乗物絵本は数多くある。調査対象109書中、書名に乗物名を含むものは16書ある。書名に乗物名が含まれていないものの、内部に乗物の表象も多数見られる。そこには、馬車、汽車、電車、自転車、自動車、汽船、軍艦、飛行船、飛行機などが描かれており、それらの運転手は男性に限られているが、乗客には女性も含まれている。

　まず、前述の『教育乗物図話』の表紙イメージ［図3—1］には、中央に子ども達を乗せた気球、遠景に飛行機、眼下に汽車、電車、汽船、自動車が描かれており、それは気球から様々な乗物を見渡すような構図になっている。第6場面「ケーブルカー」では、「独逸の「ワッペル」河岸では橋の下を、これが通るやうになつて居ります。近くは大正博覧会に不忍池の上に設けられました。」と記され、第7場面「鉄橋」では、トンネルを出て鉄橋にさしかかる汽車が描かれている。第9場面には「障害物競争」、第10場面には「自転車競争」、第11場面には「ボートレース」［図3—9］が描かれている。第12場面「軍艦」には、「これも国を護るに入用な一つの武器です」と記されている。

　次に、《お伽絵ばなし》『小供と自働車』（近藤紫峯画、1914.2）［図3—10］を取り上げる。これは、近所でも評判の悪戯小僧の太郎と次郎がお屋敷の前に止めてあった自動車を乗り逃げする物語絵本である。自動車の持ち主である弁髪の中国人はお屋敷の主人である洋装の紳士を伴い警官に訴え出て［図3—11］、大人3人と悪戯小僧2人のカーチェイスが展開する。小僧達は、

道路工事のために通行禁止の道を強行突破し、快速で走る汽車と競争し［図3―12］、驚くおばさんを無視して果物屋の店先に突入し、自転車に乗った紳士をはねとばし［図3―13］、速度の出し過ぎによって生じた機械の故障から自動車もろとも崖から川に落ちる。そこで御用となり、叱られて反省し、「毎日オコタラズ学校ヘモ通フヤウニナツテ後ニハ二人トモリツパナ人トナリマシタトイフコトデアリマス。メデタシメデタシ」で一件落着となる。

前者には、最先端の乗物の表象がふんだんに見られ、新奇なものに対する人々の好奇心の表象として、それらの競争見物も描かれている。後者には、汽車よりも自転車よりもスピードがあり小回りがきく乗物の表象として、小型自動車が描かれている。ここでも、競争が隠れたテーマとしてある。〈より速く〉や〈より遠く〉の願望や欲望を満たすものが近代的な乗物であり、それらと共に子どもを描いた〈暮らしのイメージ〉は、未来を夢見る人々の偽りのない心象風景であったのだろう。

2-3　絵本の中の住空間

人々の暮らしの基本は、衣食住にある。中でも住空間は家族の暮らしを包括する要素としてある、と考えられることから、この項では、住の表象に焦点を絞る。なお衣と食に関しては、特に項を設けないが、この項の末尾に概要を示す。

まず、《お伽絵ばなし》『大正太郎』（近藤紫峯画、1914.1）［図3―14］は、太郎と次郎の兄弟が冒険に行って帰る物語絵本である。第1場面［図3―15］では、活発で勉強もできる仲良し兄弟が、「父母ノ許ヲ受ケ」、母親と幼い弟妹に見送られて冒険に出発する。第2場面では、子ども達にいじめられていたイヌを助け、第3場面では、海岸で海苔を巻いた握り飯を食べ、第4場面では、大ダコに絡まれているサルを助け、第5場面では、サルの仲間の案内で山の奥に入る。その後、サルの住みかでもてなしを受け、さらに山中に入り、深い谷ではサル橋を渡り、谷川ではシカの背に乗って岸を渡り、山

頂で植物採集をして、旅を終えて家に帰る、という展開である。第11場面［図3―16］で帰還するのは、縁側のある庭先であり、母親と姉娘、弟妹達が出迎えている。第12場面［図3―17］では、和室の居間で少女や幼女、母親の女性達に囲まれて、兄弟は得意そうに冒険談を語っている。

次の《教育絵噺》『学べ遊べ』（1916.1）［図3―18］には、子ども達が一日の大半を過ごす学校と家庭、裏山などの空間で展開される〈学び〉と〈遊び〉の表象が見られる。第1場面では、男女共に子ども達はおしゃれをして登校している。第2場面［図3―19］では、男子が机と椅子の並ぶ教室で学び、第3場面では、休憩時間の運動場で男女混合の子ども達が遊んでいる。第4場面［図3―20］では、女子が和室の教室で裁縫を学び、第5場面「手工」では、男女混合の生徒達が椅子にテーブルで工作を学んでいる。第7場面「親切」［図3―21］では、姉娘が弟妹の復習を指導している。この部屋の壁紙、カーテン、テーブルクロスには、可愛い模様が見られることから、このイメージは子ども部屋の表象と見なせる。

前者では、庭と縁側のある和室が描かれている。他の絵本でも、住空間の表象は、ほとんどの場合、縁側のある和室である。この時期、玄関とその脇に来客用と主人の書斎を兼ねた洋室、そして中廊下のある「中廊下式住宅」が新中間層の新しい住空間として登場した（西川2003）。「中廊下式住宅」で見落とされがちなのは、それは田舎家の形式も採り入れており、縁側を備えていることである[8]。このような絵本には、玄関や中廊下の表象はなく、縁側の表象が数多くある。縁側は、内と外を区切る曖昧な境界線であり、日中には常に外に向かい大きく開かれた開口部でもある。多くの場合、縁側には幼児、内の和室には女子、外の庭には男子が描かれている（大橋2009b：343）。金井信生堂創業期絵本でも、その傾向はあり、性別や年齢別の描き分けはあるものの、縁側は、老若男女や内外の交流の場の表象でもある。

後者では、子ども部屋が描かれている。この頃、子ども部屋は普及していたわけではないが、婦人雑誌や博覧会を通してその設置が提案されていた

（神野1998）。この他の絵本にも、ドアや壁に囲まれた洋室を描いたイメージは散見され、縁側を備えた和室に比べると少ないものの、最新式の住空間の表象も見られる。

　衣に関しては、『大正太郎』［図３—14］で太郎が詰め襟、次郎がセーラー襟の洋装であったように、男子の場合、陸軍と海軍の軍服を想起させる洋装が多い[9]。それも長男は陸軍軍服（詰め襟）、次男は海軍軍服（セーラー襟）に似せた服装であり、憧れの成人男性として陸海軍大将が多数描かれている。女子の場合、そのほとんどは華やかな色柄の振り袖に被布の和装であり、頭にはリボンやカチューシャを飾っている。『学べ遊べ』の表紙イメージ［図３—18］では、男子は洋装にラケット、女子は和装に布様のものを持っているように、多くの場合、男性／女性は、外／内、動／静、洋／和の二分法で描き分けられている。「お姉様」と呼びかけられている女学生らしい少女は和装で束髪にリボンを結び、幼児は男女の区別なく白いエプロンをかけている。このような衣の表象は、性と年齢を差異化する記号になっている。以下、束髪の少女を〈お姉様〉、エプロン掛けの子どもを幼児（男児、女児）と表記する。

　食に関しては、食べ物を調理している、食事をしている人物像は、この時期には見られない[10]。『大正太郎』のような、屋外で弁当を食べている人物像は珍しい。これらの絵本は全体的に見て男性優位のものであったことから、食材採集であり男子の遊びでもあったウサギ狩りや、男女混合の遊びの潮干狩りの表象は散見されるが、女子の遊びの代表であった飯事遊びの表象はない。この時期の衣食住の表象では、食の表象は極端に少ない。

2-4　絵本に見る家族

　家庭教育とは、家庭に於いて家族によって行われる子どもへの教育のことである。ゆえに〈暮らしのイメージ〉の中でも、子どもにとって特に重要な意味を持つものは、家族や家庭の表象ではないだろうか。これまでの作品に

もそれらは散見されることから、この節では、これまでを振り返りつつ、新たな作品を加えて、それらを検討する。

まず『感心ナ兄妹』を振り返り、そこに見る3パターンの家族の表象を検討する。第一は、第1場面［図3─22］の母親と兄と妹の貧しい母子家庭の小家族、第二は、第8場面［図3─23］の夫と妻と子ども達、そして書生や子守りなどの非血縁的関係性を含む大家族、第三は、第12場面［図3─24］の戸主と母親と妻役割を担う妹の小家族の表象である。以下では、この3パターンの家族の表象を分析する。

第一では、破れ障子に煎餅布団にくるまって病気の母親が寝ており、その側で市太郎が看病し、後方で光がせんじ薬を用意している。ここでは、娘のみならず息子も母親を介護しているのだが、このような男性による介護の表象は、近世において「家」制度の存続のために儒教の「孝」徳目を浸透させることを目的とした孝子伝に見られるものである［参考図3─1, 2］（妻鹿 2008）。第一には、住空間の非近代性と相まって、このような近世の儒教道徳を継承した家族観を指摘できる。

第二では、全体を束ねる位置の縁側に、3人の子息の父親であり、兄妹の保護者でもある紳士が、和装にくつろいだ姿で座っている。庭では、市太郎が長男と次男の遊び相手をしており、縁側の奥では、奥様が三つ指をついて座している。後方の部屋の奥では、光がうつむいた姿勢で何かしている。この頃、三男は乳母車に乗せられて移動するような赤ん坊であったことから、これは光による三男に対する保育の表象であろう。ここに、書生や使用人を含めた大家族の表象を見ることができる。この時期には、都会に暮らす新中間層が増加するに伴い、民法上の「家」家族は形骸化しつつあった一方で、特権階級の中には、書生や女中、子守りや家事手伝い（遠縁の未婚女性など）を抱えた大家族形態の生活共同体も存在した[11]。第二に、そのような大家族観を指摘できる[12]。

第三では、近代的な洋館の屋外の庭園に、椅子とテーブルが置かれている。

「長ク病院ニ居タ母ガ、丁度全快シマシタノデ」と説明される母親と、エリート社会人である市太郎が椅子に座り、美しく成人した光はその二人にお茶を出している。このイメージは、家長となる市太郎は未婚であることから、妹の光が妻役割を担っており、母と兄に対する妹の介助役割の表象と見なせる。このように第三には、性別役割分業化した近代的な家族観を指摘できる。

　まず、第一［図3―22］と第三［図3―24］を比較すると、住空間、寝具や家具、構図は対照的である。第一では兄妹の両性が介助役割を担っているが、第三では妹の女性だけがその役割を担い、性別役割分業観が顕在化している。いずれも儒教道徳の「親に孝」規範の表象であるが、第三になると、近代男性のなすべき「孝」は立身出世によって獲得した経済性を親に還元することである、と読みとることができる。

　次に、第二［図3―23］と第三［図3―24］の関連を見ると、第三は第二の一部と考えることも可能である。第11場面［図3―25］で、市太郎の帰朝を喜んだ紳士が歓迎会を催したように、彼の未来を保障しているのは紳士である。第三の背景には、第二の大家族形態があり、市太郎にとってはスポンサーであり保護者でもあり、大家族にとっては家父長でもある紳士がいる。この紳士像は、明治民法の「家」制度上の家長の表象ではなく、経済性や社会性を保障する新しいかたちの家父長の表象と見なせる。

　『感心ナ兄妹』には、息子3人と書生に対して父親役割を担う保護者（紳士）が描かれている。調査対象109書の内、物語性があり、近代的な父親役割を明確に与えられた男性を家庭内に描いたものは、この書と《教育小供絵噺99》『駿馬』（1915.11）だけである。

　『駿馬』は、悪者に盗まれた父親の書類を取り戻す日出男少年の活躍する物語である。一家は豪華な洋館に住み、父親は実業家の紳士、母親は良妻賢母の淑女、日出男少年は詰め襟服を着た孝行息子である。これは、息子が父親の権威奪還のために活躍する内容の絵本であるが、この父親は、社会的に成功した紳士として物語の発端に登場するだけで、父親としての威厳ある言

動を示しているわけではない。父親の社会的成功は、豪華な洋館、淑女の妻、孝行な息子の表象によって提示されている。

　他に父親像の見られる作品、〈歴史もの〉では、曽我兄弟の父親・河津祐泰を描いた《歴史教育絵本》『曽我兄弟』（山中古洞画、武田仰天子作、1908.3）、楠正成を描いた《少年教育歴史画談》『楠公ト小楠公』（河合英忠画、1908.9、再版1911.2）がある。《教育小供絵噺118》『教育勅語　絵とき』（1917.2）の「父母ニ孝ニ」にも、老人のような父親が描かれている。『駿馬』の父親像を含めてこれらは、教育勅語の「孝」徳目の対象としての父親の表象である。

　一方で、近代的風景や近代的生活の表象の見られる〈当世もの〉では、母親像に比べると父親像ははるかに少ないが、公園や正月の雑踏などの〈公〉領域の一隅に父親らしき人物像が認められる。次に、そのような〈当世もの〉の父親像を見ていきたい。〈当世もの〉は近代的光景のイメージを羅列したような構成をとり、そこには、テーマ性はあるものの物語性は乏しい。

　その中からまず、《教育小供絵噺140》『少女ノ友』（1919.1）を取り上げる。この絵本には、それまでにはあまり見られなかった成人男性が数多く描かれている。お正月の雑踏には羽織袴の男性、お花見の風景には警官に手を捕まれたスリらしき男性、縁日には演歌師や松虫や金魚売りの香具師などの男性が描かれている。第5場面「舞踏会」［図3―26］では、夫婦と娘らしき一組の親子が手をつなぎ、楽しそうに踊る姿が描かれている。第6場面「展覧会」［図3―27］には、一組の家族らしい表象が見られる。しかしここでは、成人女性は子どもに寄り添うように描かれているが、成人男性は展示された絵画を見つめており、母子像との関連性を持たされていない。ゆえにこれは、家族の表象ではないとも考えられる一方で、父親と母親の性別役割分業観の表象と見ることもできる。

　もう一図、明らかに家族の表象と見なせるイメージを取り上げたい。《教育小供絵本8》『コドモト海』（1919.4、3版1920.10）の第6場面［図3―28］では、成人男女2人と子ども男女2人で構成された一組が水族館の水槽の前

に立っている。この父親、母親、女児、男児の一組が、核家族としての近代家族の表象と見なせる。しかしこのイメージは、『感心ナ兄妹』のような物語性を感じさせず、単なる核家族の表象に留まっている。

　この他の絵本でも、父親らしき人物が描かれているのは、時間的には正月や夏休みなどのハレの日、空間的には家庭の外、公園や駅などの〈公〉領域の一隅である。それらは、交通費や入場料などの外出費が発生するような時空間でもある。前述した『感心ナ兄妹』や『駿馬』の父親像も経済性の表象と見なせて、このようなイメージから、父親は、家庭経済に関与しているものの、日常的な暮らしの営まれる家庭の内、〈私〉領域には不在であるとする、生産者の認識を読み取ることができる。

　1919（大正8）年頃になると、成人男性が意識的に描かれている。それまでの成人男性像のほとんどは歴史的人物や軍人であったが、この時期になると、職人や労働者などの市井の成人男性が遠景や中景に描かれている。しかし、職人家庭や労働者家庭の表象は見られない。この時期になり、リアルな社会を描くことに意識が向けられたようだが、その表象は新中間層からみた他者性に留まっている。

3　ニュース、モデル、そして夢

　これまでに見てきた〈暮らしのイメージ〉には、乗物絵本に見るニュース性、衣食住や家族像に見るモデル性、およびそこに注がれる人々の夢の表象を指摘できる。これらは互いに関連していると考えられることから、本節では、その点を精査したい。

3-1　ニュースの表象
　まず、これまでから、ニュース性のある具体例を取り出す。特に乗物像にニュースの表象が見られることから、それを中心にして、検討を加える。

『教育乗物図話』第4場面「蒸気ポンプ」［図3―3］には、消防ポンプが描かれている。1911（明治44）年に、大阪市が日本初のドイツ製消防ポンプ自動車と救助梯子を輸入しており（下川2002：283）、翌年刊行のこれは、新奇な乗物のニュースを取り入れている。

『感心ナ兄妹』第四場面［図3―7］には、新聞配達をする主人公、遠景に鉄橋、近景に電車が描かれている。主人公の人生が転換するこの場面では、鉄橋、市電、新聞が近代の表象として提示された。明治五大鉄橋の吾妻橋（1887）は銅版画になり、永代橋（1897）と日本橋（1911）は絵葉書になっている（前田〔ほか〕編1978：60-61）。この絵本の鉄橋の表象は、これらには該当しないことから、他の鉄橋かデフォルメされたものであろう。市電の運行は時代のニュースであり、その交通事故も重大ニュースであったはずである。そのようなニュースを早速に表象として提示したということは、近代化に対する人々の期待がそれだけ強かったことを意味している。

『小供と自働車』の小型自動車［図3―10］は、東京大正博覧会（1914.3）出品の国産小型自動車（DAT　1号）を摸している（前掲下川：301）。その所有者が弁髪の中国人であることに、何らかの意味が含まれている。この時期の日本と中国の関係を勘案すると[13]、最新の国産自動車を乗り逃げする小僧達と追いかける中国人の対照化に、当時の日本と中国の関係性を見ることや、この時期の日本人に共通した複雑な心性を窺うことができる。

このように、これらには最新のニュースがいち早く取り込まれた。近世の瓦版が絵と文、そして読売人の語りによってニュースを提供したように（木下〔ほか〕1999）、これらもその系譜としてあり、絵解きを前提とした表象によって読者にニュースを提供していた。

3-2　モデル像

これまでに見てきたように、金井信生堂絵本の〈暮らしのイメージ〉は、近代を記号化して視覚的に画一化したモデル像であった。家族モデルには、

父親や中学生以上の〈お兄様〉はほとんど描かれておらず、母親や〈お姉様〉が描かれていた。それは、都市空間に暮らす性別役割分業化された近代家族の表象であり、一体と見なされた母子像でもあった。

『大正太郎』では、太郎と次郎が冒険に出かける第1場面［図3―15］、冒険から帰ってくる第11場面［図3―16］、冒険談を語っている第12場面［図3―17］には、母親は参加しているが、父親は参加していない。これら3図の母親と男子の位置、母親の姿勢とまなざしの様相は同じである。男子は縦書き文字絵本の進行方向である左側に位置しており、母親はうつむき加減の姿勢で母性愛溢れるまなざしをその方向に向けている。［図3―16］では、〈お姉様〉が母親と全く同じ姿態で描かれている。

このような母子像は、他にもある。《教育小供絵噺116》『四季』（1917.2）の第1場面［図3―29］では、雨の日の縁側に母子が集い、兄は縁側に寝そべって庭の雨水の川に玩具の軍艦を浮かべている。妹3人は、縁側から水たまりを覗く姿、母親の背中にもたれかかる姿、母親の膝に身を寄せる姿の3態で描かれている。男子の位置、母親の姿態、母親と一体化した女子の構図は、『大正太郎』の母子像に通じている。『少女ノ友』の表紙イメージ［図3―30］では、男子が鉢植えの植物に触れており、母親がそれを優しげなまなざしで見つめ、幼女が母親に沿うように立っている。書名には「少女」が含まれているにもかかわらず、表紙イメージの行動主体は男子である。この母子像も、前述の構図と奇妙に似通っている。

母親に代わり姉娘が、同じ役割を果たしているものもある。『コドモト海』の表紙イメージ［図3―31］では、〈お姉様〉が女児を膝に抱き、男児を横に立たせて絵本を読んでいる。この〈お姉様〉像が、前述の母親像と同様の位置、姿勢、まなざしになっている。《教育コドモ絵噺》『少女』（1917.8、6版1921.9）の表紙イメージ［図3―32］では、弟らしい男子が花にとまったチョウを帽子で取ろうとしており、小学校の上級生らしい姉がそれを見つめ、妹も兄にあこがれのまなざしを向けている。この絵本も、書名は「少女」で

ありながらも、表紙イメージの行動主体は男子である。これらの男子像と少女像の位置関係、少女像の姿態も、前述の母子像と一致している。『学べ遊べ』の第7場面［図3—21］では、弟妹の勉強を見る姉娘が、髪型から見てまだ小学生のようだが、メガネをかけて本を持ち、弟に真剣なまなざしを向けている。男子教育に注ぐ熱意がこの時期に求められた母性愛とするならば、この少女像は、「教育する母」のひな形であり、前述と同様の構図と言える。

このように、父親は〈公〉領域では僅かながらも登場するが、〈私〉領域ではほとんど登場しない。〈私〉領域に登場するのは、子どもに沿うようたたずむ母親や〈お姉様〉である。生産者の想像（創造）が生みだした理想像であるがゆえに、このようなモデル像は、家庭教育の指針となり、性別役割分業観や近代家族の理想像、そして母性愛という規範を構築した、と言うことも可能であろう。

3-3 夢の表象

これまでに、ニュースとモデルの表象を見てきた。例えば『小供と自働車』に見る日本と中国の関係性のように、これらは、人々の夢の表象と見ることができる。次にその点を、乗物絵本を通して精査する。

江戸時代には徒歩で移動していた庶民にとって、それまでに越えられなかった時間的、空間的距離を飛躍的に縮めた汽車や飛行機は、驚きを以て迎え入れられた西洋近代であったことは容易に想像できる。特に汽車は、乗車券さえ購入すれば、等級はあったものの誰もが乗車して、目的地に移動できる乗物であり、20世紀にもなると全国に延伸されて、身近に見ることのできる乗物になった[14]。その車体や汽笛などの視覚的、聴覚的な躍動感は、子どもの憧れを大いにかき立てた（大橋2007：33）。乗り物の中でも汽車は数多く描かれており、線路や鉄橋、トンネルも、それまでにあり得なかった風景として描かれている。

『教育乗物図話』第3場面［図3—33］では、海底トンネルが描かれてい

る[15]。標題は「海底汽車」、詞は「世ノ中ガ進歩シテ海峡ナドノ向岸ノ近イ所ハ其海ノ下ヘ（トンネル）ヲ造ツテ人ヲ乗タマヽ、汽車ガ海底ヲ通ルノデアリマス」とされ、絵は海底トンネルから出てくる汽車を描いている。関門鉄道トンネル（1942）は日本初、世界初でもあった海底トンネルだが、これはその30年前の〈暮らしのイメージ〉である。開通に至る経過を勘案すると[16]、これは、庶民感情にも芽生えていた海外拓殖の夢の表象と言える。

『飛行機戦争』（宮野雲外画、1912.1、3版1914.10、4版1915.12）の表紙イメージ［図3―34］には、飛行船と2人乗りの飛行機、そして富士山が描かれている。このイメージも、日清・日露戦争を経て第一次大戦に向かい、世界を意識し始めた人々の偽りのない心象風景と見なせる。それが、第1場面［図3―35］のように、近代戦争の花形として描かれれば、子どもの心を躍らさないはずはない。これは、戦争ニュースの表象であり、憧れの飛行機乗りのモデル像であり、世界征服の夢の表象でもあった。

このように乗物絵本は、近代日本の最大の関心事、大日本帝国の拡大膨張を子どもの眼前に可視化して提供したものであった。それは、明治から大正に時代は変わり、世界を意識し始めた人々の夢の表象でもあったのである。

4　家庭教育メディアとしての絵本

これまでに1節では、金井信生堂創業期の概要を示し、2節では、その刊行絵本を取り上げて、表象とされた情報を絵解きした。3節では、その情報からニュース、モデル、そして夢の表象に焦点を絞り、検討した。本節では、これらを総括するものとして第一次大戦時の金井信生堂刊行絵本を取り上げる。

近代日本の人々の暮らしを規制していたものは、帝国憲法と教育勅語であり（副田1997；姜2001；橋川2005）、その具体的施策としての民法や徴兵制、そして国定教科書であったことは、通説となっている[17]。金井信生堂も、第

3章　家庭教育メディアとしての絵本　119

一次世界大戦時になり、それらに関連した絵本を相次いで刊行した。そこで本節では、第一次大戦時の金井信生堂刊行絵本に見るニュース、モデル、そして夢の表象を検討することを通して、これらが家庭教育のためのメディア＝情報媒体として果たした役割を考察する。

4-1　第一次大戦時の絵本の絵解き

　まず、《教育小供絵噺　114》『国定準拠　修身絵噺　其参』（1916.11）［図3－36］を取り上げる。この絵本は、12話で構成されている。「兄弟」は、伊藤小左衛門が3人の弟と共に傾いた家運を立て直した話、「博愛」は、日露戦争時に撃沈させた敵艦の敵兵を救った話であり、12話目の「女子の務」は、三宅尚斉の妻が囚われの夫の留守を預かり、倹約に励み、姑に仕え、子どもを養育した話である。表紙イメージの人物像や小道具のモダンさに比して、内部では故事を取り上げている。その表象は、ニュースではないものの、第一次大戦時の帝国国家を正当化するための復古という意味で、ニュース性を帯びている。

　次に、《教育小供絵噺118》『教育勅語　絵とき』（1917.2）［図3－37］を取り上げる。教育勅語は、臣民の教育を天皇の言葉として提示したものであり、3部で構成されており、第2部では臣民の体得すべき具体的な「道」が示されている[18]。この絵本では、第2部が、一部順序を入れ替えた10場面で構成されて表象となり、家庭教育の場に提供された[19]。

　この絵本の表紙イメージの男子像は、姿勢を正して教育勅語を奉読する洋装であるが、内部イメージの人物像のほとんどは和装である。例えば、「兄弟ニ友ニ」の裸馬に乗り駆ける曽我五郎、「夫婦相私シ」の山内一豊とその妻、「恭倹己レヲ持シ」［図3－38］の塩の量り売りをする塩原太助などは和装で描かれている。例外的に洋装で描かれているのは、「常ニ国憲ヲ重シ国法ニ遵ヒ」［図3－39］の制服を着用した騎兵と御者だけである。近代的衣装着用の者は規律的身体の表象と見なせるが、伝統的衣装着用の者はそうで

はない。これらから、表紙イメージの男子像は、手に捧げた教育勅語を内面化した、良き臣民のモデル像である、と見ることができる。

《教育小供絵噺121》『世界之軍人』（1917.2）［図3―40］では、軍服を着用した大日本帝国［図3―41］、大英帝国、露西亜帝国、仏蘭西［図3―42］、亜米利加合衆国などの各国の騎兵や歩兵が描かれている。このような世界の軍人像は、絵雑誌『お伽絵解　こども』（1904創刊）創刊号［図2―15］にもあったように、幼年メディアには数多く見られる。それらの大日本帝国軍人像は、東洋人の体型、容貌ではなく、西洋諸国の軍人以上に立派な体躯の人物像である。この絵本の表紙イメージでは、フランス人大将が日本人大将に握手を求め、頭を下げており、これらの図像は、世界における日本人の優位性の表象と見なせる。内容を総括する表紙イメージの重要性を勘案すると、これは、世界を意識した大日本帝国およびその臣民の「集団の夢」（ベンヤミン2003：7-8）の表象と捉えられる。

最後にもう一例、第一次大戦参戦前ではあるものの、韓国併合に関する日韓条約調印（1910.8）と同年に刊行された、《教育小供絵噺83》『軍国少年』（1910.11）［図3―43］を提示したい。これは、南軍と北軍に分かれて戦う男子の戦争ごっこの絵本化であり、「宣戦」から講和後の「平和会」までの12場面の〈遊びのイメージ〉で構成されている。その内、2場面に計4人の女性が描かれている。その一つは、第3場面「砲兵」［図3―44］、今一つは、第12場面「平和会」［図3―45］である。

前者では、女児2人が、戦争ごっこに熱中する男子を横目に見つつ、いかにも関係なさそうな素振りで通り過ぎていく。後者では、女児と少女が、「平和会」の添え物として参加している。いずれも縦書き文字の進行方向、左側下部の目につく位置に描かれている。この2図から、女子も、戦争ごっこに加わりたいという夢を抱いていた、とする想像が浮かび上がる。これは、そのような夢の表象ではないだろうか。2章で取り上げた『お伽絵解　こども』にも戦争ごっこに参加する女子が見られ、このような「集団の夢」は、

男性のみならず女性においても同様に、この期の風潮としてあった、と考えられる。

4-2 〈大衆の憧憬図〉としての意義

　世界と日本の関係性が人々の暮らしにも影響を及ぼした第一次大戦時の金井信生堂刊行絵本には、〈国体〉イデオロギーに基づく帝国国家を構成する国民の暮らしを、強化し再構築するためのニュース、モデル、そして夢、それも「集団の夢」の表象が見られた。このような絵本は、学説として〈国体〉の新たな解釈が生まれ、議論された時期にあっても、教育勅語の朗読朗唱によって身体化された〈国体〉イデオロギーを、表象として提示していた。この時期には、新中間層は家計に於ける体面と実体のアンバランスから生活難に陥っていたが、これらは、「集団の夢」であったがゆえに、〈より良く〉を夢見る人々の欲望を満たした、と推察される。「集団の夢」は、単なる夢に終わらず、その後に現実となった。昭和になり近代日本はその規模を拡大膨張させていくのであり（姜2001）、この時期の「集団の夢」の表象はそのことを予見させるものであった。

　これらの奥付に記載された画作者名や画作兼発行者名は男性名であることから、これらは男性の認識を表象としたものである。画家が有名であれ無名であれ、あるいは無記名であれ、生産者の認識は、読者に向けて発信されることで、個人的意味に留まることなく、社会的意味を持つようになる。〈絵解きの空間〉には、多様な媒介者や読者が存在し、多様な絵解きが発生するはずだが、その絵解きを導くものは、提供された表象であり、そのような表象を創出した社会的倫理規範である。

　この時期の地本組合加盟発行所の絵本には、発行部数は記されていない。読者の受容を記録した文書も残されていない。これらは、戦時統制期には出版統制を受けたものの、この時期には複数の流通に乗り、書店のみならず玩具店や露店でも販売されていた。玩具同然に扱われたことから、現存するも

のは限られており、その実態はつかみにくいのだが、現在に公共機関に所蔵されているものよりも、はるかに大量の雑多な絵本が刊行されていたことは確かである（大橋2009a）[20]。地方でも販売され、地方から上京した人々の東京土産にもなったこれらは、雑種性のある複製品であったがゆえに、雑多な大衆の憧れの〈暮らしのイメージ〉、言いかえれば〈大衆の憧憬図〉になった、と位置づけられる。

　以上のように、「家庭教育の一助として」提供された〈大衆の憧憬図〉は、近代国家を建設する上で必要とみなされた帝国国家の拡張と再生産のためのナショナリズムとジェンダーの表象でもあった。これらは、雑多な大衆の欲望を満たし、繰り返し提供されることで、それまでに地方や家などの個別性を保っていた家族の暮らしを、帝国国家の国民＝臣民の暮らしとして画一化するためのモデル像となった。このような意味で、これらの絵本は、〈絵解きの空間〉に於いて、子どもが国民＝臣民として生きていくために必要な様々なことを知り、学ぶための家庭教育の教科書として、国家の拡張と再生産のための倫理規範を子どもに伝達するためのメディア＝情報媒体になった、と言うことができる。

おわりに

　これまでに検証した２章の絵雑誌、３章の絵本には、幼年用のメディア＝情報媒体としての共通点があった。しかし物語性や家族の表象を比較すると、両者の違いが見えてくる。

　前者には、雑誌であるがゆえに、表紙から裏表紙までの一貫した物語性が希薄であり、子どもの〈遊びのイメージ〉が多く、家族の表象は少なかった。一方で後者には、物語性のある近代的な〈暮らしのイメージ〉や、母子だけで構成された近代家族の表象がふんだんに見られ、そのような表象は、読者である子どもの未来像や家族との関係性を構築するためのナラティブとして、

〈絵解きの空間〉に多大な影響を及ぼした、と考えられる。

　もう一点、両者に於ける男子像に見る相違点を指摘しておきたい。前者の男子像には、〈戦う身体〉の表象が多かった。中には、その内面に多義性を感じさせる表象もあったが、そのような男子着用のセーラー服は、アレンジされていなかった［図2─1, 4, 9, 10］。

　後者の男子像は、概ね詰襟服やセーラー襟服を着用した〈戦う身体〉の表象であったが、柔らかなネクタイやリボンを胸元に飾る表象もあった。『少女ノ友』［図3─30］の男子像は、ブラウスを着用し、鉢植えの植物を眺めており、『国定準拠　修身絵噺　其参』［図3─36］の男子像は、バラの花を背景にして、フリル状の襟にリボンを飾り、イヌに餌を与えていた。『教育勅語　絵とき』［図3─37］の男子像は、詰襟服を着用しながらも厳つさはなく、菊花に飾られていた。他にも園芸や飼育への関心が高く、表紙や内部イメージには、草花やペットの表象が見られた。これらは、幼児教育に於けるフレーベル主義や、西欧よりも時間差のあったアールヌーボーの影響と見なせるが、〈育てる身体〉の表象でもあり、前者の男子像以上の多義性を指摘できる。しかしそこには、軍服のイメージが前提としてあり、このような多義性は日常的、大衆的に浸透し、様々に語られた〈国体〉イデオロギーに支配されたナショナリズムの表象であった、と見ることもできる。

　2章と3章で事例とした絵雑誌と絵本には、このような差異もあったが、いずれも家庭教育に於いて、メディア＝情報媒体としての教科書の役割を果たしたとするならば、それを子どもに媒介した家族はメディア＝媒介者としての教師の役割を果たしたのではないだろうか。4章では家庭教育論者の関与した絵雑誌を取り上げて、家族が子どもと情報媒体をつなぐ媒介者として、どのように位置づけられていったかを検討する。

註

1) これらは、直造の長男・金井英一への「聞き書」（上編著1974：224-231）、および英一次男・金井弘夫（1930-、植物分類学者）氏の書簡から得た情報である。「聞き書」によると、英一は、東京帝国大学卒業後に三井物産に入社したが、その後に家業を継ぎ、英語圏への絵本輸出も行った。弘夫氏は、筆者宛の私信（1997.9.22付）で、金蔵と直造の略歴、および金井信生堂に関する自身の思い出を記している。不明であった金蔵と直造の生没年が明らかになったとして、あらためて連絡をいただいた（2006.7.27付）。〈赤本屋〉と呼ばれた発行所の概要を把握することは極めて困難であるが、研究者である金井弘夫氏による提供情報は的確であり、ここに記して感謝したい。

2) 金井英一によると、創業時の信生堂絵本は、「人に頼んで市に出してもらって売った」（前掲上：226）とされている。1908（明治41）年の上半期に刊行された金井信生堂絵本の表紙と奥付には、発行所として金井信生堂・誠之堂教育品部・富里昇進堂の3社が、この社を筆頭に併記されている。東京書籍商組合編『図書月報』6―5（1908.2）の「新刊図書目録」の内、「少年書類」（76, 81）の項に、誠之堂刊行物として、金井信生堂創業期刊行絵本のごく初期の「於伽倶楽部撰定教育絵本目録」に掲載された書名と同一書が掲載されており、『図書月報』6―8（1908.5）には、それらの広告（126）が掲載されている（大橋2000）。これらから、金井信生堂が絵本の造本技術を学んだのは富里昇進堂、販売を依頼したのは誠之堂教育品部であった、と推定している。

3) 1997年に全国公共機関蔵の金井信生堂刊行絵本調査を行い、調査館86館中、14館に所蔵を確認し、調査実数125冊の内、同一書・同一版を除く創業期絵本122冊107書を目録とした（大橋1998）。後に、公共機関1冊1書、筆者2冊2書、計3冊3書を追加確認した。内1書は先に確認した奥付落丁本の完本であることから、本書では、計128冊109書を対象とする。

4) 形態は4種に分類でき、①（19×26cm、表紙別紙内部6丁、15銭）66書、②（17×19cm、表紙別紙内部6丁、7銭）29書、③（22×15cm、表紙別紙内部8丁、12銭）9書、④（その他）5書、計109書になる。④には、表紙イメージの図柄に沿って型抜きされたもの（1書）が含まれる（大橋1998）。

5) 山本笑月は、画家・鏑木清方の実父経営の「やまと新聞」の記者を経て、東京朝日新聞の社会部長を務め、浅草花屋敷の二代目経営者、明治文化研究家として名を残している。実弟に評論家・長谷川如是閑と画家・大野静方がおり、兄弟は私立本島小学校に学び、英語とドイツ語を習得した（長谷川（如）1970）。金井信生堂創

業初期の画家の山中古洞、河合英忠、鏑木清方は、大野静方も参加した風俗画の日本画家集団・烏合会の会員であった（関1960）。このような関係を勘案すると、創業初期の画家の起用は笑月の関与をうかがわせるものである。

6) この時期の絵本には、綱嶋島鮮堂には《教育画帖》など、富里昇進堂には《小供教育絵本》など、大阪の絵本業者・榎本法令館には《教育絵話》などの叢書名が使用されている。

7) この時期の文学作品、『三四郎』（夏目漱石、1908）には、「凡ての物が破壊されつつあるように見える。そうして凡ての物がまた同時に建設されつつあるように見える。」、『東京の三十年』（田山花袋、1917）には、「明治初年の東京は、次第に新しい日本帝国の首府として打建てられつつあった。土蔵づくりの家屋は日に減って、外国風の建物は日増しに加わって行った。」の描写がある。

8) 大正期には、玄関横に父親の書斎を兼ねる洋風応接間を置き、建物中央に廊下を通し、南面に居間や客間と縁側、北面に台所や風呂と女中部屋を配置した「中廊下式住宅」と呼ばれる住宅形式が生まれた（藤森1993）。西川祐子は、中廊下の設置が「家族を社会から析出し、しかも外から区切られた狭い空間に夫にとっての私生活と家族の団欒を保証し、外で働いて収入を得る夫と家事育児に専心する妻の役割を分けることに成功した」（西川2003：111）と分析している。しかしこの分析では、壁に囲まれた西洋建築とは異なる日本建築の特性、襖や縁側の機能が見落とされている。

9) この時期の七五三参りの写真では、男子のほとんどは軍服姿であり、それも大将の軍服を着用している（多田1992）。

10) 食を表象した稀少な例では、創業年の《オ伽教育絵本》『鷲ト兎』（武田仰天子作、河合英忠画、1908）を挙げることができる。これは、兄妹とアヒル、お爺さんとウサギを描いた2話を1書とした、食を目論む人間とそれをかわす動物の知恵比べをテーマとした絵本である。表紙イメージでは、ウサギとアヒルが2羽並んで闊歩し、兄妹とお爺さんは小さな丸囲みに閉じこめられて2羽を唖然と見送り、お爺さんは頭に手を当て困惑した顔に涙と涎まで垂らしている。後半部のお爺さんは、ウサギとの駆け引きに破れ、最終場面ではウサギに逃げられた哀れな姿で描かれており、ここに来て、表紙イメージに於ける涙と涎の表象の意味が明らかになる。この絵本には、感情や生理現象などの身体性が描かれているが、このような表象は他のものにはない。

11) 1872年1月施行の戸籍法（1871.4公布）では、戸籍上の「家」は現実の社会生活上の「家」と一致すると捉えられていた。明治末頃になると、戸籍法に基づく戸口

調査は実態にそぐわなくなり、所帯を基礎単位とした人口調査が行われるようになった。そこでは、「住所及家事経済を共にする者は一所帯とする家事経済を共にするも住所を異にする者は亦各一所帯」の「本来所帯」と、「家事経済を共にせさる者の集合する箇所に在る者は一箇所毎に一所帯」の「准所帯」の2種に分けられて、人口が把握された。「本来所帯」には、「一人所帯」、「親族所帯」、および「親族以外僕婢雇工等を包含する所帯」の「混合所帯」が含まれた。1914年には、寄留法が制定され、世帯主に対して「世帯ヲ同ジクスル者」の寄留に関する届出義務が課された。ただしそれは、実務手続きが繁雑なため、実際にはほとんど機能していなかった。1918年9月公布の「国勢調査施行令」では、「世帯ト称スルハ住居及家計ヲ共ニスル者ヲ謂フ」と規定されて、第1回国勢調査は、戸籍法の「家」概念から離脱して、国民の全てをいずれかの世帯に帰属させ、その世帯を基礎単位として把握しようとしたものであった（宇野1980, 2002）。このような経緯から見ると、明治末頃から大正期にもなると、民法上の「家」家族はすでに形骸化していた一方で、「親族以外僕婢雇工等」を含む大家族形態の生活共同体も存在した、と捉えることができる。

12) 第一次大戦後には、生活難を訴える中流家庭もあり、女中を廃止して、主婦自らが市場に出かけて買い物をする傾向も生まれた（住友2011：183）。この点を勘案すると、この大家族の表象は、大衆の憧れであった、第一次大戦以前の特権階級の暮らしを表象したものである、と考えられる。

13) 1911（明治44）に辛亥革命が起こり、1912（明治45）年に中華民国が成立しており、この絵本刊行の翌年、1915（大正4）年1月に日本は中国に対して21ヶ条の要求を提出した。

14) 1872年に新橋〜横浜間の鉄道が開業し、1891年に上野〜青森の鉄道が全通して、東京から各地に向かう幹線鉄道が整備された。日本の鉄道は、「中央集権制を強めていくために鉄道を建設するという政治的動機」（原田1998：91）によるものであり、第一に「資本主義確立期においてその輸送機能によって近代化の「牽引車」としての役割を果たし」、第二に「社会の制度・組織をはじめ、人間関係のあり方など、あらゆる面における近代化の課題について、常に近代市民社会における基本的かつ構造的な要因を提示し、それを現実化する」という役割も果たした（原田1991：はしがき3）。

15) 大阪心斎橋筋で営業していた田村九兵衛から1919年1月に刊行された《サザナヱミホン》『チエクラベ』（監修者・巌谷小波）にも、海底トンネルの表象が見られる。日章旗の翻る陸地から、星条旗の翻る陸地の間の大洋に海底トンネルが通り、煌々

と明かりの灯された坑内を、「ベイコクユキ」と「ニツポンユキ」の電車が、「アカルイナ」と走行している（大橋2009b：157）。
16) 関門海峡の鉄道トンネル計画は1896年からあった。鉄道院総裁・後藤新平は、鉄道経営を通して中国東北南部の植民地支配を目指し、1911年には関門海峡の現地調査を行った。紆余曲折後に、1936年にトンネル工事が起工され、1942年に下り本線が開業した（関門地域行政連絡会2005）。
17) 1910～20年代になると、帝国憲法や〈国体〉に対して、様々な民主的解釈が行われた。天皇機関説の美濃部達吉（1873-1948）と、天皇主権説の上杉慎吉（1878-1929）の論争が、その一例として挙げられる。しかし、本書で対象としているのは〈赤本屋〉と蔑称された出版社の刊行絵本に描かれた庶民の暮らしであり、学説ではないので、ここでは通説に沿って検討する。
18) 副田義也によると、教育勅語は、「後発の帝国主義国家・日本が、新しい国家権力の支配の正当性を主張しつつ、政治的忠誠心をもつ国民を創出することを第一義的な目的とする政治文書であった」（副田1997：189）。3部構成の内、第1部は「朕惟フニ」から「教育ノ淵源亦實ニ此ニ存ス」まで、第2部は「爾臣民父母ニ孝ニ」から「爾祖先ノ遺風ヲ顕彰スルニ足ラン」まで、第3部は「斯ノ道ハ實ニ我カ皇祖皇宗ノ遺訓ニ」から「其徳ヲ一ニセンコトヲ庶幾フ」までである。第1部が、最も「ナショナリズムを涵養する政治文書」であり、第2部は、①家族の中での対人規範、②家族の外部における対人規範、③教育の勧めと効用、④社会、法律、国家、皇室に対する規範に分類でき、第3部は、第2部の規範＝「道」が「歴代の天皇が残した教えである」ので「それを守ることは天皇の絶対性と矛盾しないという論理」を示している（前掲副田：59-87）。
19) 学校教育に於いて、教育勅語は「儀式では勅語謄本が朗読され、授業では「修身」という教科書で勅語を暗唱させ、そのくわしい解説がおこなわれた」（前掲副田：189）が、一般家庭でも、「教育勅語絵解き」が浸透していた。唐澤富太郎は、教育勅語を表象した子ども用絵本、双六、幻灯、掛け軸などを提示して、教育勅語が「児童文化の中に浸透することによって、本来非形式的な人間形成作用を持つとされている家庭生活の中に侵入し、子どもの遊びや日常生活を通じて、子どもの精神を形成していったという一面が見られる」（唐澤1967：221）と分析している。
20) この時期の絵本の雑多さを証明するものとして、札幌市中央図書館所蔵の「池田コレクション」がある。これは、大正期の札幌に実在した一少年が所蔵していた絵本96冊、絵雑誌21誌243冊（当初の調査では、絵雑誌は19誌182冊と見られていたが、その後の調査で、寄贈者不明であった札幌市中央図書館所蔵の3誌61冊が同コレク

ションに含まれることが判明した）を、その没後に妻が図書館に寄贈したものである（三宅〔ほか〕2009：香曽我部〔ほか〕2012）。この冊数が、一般的なものか、一少年固有のものかは、他に類例がないため判断しかねるが、かなりの冊数の絵本が地方にまで流通し、読まれていたことがわかる。種類も雑多であるが、それらの内部も、雑多な表象で構成されている。このような読者像を特定できるコレクションは極めて珍しい（大橋2009a：29-30）。

* ［図3―1～9, 14～25, 29, 33～35, 37～43］は大阪府立中央図書館国際児童文学館蔵書、［図3―10～13］は札幌市中央図書館蔵書、［図3―26～28, 30～32］は日本近代文学館蔵書、［図3―36］は著者蔵書、［参考図3―1, 2］は岡山県立図書館蔵書を使用した。

3章　家庭教育メディアとしての絵本　129

［図3−1］『教育乗物図話』　表紙

［図3−2］同上　第1場面

［図3−3］同上　第4場面

［図3―4］『感心ナ兄妹』 表紙

［図3―5］同上　第2場面

［図3―6］同上　第3場面

［図3―7］同上　第4場面

［図3―8］同上　第10場面

3章　家庭教育メディアとしての絵本　131

［図3−9］『教育乗物図話』　第11場面

［図3−10］『小供と自働車』　表紙

［図3−11］同左　第3場面

［図3−12］同上　第7場面

［図3−13］同上　第9場面

［図3－14］『大正太郎』 表紙

［図3－15］同上　第1場面

［図3－16］同上　第11場面

［図3－17］同上　第12場面

3章　家庭教育メディアとしての絵本　133

［図3―18］『学べ遊べ』　表紙

［図3―19］同上　第2場面

［図3―20］同上　第4場面

［図3―21］同上　第7場面

［図3－22］『感心ナ兄妹』　第1場面

［図3－23］同左　第8場面

［図3－24］同上　第12場面

［図3－25］同上　第11場面

［参考図3－1］『備前国孝子伝』　2巻
「同郡中大嶋村六介妻」
夫婦で老母の世話をしている図

［参考図3－2］同左　5巻
「備中口林村長太郎并弟三太郎」
兄弟で老母の世話をしている図

3章　家庭教育メディアとしての絵本　135

［図3―26］『少女ノ友』　第5場面

［図3―27］同上　第6場面

［図3―28］『コドモト海』　第6場面

［図3―29］『四季』 第1場面

［図3―30］『少女ノ友』 表紙

［図3―31］『コドモト海』 表紙

［図3―32］『少女』 表紙

3章　家庭教育メディアとしての絵本　137

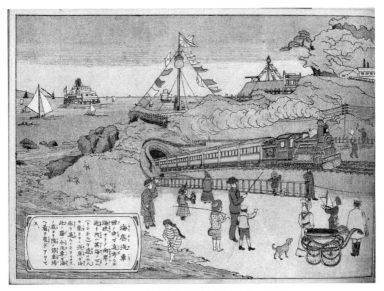

［図3―33］『教育乗物図話』　第3場面

［図3―34］『飛行機戦争』　表紙

［図3―35］同左　第1場面

［図３—36］『国定準拠　修身絵噺　其参』　表紙

［図３—37］『教育勅語　絵とき』　表紙

［図３—38］同上　第５場面

［図３—39］同上　第10場面

3章　家庭教育メディアとしての絵本　139

［図3—40］『世界之軍人』　表紙

［図3—41］同上　第1場面

［図3—42］同上　第5場面

［図3―43］『軍国少年』 表紙

［図3―44］ 同上　第3場面

［図3―45］ 同上　第12場面

4章　エージェントとしての〈お母様方〉の成立
―倉橋惣三と『日本幼年』(1915-23) の広告―

はじめに

　これまでに、2章と3章では、幼年の子ども用の絵本・絵雑誌が、家庭教育のためのメディア＝情報媒体であったことを示した。しかしそこでは、情報媒体と子どもをつなぐ媒介者に関しては明らかにできなかった。そこで本章では、〈絵解きの空間〉に於けるメディア＝媒介者の問題に焦点を絞る。
　幼年の子どもが絵本や絵雑誌に出会う時、選書や購入、絵解きなどに大人の介助を必要とする。その介助は、多くの場合、育児の一環として母親に課せられるものである。その行為は、母性愛の現れの一つとして、女性であれば本能的に備わった資質である、と一般には認識されている。
　母性愛に関する近年の研究によれば、母性愛は構築されたものである、と指摘されている（バダンテール1991；大日向2000ab；田間2001；江原解説2009）。先行研究では、母性に対する基本的視点として、第一に、「母性は近代的ジェンダーの重要な構成要素」であり、第二に、「近代的な母親（と同時に母性愛）の成立には「子ども」という存在が必要不可欠」であり、第三に、母親と子どもの関係性は「家族のあり方やその他さまざまな社会的価値規範と無関係には存立し得ず」と示されている（前掲田間：5-6）。すると、母子や家族の関係性の一要素として構築された母性愛は、規範であるがゆえに「個人の存在を越えて存在し続け拘束力を有する」（前掲田間：7）のではないだろうか。
　幼年の子どもの読書体験の介助について言えば、国家が母親の介助役割を明文化して通達した過去さえある。それは、1938（昭和13）年10月に内務省

警保局図書課が児童読み物業者に通達した「指示要綱」の一項「母の頁」の設置指示である。これは、絵本や絵雑誌に「母の頁」を設置して、子どもへの「読ませ方」や「読んだ後の指導法」などを母親に向けて解説することを指示するものであった。これを受けて業者は、ほとんどの絵本・絵雑誌の裏表紙などに「お母様方へ」を標題とする一文を付記して、編集意図に添った絵解きを子どもに行うように、と母親に呼びかけた。

しかし標題「お母様方へ」の呼びかけ文は、戦時統制期（1938-45）に突然に出現したものではない。管見では、その嚆矢は第一次大戦時創刊の絵雑誌『子供之友』創刊号（1914.4）の「お母様方へ」の一文であり、次いで『日本幼年』2巻7号（1916.7）にも「お母様方に」が掲載され、さらに『コドモノクニ』（1922創刊）にも「お母様方へ」が連載されている。

以上から、次のような疑問が浮かび上がる。「お母様方へ」の呼びかけ文は、母親を幼年用メディアに於ける介助者、それも単なる介助者ではなく、生産者の要請に忠実に従い、その代理人として積極的にその意図を子どもに絵解きする媒介者、言いかえればエージェントとしての〈お母様方〉を成立させたのではないだろうか。この疑問を仮説として、本章の検証を進めたい。

幼年用メディアに於ける「お母様方へ」の呼びかけ文は、母親を幼年用メディアと子どもをつなぐ媒介者として位置づけ、エージェントとしての〈お母様方〉を成立させた、とする仮説の下に、本章では、倉橋惣三（1882-1955）とその監修絵雑誌『日本幼年』（1915-23推定）に焦点を絞り、その成立過程を検証する。本章は、主に倉橋の関与した言説を分析することを通して、幼年用メディアに於ける母親の介助役割、および母性愛溢れる母親像の構築過程の一端を明らかにすることを目的としている。

以下、1節では、倉橋惣三を取り上げることの理由を示す。2節では、絵雑誌に関する倉橋の言説を分析する。3節では、『日本幼年』と『婦人画報』の関係を示す。4節では、〈お母様方〉への呼びかけ文を分析する。おわりに、その呼びかけが〈お母様方〉に何をもたらしたかを考察する。

1　倉橋惣三の政治性

　倉橋惣三は、明治以降に形式化したフレーベル主義を改革し、現代の幼児教育の基礎を築いた人物として名を残している。そこで本節では、まず倉橋の概略、次に倉橋に関する先行研究レビュー、最後に倉橋の政治性を検討する。

1-1　倉橋惣三について

　倉橋惣三について、略歴を一覧［表4—1］とする。ここでは、その一覧から、倉橋の活動を概観する。
　［表4—1］によると倉橋惣三は、まず教育者として、近代の良妻賢母教育の拠点であった東京女子高等師範学校の講師から、社会参加の第一歩を踏み出した。続いてジャーナリストとして、新中間層を主な読者とした大人雑誌と子ども雑誌を介して、その主張を社会に発信した。その間に、東京女子高等師範学校の教授、および同附属幼稚園の主事になり、当時の比較的上層部の女学生や幼稚園児とその家族に直接触れ合う場で、女子教育と幼児教育の指導者的地位を築いた。その立場から、戦前・戦中・戦後にかけて、文部省による国策としての社会教育運動にも参加した。戦後になり、これまでの地位を基盤として、現代の保育界の中核となる日本保育学会を設立した。
　このように見てくると倉橋惣三は、常に近代日本の子どもと女性の教育に於ける指導者の立場にいたことがわかる。そこから発信した倉橋の教育観は、多くの後継者を育てた。その後継者が、戦後の幼児教育の指導者になり、1989（平成元）年の幼稚園教育要領、1990（平成2）年の保育所保育指針の改訂の立案者になった。この要領は、倉橋の「原点に戻るルネッサンス」（高杉〔ほか〕1989：2-3）と謳われたものであった。

[表4−1] 倉橋惣三略歴

西暦年	経歴
1882	父・倉橋政直、母・倉橋とくの長男として、静岡県で誕生
1906	東京帝国大学哲学科（心理学専攻）卒業、同大学院入学
1910	東京女子高等師範学校講師（児童心理学）、青山学院高等女学部・青山女学院手芸部教師（心理学・教育学、〜1917）
1911	『婦人と子ども』編集
1912	『婦人と子ども』編集兼発行者、『少女画報』（〜1942）監修
1915	『日本幼年』監修
1917	東京女子高等師範学校教授（〜1949）、同附属幼稚園主事（〜1919）
1919	文部省在外研究員として欧米留学（2年間）
1922	帰国、東京女子高等師範学校附属幼稚園主事（〜1924）、『コドモノクニ』（〜1944）編集顧問
1924	東京女子高等師範学校附属高等女学校主事（〜1927）
1927	『キンダーブック』（〜現在に至る）編集顧問
1929	文部省社会教育官を兼任（〜1946）
1930	東京女子高等師範学校附属幼稚園主事（〜1942）
1946	教育刷新委員会委員、女子教育研究会を発足
1948	日本保育学会を創設、第1代会長に就任（〜1955）
1949	東京女子高等師範学校教授依願免官
1952	東京女子高等師範学校名誉教授
1955	脳血栓のため死去、享年72歳、正四位旭日中綬従三位を受章

主に『倉橋惣三選集　第一集』から作成した。

1-2　倉橋惣三に関する先行研究

　倉橋惣三に関する先行研究は、1970年代をピークとして衰退気味であったが、幼稚園教育要領の「領域・環境」に「幼稚園内外の行事において国旗に親しむ」が盛り込まれた1990年代に入り、再び増加している。それ以前の研究には、誘導保育論に関するもの（久保1964；坂元1976ほか）が最も多いのだが、「家族国家」イデオロギーを指摘したもの（宍戸1963）、児童保護論の形成過程と特徴を明らかにしたもの（野沢1975）、近代主義的傾向を批判したも

の（玉置1980）などの多様性が認められる。これらの多くでは、倉橋の政治性も検討されている。倉橋の就学前教育論をめぐり、批判的視座から日本の家族制度と家庭教育の関係を論じたもの（諏訪1970）もあり、そこでは、倉橋の家庭教育論が検討されているが、その理論をどのようなかたちで実践に移したか、という具体例は検討されていない。

　一方で1990年以後の研究では、誘導保育論の分析がほとんどになる。倉橋の思想の特質や誘導保育論の形成過程を論じたもの（高橋1998；狐塚1999）もあるが、このような論点は稀である。倉橋の理論とその政治性に対する批判的視座、および家庭教育への視点は減少して、その教育観を幼児教育の原点として受容し、現在の保育内容と照合して検討したものが増加した。

　倉橋惣三は、その立場から戦前・戦中の国策と無関係ではあり得ず、理論のみならず実践に於いても、幼児教育や母親教育、そして家庭教育に関与した、と考えられる。さらにその政治性は、家庭教育を介した子どもと母親の関係性の構築、およびそこに関わる規範の構築に関与した、と考えられる。しかし、倉橋に関するいずれの先行研究に於いても、このような論点はない。そこで、倉橋の政治性を今一度検討する必要があると考え、本章では、その検討から、家庭教育に関する倉橋の具体的関与を明らかにし、家庭教育を介した子どもと母親の関係性および規範の構築を見通すことにする。

1-3　倉橋惣三の政治性

　倉橋惣三の政治性を検討するために、母親教育と幼年用メディアの改善という家庭教育に関する国策と、倉橋の活動の関係を辿ることにする。国策では、1930（昭和5）年12月の文部省「家庭教育訓令」（『官報』1197）が、その後の家庭教育振興と幼年用メディア改善のメルクマールになった。しかし、「家庭教育訓令」以前から幼年用メディア改善の動きはあり、その半年前の6月に全国社会教育主事会議で次のような提案がなされた。それは「一．令旨奉戴十周年ニ際シ青年教育振興上適切ナル施設事項如何、一．家庭教育振

興上適切ナル方案如何」であり、これに対して「答申」が出され、そこには、「読物玩具等ノ改善ヲ図ルコト」の一項が含まれた（1930.8『文部時報』353：20）。「家庭教育訓令」以後になる1931（昭和6）年度の文部省社会教育局の具体的施設には、「絵本・玩具改善運動の展開」が含まれた（千野1979：267）。

他方、倉橋惣三は、「家庭教育訓令」以前である1929（昭和4）年に文部省社会教育官に就任しており、同年から開始の教化総動員運動の一環である文部省主催「家庭教育指導者講習会」と、文部省が直轄学校や地方庁に委託した「母の講座」の講師になり、1931年度の大日本連合婦人会事業でも講師を務めた。倉橋自身が述べているように、教化総動員運動は「文部省社会教育局の指導と奨励」によって普及し、家庭教育指導者講習会と「母の講座」はこの運動に寄与し、この運動遂行のために大日本連合婦人会が創設された（倉橋1932：21）。

これらに先立つ1926（大正15）年に、文部省普通学務局から小冊子『子どもの絵本』が配布された。これは無署名のものであったが、用語などから倉橋の関与が指摘されており（永田1990：95-102）、翌年の倉橋惣三の署名記事「玩具絵本改善の標識」（1927『社会教育』4—7：12-17）と同じ論点であることから、倉橋の主張が反映されていることは間違いない。これらから、幼年用メディアの改善は家庭教育に於ける重要課題であり、1926年以降に展開された一連の改善運動は倉橋惣三の関与するものであったことは明らかである。

倉橋惣三は、1938年から展開された国民精神総動員運動にも積極的に関わった。これに合わせて再編された1939（昭和14）年度の家庭教育指導者講習会（於：京都会場）では、「日本精神と家庭教育」の標題で講義し（文部省社会教育局1940：91）、外国人向けの国際放送では、「一般の道徳的又は美的なる諸情操の外に、皇室に忠、国を愛し、父母に孝に、家を愛する日本精神の基本の涵養を、幼児の心理的発達に即して涵養せんことを重要視してゐる」（1939「日本の幼稚園」『幼児の教育』39—4：3）と述べた。このような言動から、「錬成の時代にその道場として政府によって位置づけられた家庭教育観

が倉橋自身のもの」であり、倉橋の時局認識に関わらずその家庭教育観は「時局に適った役割を果たす」ことになった、と指摘されている（諏訪1994：18）。

　以上のように、倉橋惣三は国策としての幼児教育はもとより、母親教育や家庭教育の振興、および幼年用メディア改善の指導者であり、その活動には、〈私〉領域にまで影響を及ぼした政治性と、戦時統制期にまで及ぶ家庭教育への関与も指摘できる。したがって倉橋は、子どもの読書体験への母親の介助役割を明文化した1938年通達の「指示要綱」作成に表だって関与していないものの、何らかの影響を与えていたことも否定しがたいのである。

　これまでに、倉橋惣三の政治性を検討するために、教育者としての側面を取り上げたが、もう一つの側面、ジャーナリストとしての側面も忘れてはならない。そこで次に、倉橋の関与したメディアと家庭教育の問題を検討する。

2　家庭教育論者としての倉橋惣三

　ジャーナリストとしての倉橋惣三は、『婦人と子ども』9巻7号の「子供の虚言」（1909.7：2-3）を執筆活動の始めとして、同誌とその後続誌の編集に関わり、これらを主な活動の場とした[1]。他にも、婦人雑誌などの多くのメディアに寄稿し、子ども雑誌の監修も行った。

　以下では、まずメディアと家庭教育の関係を概観し、次にメディアに掲載された倉橋惣三の言説を取り上げて検討を加える。最後に、その検討から、倉橋がメディアを介して何を発信したかを指摘したい。

2-1　メディアと家庭教育

　明治末期から大正初期の新中間層を対象とした代表的な婦人雑誌として、『婦人之友』（婦人之友社、1908創刊）と『婦人画報』（東京社、1909創刊）を挙げることができる。これらでは、倉橋惣三を始めとして、『婦人之友』編集

主幹・羽仁もと子（1873-1957）、『児童研究』（1898-）編集者・高島平三郎（1865-1946）などの論者が、家庭教育論を活発に展開した。この三者は子ども雑誌にも関与しており、第一次大戦時に創刊された絵雑誌三誌、『コドモ』（1914.1創刊）では高島、『子供之友』では羽仁、『日本幼年』では倉橋が、監修者や編集者になっている。家庭教育を検討する際に、家庭教育論者が婦人雑誌と子ども雑誌の両誌に関与していたことは、見落としてはならない観点であろう。

　婦人雑誌社が子ども雑誌社であったことも、重要な観点である。婦人之友社は『子供之友』（1914-43）と『新少女』（1915-19推定）、東京社は『少女画報』（1912-42）と『日本幼年』、および『コドモノクニ』（1922-44）を発行した。明治期にも、博文館などが一般雑誌と子ども雑誌を発行したが、大正期になると、婦人雑誌と子ども雑誌の関係が顕在化した。以後、このような関係を、親誌、子誌と表現する。

2-2　倉橋惣三の言説4点

　では、絵雑誌『日本幼年』の監修者・倉橋惣三はどのような家庭教育論を展開していたか。倉橋のメディア論や家庭教育論は数多いが、第一次大戦時の絵雑誌に関連した言説に限れば、以下の4点と、後述する『日本幼年』2巻7号付録「お母様方に」の1点、計5点がメディア論であり家庭教育論でもある。ここではまず、大人雑誌に掲載された絵雑誌に関する倉橋の言説4点を取り上げる。

2-2-1　第一の言説「新しい幼年の読物」

　第一の倉橋の署名記事「新しい幼年の読物」（1915.2『婦人画報』105：50-51）は、『日本幼年』創刊（1915.3）の予告であるが、管見では絵雑誌という用語を使用した初出の言説でもある。倉橋は、それまでの絵雑誌を批判しつつ、高島や羽仁の監修・編集絵雑誌を示唆して、「近来子供の為の雑誌、殊に幼年むきの絵雑誌についての注意が促されて来た結果、次第に良いものが出来

たことは非常に喜ばしいこと」としており、絵の芸術力が子どもの教育に有効であることを述べた後に、子どもに相応しい画風や画家の出現の必要性を説いている。ここでは、「子供に与へる絵も芸術的なものを」と「子供の画家が出なければならぬ」の二つの意味に於いて、『日本幼年』を創刊することの意義が強調された。

> 最後に監修上の実際的方針に就て述べますと、第一には、幼年者相当な情意の陶冶を以て目的とすること、第二にはその陶冶の標的は積極主義をとり、例えば快活、元気、壮大と云う様な方面の生活を主とすること、第三には、而も幼年者相当の上品と、温雅優美の性を欠かぬ様にすること等であります。

ここでは、子どもの人格形成への関与という監修目的が述べられているが、介助者については触れられていない。しかしこれは、親誌に於ける子誌の創刊予告であったことから、親誌の読者である家庭婦人を介助者として想定した言説である。

2-2-2　第二の言説「幼年雑誌に就いて」

第二の記者による口述筆記「幼年雑誌に就いて」(1916.7『教育時論』1124：10-11)は、標題のない前書き、「娯楽的趣味のもの」、「教育的趣味を以てしたもの」、「吾人の希望としては」の4章で構成されている。『日本幼年』などの創刊された近年の傾向を踏まえて、「それぞれの教育的に意見を有する人がこれに関係をもつて、発行されている」とした後に、「これ等の出版物は購買者の数に応ずるもので、購買者は直接には幼児であるが、之を幼児に買つて与へるものは家庭である」としている。

> 元来幼児に絵本、簡単なる読物を与へる〔…〕ことは、別に新らしいことでも何でもない。又必ずしも外国の風が輸入された為でもなく、我が国古来から行はれてゐることで、所謂子供相手の絵草紙屋というものは、ツマリこの方面のことをした〔…〕。それが色々と社会の情態の変遷と共に、漸次月刊的の形をとり、

更に教育的意味を加へて来た、といふのが今日の所謂幼年絵雑誌の特色である。そこで今日の幼年雑誌を通覧して見ると、先づ大体に於て二つの傾向が考へられる。第一は従来の絵草紙趣味に基きて、単純なる娯楽的性格のものと、第二は所謂教育的要素を加へて、此の意味に於て新らしい幼年雑誌の特色を発揮されたものである。

ここで倉橋は、これまでの「絵草紙屋」の刊行した絵本は娯楽的なものに過ぎなかった、と批判した。さらに、教育的要素の加味された絵雑誌こそが子どもの読み物として相応しいものである、と主張した。

2-2-3 第三の言説「幼年絵雑誌に就て」

第三の倉橋の署名記事「幼年絵雑誌に就て」(1916.8『婦人と子ども』16—8：323) は、第二の最終章を抄録としたものである。第二にも含まれるこの記事は、「吾人の希望として、幼年絵雑誌は、学校教育の、殊にその教授方面の補助手段としてよりは情緒教育を主としたる、遊具性のものでありたい」と始まる。さらにその選択は「必ず父母のなすべき仕事」であり、「かくの如き絵雑誌類は社会教育の性質を帯びて居る」ので、「社会が適当なる注意と方法とを心掛けなければならぬ」としている。

ここでは、「社会」の責任が述べられた。この「社会」には、「適当なる注意と方法とを心掛け」ることのできる大人、つまり教育を受け社会的地位を得た大人によって構成された集団の意味が含まれている。したがって倉橋は、「社会」を代表する存在として自己を位置づけ、その責任に於いて両親に対して指導を行った、と読み取ることができる。

2-2-4 第四の言説「近刊の子供絵雑誌に就て　日本幼稚園協会六月常会の講演」

第四として、倉橋の講演記録「近刊の子供絵雑誌に就て　日本幼稚園協会六月常会の講演」(1919.7『幼児教育』19—7：279-294) を取り上げる。ここでは、絵雑誌の流行が社会問題になっており、大人用雑誌は読者の批評によっ

て社会淘汰されるが、幼年用では子ども読者に批評力はないので、自分が批評を行うとして、10章にわけて問題点が論じられた。

10章の内、「絵雑誌とは如何なるものか」では、「玩具とおはなしとの一緒になつたもの」と定義し、「おはなしと云つても目で見るおはなしともなり又其の絵を静かに見て、母親に読んでもらつて居る時には純然たるおはなしともなります」としている。「編集者と子供」では、編集者は「子供の生活そのものをよく理解」すること、「編集者自ら子供の生活を生活し得る人」であることが示されている。「現在の絵雑誌を如何にすべきか」では、第一に「社会的の一つの事業である以上はこの検閲が何処かで行はれればよい」、第二に「これら多数にある絵雑誌を存分に競争させて見たらよい」、第三に「時々各誌の内容の批判が行はれたならば適当である」、第四に「純幼年向の雑誌が出来ればよい」を挙げている。「家庭に対する注意」では、「選択はどうしても親がしなければなりません」や「母親が選択して与へる場合」の注意を示している。「幼稚園と絵雑誌」では、保母自身の参考書になるとして、母親同様の保母の責任が示され、保母は工夫をして「其の中の話を作りかへたり或は絵をつくりなほしたりして自由に之を利用することも出来る」としている。

2-3　家庭教育論者としての倉橋惣三

これまでに検討した倉橋の言説4点に示された幼年用絵雑誌の介助者は、第一では特に示されておらず、第二と第三では「家庭」、「父母」、第四では「親」、「母親」、「保母」になっている。幼稚園関係者を聴衆とした第四に至り、倉橋は、介助者に対して母性を要求した。このように第一から第四に至り、介助者はジェンダー化されていった。

倉橋の言説が内容を深化させつつメディアに繰り返し掲載された時代の社会背景として、まず「児童の世紀」と呼ばれた20世紀初頭の「子どもの発見」、科学的方法による「児童研究」の発展、それらの具体策としての家庭

教育論の唱導が挙げられる（小山1999：本田2000）。そして一般的には「大正デモクラシー」と呼ばれている「インペリアル・デモクラシー」[2]の興隆、第一次大戦への参戦、結果としての日本経済の躍進も挙げられる（江口1994）。またこれらの報道や記事を掲載した雑誌の興隆と読者層の拡大、それに伴う幼年用絵雑誌の氾濫も背景にある。

　このような時期の第四は、「理解」や「自由」という表現を使用している一方で、「検閲」や「なければなりません」という表現も使用しており、それまでと比べると具体的かつ統制的になっている。この言説は、一見すると介助者の行動の自由を保障しているようだが、指導者の立場から介助者の行動を管理するような支配的な信念や知識を述べている、と読むことができる。

　明治民法下に生きた倉橋惣三（1882生）は、教育勅語（1890発布）や「御真影」によって臣民として陶冶された第一世代でもあった。明治期に唱導された家庭教育論は大正期に定着した、と言われている（小山2002）。その定着期に入り、第四に於いて倉橋は、家庭教育によって子どもを国民化させるための、絵雑誌は情報媒体、母親は媒介者であることを、公然の事実として公言した、と言うことができる。

　以上から、絵雑誌は子どもを陶冶するための家庭教育書であり、母親はその媒介者であるとする信念や知識が、倉橋惣三の言説を通して発信されていた状況が見えてきた。しかし第一以外は、母親に向けたものではない。では母親に向けて、その信念をどのようなかたちで発信したか。この点を検証するために、『婦人画報』を親誌とする子誌『日本幼年』を事例として、直接的な母親への発信内容を検討したい。

3　『日本幼年』とその創刊広告

　前節では、大人用メディアを介して、家庭教育のための教科書としての絵雑誌について、倉橋惣三がその信念や知識を発信していたことを指摘した。

本節では、母親に向けた直接的な発信内容を検討するために、幼年用メディアである『日本幼年』を取り上げる。

3-1 『日本幼年』概要

『日本幼年』は、東京社から1915（大正4）年3月に創刊された絵雑誌である。現在、公共機関蔵書にこの誌の全巻号を確認することはできないのだが、これまでに9巻5号（1923.5）までの合計35冊31書を確認した。現存資料から終刊は1923（大正12）年と推定できるが、終刊月は不明である。1922（大正11）年4月に『コドモノクニ』が同社から創刊されたこと、1923年9月に関東大震災が起きたことが終刊に至る契機になった、と考えられる。

東京社は、鷹見久太郎（1875-1945）を代表とする出版社であった。鷹見は、1906（明治39）年に近事画報社（後、独歩社）に入社し、『婦人画報』に関わるも、独歩社倒産により島田義三（生年不明-1924）と共に東京社を起業（1907）した。その際に、近時画報社刊『少年智識画報』（1905創刊）と『少女智識画報』（1905創刊）を引き継ぎ、『婦人画報』を『東洋婦人画報』に誌名変更して刊行し、2年後にその誌名を『婦人画報』に戻した。さらに倉橋惣三と高島平三郎を顧問にして、『少女画報』を創刊した。また『婦人画報』特集として、『皇族画報』（1924, 1934）も刊行した。近時画報社は、敬業社刊『東洋画報』（1903.3創刊）を引き継ぎ『近時画報』（1903.9）に誌名変更して刊行し、その後、日露戦争開戦に合わせて『戦時画報』（1904.2）に変更するなど、時勢に合わせたグラフ誌を刊行してきた出版社であった。その延長線上に、視覚的要素を重視した『日本幼年』があった。

『日本幼年』は、多色刷りジンク平版両面印刷、48頁（仕掛けを含む）、定価12銭であり、絵を主体とした絵ばなし（一枚絵、コマ割りなど）、幼年童話（挿絵）、仕掛け（観音開き、片開きなど）で構成されている。編集者は鷹見久太郎、発行者は島田義三、画家は佐々木林風・太田三郎・細木原静岐・谷洗馬・小寺健吉・暮路よのみの6名である。画面に画家のサインを入れたもの

もあるが、奥付に画家名は記されておらず、1～3巻までの表紙に「倉橋惣三先生監修」の文字が印刷されている。

「倉橋惣三先生監修」のものは、1巻1号（1915.3）から3巻12号（1917.12）までの34書である。その内、公共機関所蔵の13冊11書を確認した[3]。同時期の他誌と比較すると、男女は量的にバランスよく描かれ、この時期の『子供之友』を除く他誌には見られない、職人・労働者階級の労働の表象が見られる。神話的天皇・皇族や忠君の武士の表象が必ず挿入されている一方で、外国の人物や事物の表象も見られる。

3-2 『婦人画報』に見る『日本幼年』の広告

『日本幼年』創刊に当たり、『婦人画報』はそれをどのように宣伝したか。まず、親誌掲載の子誌に関する広告や記事を見ていきたい。

『日本幼年』創刊の前月刊行『婦人画報』105号（1915.2）には、子誌創刊に関する記事2点と広告1点の計3点が掲載されている。その内の1点が前述の倉橋惣三の署名記事「新しい幼年の読物」であり、その他に、広告「日本一の日本幼年　初号発刊」［図4－1］、記者記事「「日本の幼年」の発行」（105号：52-53）が掲載されている。

前者広告［図4－1］は、「可愛い」[4]子ども像を組み込み、デザイン文字で「日本一の日本幼年」を強調して、その下に「美しく面白き子供の画報」、右側の縦枠内に「文学士　倉橋惣三先生監修」と「絵画は六画伯の執筆」、左側の縦枠内に東京社の情報を記載している。これらに囲まれるようにして、『日本幼年』の特色が次のように説明されている。

> 可愛いお子様を
> 　美しく善く育てたいと思はれるお母様方の為に深い注意と多くの苦心を重ねて理想的に編輯せられ今度新らたに生まれたのはこの日本幼年です。
> 　可愛いお子様に

お与へになつて玩具やお菓子よりも喜ばれ面白がつて楽しむ間に感情を高尚にし美しき習慣を養ひ清き心の糧となるのはこの日本幼年です。
　　可愛いお子様が
　　幼稚園から尋常小学でお習ひになつたことを喜び笑ひ興ずる間に知らず識らず復習し補習するのはこの日本幼年です。
　　最後にお母様に
　　御注意を願ふのは日本幼年は児童心理学の泰斗文学士倉橋惣三先生の監修で六画伯の彩筆になり紙数も多く印刷も鮮明で従来有りふれたものに全然超越して居ることです。

　後者記事は、上部に横書きで、まず「新たに生るる理想的の子供の画報」と「桃太郎のやうに勇ましくお雛様のやうに美しい」のキャッチ・コピーを記し、次に囲み枠の中に『日本幼年』と「文学士倉橋惣三先生監修六画伯執筆」を示している。その下部の縦書き文は、標題「子供を愛するお母様方に」をルビで強調して、「お子様をお有ちに成て居るお母様方に是非お薦めしたい事があります」と始め、玩具やお菓子、衣服よりも大切な心の糧を与え「なければなりません」と説いている。

　　〔……〕親たるものはこの心の糧を可愛いお子様方にお与へに成て正しく善く美しくお育てに成らなければなりませぬ。これは親たるものの義務であります。然り誠に楽しい美しい義務であります。
　　〔……〕
　　子供学者として有名な文学士倉橋惣三先生は「日本幼年」の監修として、深い深い注意と博い博い識才とを本誌の上に注がれて、面白く楽しい間に有益になる心の糧をお子様方に与へられるようにと苦心されて居ります。

　親誌105号の広告と記事では、子誌は倉橋惣三という権威ある才識者によって道徳的、教育的、芸術的に編集された「日本一」の絵雑誌であることが強調された。さらに、「可愛いお子様」のみならず〈お母様方〉にとっても、この子誌を購入することは有意義な結果をもたらすことが示唆された。

『婦人画報』106号（1915.3）にも、『日本幼年』創刊号広告［図４―２］と記者記事が掲載されている。前者広告［図４―２］では、中央部最上段に「文学士倉橋惣三先生監修」の太字文字、その下部に「日本一の日本幼年初号発刊」のデザイン文字が記されている。さらに下部、右側に「可愛い」男子像が掲示され、その下部に「お母様は可愛いお子様の為に」が大書きされて、「熱心なる研究者となり亦公平なる批判者となって本誌の内容如何を知らなければなりませぬ」の文言が続いている。左側に創刊号表紙が掲示され、その表紙イメージにはチョウに手を差し伸べた和装の男子と、その横に添うように女子が描かれている。その下部に「周到なる注意と熱心なる努力」の文言が大書きされ、「とに依り斯くの如く完備せる児童の良友日本一の「日本幼年」生まる」の文言が続いている。このような構造の下に、「可愛いお子様を」から「可愛いお子様に」と続き「更に亦お母様に」の見出しによって、前号同様に『日本幼年』が広告されている。

　後者記事「子供を喜ばせたい方へ」では、子どもの読み物の要点として、「子供の頭脳を健全に発達させるもの」、「子供の心を優しく思ひ遣りのあるようにするもの」、「子供の意志を固くして迷わさないようにするもの」の３点を挙げて、そのようで「なければなりません」としている。その三拍子揃ったものが『日本幼年』であり、「編集には、子供研究家として有名なる文学士倉橋惣三先生が主として当られ」たのであり、「子供が可愛いと思召す母親様方は無論の事、三歳から十歳位までの子供を弟妹か親戚に持つ叔母様、姉様方は是非一冊を求めてお土産にして下さい」としている。

　親誌106号の広告と記事には、『日本幼年』の具体的な編集意図が記された。そこから、〈お母様方〉は子どもを「可愛い」と思い介助するのが当然のことであり、そのような介助役割は女性全般に課せられるものである、とする意識を読み取ることができる。

　この時期の『婦人と子ども』にも、『コドモ』、『子供之友』、『日本幼年』の広告が掲載されており[5]、中でも『日本幼年』の広告は、子ども像を組み

込み「可愛い」を強調して、文字だけで構成された他誌よりも目立っている。それらと比較しても、親誌106号掲載の子誌広告［図4－2］はより印象的であり、そこには、メディアと子どもをつなぐ存在に〈お母様方〉を位置づけるという明確な意図を読み取ることができる。

4　〈お母様方〉への呼びかけ

　これまでに親誌掲載の子誌に関する広告と記事から、〈お母様方〉への呼びかけを概観した。メディアを介した呼びかけは、呼びかけに応じた〈お母様方〉の行動を規制したのではないか。このような観点から、改めて前述の広告2点、［図4－1］と［図4－2］を取り上げて、精査したい。

4-1　『婦人画報』広告

　まず［図4－1］では、文字列が「可愛いお子様」の文言を繰り返し、「可愛い」子どもの群像がそれを取り囲むように配置されており、子どもは「可愛い」存在であることが表象と文言によって強調されている。これらの子ども像では、ある者は口をとがらせ、ある者は口を開き、またある者は小首をかしげて、表情に幼児性を漂わせている。これらの子ども像は、自ら「可愛い」ことを主張して、口々に何かを求めているかのように装われた。

　次に［図4－2］の右上部の表象を分析する。［図4－1］では男女混合の群像であったが、ここでは「可愛い」セーラー服姿の男子像が特に選ばれた。この男子は、上まつげまで描き込まれた奇妙に「可愛い」笑顔で、前方に右手人差し指を突き出している。セーラー服の襟を翻し、ぷっくりとした腹部をやや右前方に突き出していることから、彼は足を踏ん張り勢いを付けて前方を指さす瞬間を写し取られたようである。その下部に「お母様」とする呼びかけ文が配置されており、この男子は「お母様」に指さしながら呼びかけているように見える。

続いて［図4－2］の構造を分析する。右下部に「お母様は可愛いお子様の為に」、左下部に「周到なる注意と熱心なる努力」の文字列が、『日本幼年』の編集方針を示す二本柱のようなかたちで掲示された。そのトップに倉橋惣三の名前が記されており、右から左に続く太字で強調された文字列は、権威者の名の下に示された「お母様」への指示内容と読むことができる。

さらに［図4－1］と［図4－2］の「文学士倉橋惣三先生監修」の文字位置を分析すると、前者では右側の先頭、後者では最上部にある。これらは、倉橋の署名文ではない。これらは、「自ら《広告である》ことを過剰なまでに顕示してくる」（北田2008：16）広告である。目立つことを意識した広告デザイン上の問題として、子どもと母親を統轄する位置に、第三者が肩書きと敬称を付けて倉橋惣三の氏名を厳かに掲示することで、その存在にはより強い権力イメージが付加された。

以上を踏まえて、広告2点と前述の記事2点を併せて検討すると、〈お母様方〉への呼びかけ文の要素として、まず次の2点に注目したい。第一には、「可愛いお子様」という表現、第二には、母親の介助役割を「なければなりません」とした表現である。

第一の表現は、広告や記者記事のかたちで、あたかも一般に共有された自明のことであるかのようにくり返し記述されている。しかしこれを、単なる記述とみなして良いだろうか。実は、次のような倉橋惣三の署名記事がある。

これらが掲載された数ヶ月前に、倉橋惣三は、「文展の子供の絵と彫刻」（1914.11『婦人と子ども』14－11：508-511）に於いて、子どもは「可愛い」存在であるとする信念を提示している。そこで倉橋は、「子供を子供として描くことを専門とし得意とする美術家」の出現を要望して、「『添乳』の男子の顔も随分可愛らしくない顔です」などの例を示して、文展出展作の子ども像を「子供としては揃つて余り可愛らしくない」と批判した。そして、「もう少し立派な、真な、美しい、『子供』があつてもよさそうに思はれます」と感想を記している。この言説は、2節で取り上げた倉橋の第一の言説につながる

論旨のものであり、ひいてはこれらの広告や記事につながるものである。
　「可愛い」を強調した子ども観は、倉橋惣三の信念である。ところが主語を省いた広告や記事として提示されたことで、個別の信念であることが見えなくなった。したがって第一の表現は、単なる記述ではなく、子どもは「可愛い」存在であるとする倉橋惣三の信念の提示と見なせる。
　第二の表現は、第一の表現を踏まえた上で、成立している。第一の表現を自明なこととして、第二の表現は、「可愛い」子どもに対する母親の愛情、言いかえれば母性愛を、「なければなりません」とする規範を提示したものである。したがって第二の表現は、母性愛という社会的価値規範の提示と見なせる。
　この２点が、視覚言語と文字言語で繰り返し提示された。しかもそれは、単なる提示ではない。それは、子どもは本質的に「可愛い」存在であり、ゆえに母親は子どもに母性愛を注ぐべきであり、母性愛が子どもを「正しく善く美しく」育てるのであるから、そのために〈お母様方〉は道徳的、教育的、芸術的な『日本幼年』を購入しなければならない、と思い込ませるような命令的な指示である。この指示は、空虚なイデオロギーに基づいたものであり、繰り返しによって母親の感情を統制することを意図したものと言える。
　加えて親誌の読者層を考慮すると、第三の要素は、このような呼びかけが女性全般に対して行われたことである。これらの広告や記事を目にしたのは、新中間層の家庭婦人を中心にした女性達であった。つまり限られた読者層とは言え、多くの女性達が、子どもを「可愛い」と思い、理想的に育て「なければなりません」とする規範を目にしていた。ここから、親誌掲載の子誌広告を介して、女性は母親に、それも母性愛溢れる〈賢母〉になら「なければなりません」と思い込ませるような呼びかけが行われていた、と言うことができる。

4-2 『日本幼年』付記、「お母様方に」

これまでに親誌掲載の母親への呼びかけ文の分析から、子誌創刊を巡り、母親に限らず女性全般が、子どもを「可愛い」と思い、子どもに母性愛を注が「なければなりません」と思い込ませるような命令的な言説下に置かれていたことを明らかにした。そこで次に、子誌掲載の呼びかけ文に目を移したい。

『日本幼年』2巻7号(1916.7)[図4—3]には綴じ込み付録として[6]、倉橋惣三による「お母様方に」の一文が掲載されている。これは、副題を「子供の問ひに答ふる注意」として、まず子どもの問いの重要性を述べ、次にその答え方を示している。

> 〔……〕凡ての問ひは子供にとつて、強いそして大切な知識的欲求です。それを正当に取扱はないでなりませうか。子供の心持になつてやつても、又私共の教育的用意からいつても、之れを十分上手に取扱つてやらなければならないのであります。
> 　絵本の絵は、殊に此の質問の材料になります。そして、随分思ひもよらぬ様な奇抜な、又細かい質問が出るものです。私共は子供といつしよに絵本を見て居る時には、常に此の準備をして居なければなりません。〔……〕但し、その答へ方は、必ずしも詳しいばかりがよい訳ではありません。子供が満足する程度は、年齢や其の子の性質によつて違ひますから、それに丁度適当なだけ答へてやればよろしいのです。〔……〕

加えて倉橋は、「日本幼年は、子供が一人で見て十分楽しめる様にはしてありますが、尚ほ進んでの十分な利用としては、お母様方のお手伝ひを期待して居ることが少なくありません」として、〈お母様方〉の介助を要請している。それは、単なる要請ではなく、「私共の思ひつかぬ様な点に就て、子供の疑念でも起つた時、それを満足させて下さるのは、お母様方の他にないのです」として、個別の子どもの要望に応えるのは〈お母様方〉以外にない

ことを強調したものである。さらに、答え方に迷えば「御遠慮なく御相談下さい」や、編集上不注意な点に気づいたならば「必ず警告をお与へ下さい」として、編集者と〈お母様方〉の協力によって『日本幼年』は完成する、と示唆している。

　子誌の呼びかけ文では、幼年用メディアに於ける母親の介助役割が具体的に示されているのだが、父親などの母親以外の者の介助枠割に関する記述は脱落している。この点は、3章で検証した〈暮らしのイメージ〉の家庭内に父親が不在であったように、第一次大戦時頃にもなると、実際の家庭内でも父親は不在であった、と少なくとも倉橋惣三は認識していたことを示している。

　ここでは、〈お母様方〉の役割が直接指示的に述べられ、相互対話的な要素も加えられた。〈お母様方〉は、単なる介助者ではなく、『日本幼年』を完成させるための一員、すなわち生産者に代わり個別の子どもの問いに答えるという介助役割を担った主体であると位置づけられた。要請された主体性に於いて、倉橋惣三の意図を理解して受容し、個別の質問に応じることでその不備を補い、子どもに忠実に伝達する介助者として、〈お母様方〉は選ばれたのである。〈賢母〉として選ばれた〈お母様方〉は、倉橋惣三という権威者への「警告」さえも許可されたのである。したがって倉橋の要請を受容し、子どもの質問に応じた〈お母様方〉は、特に選ばれた母親として、倉橋に認知されたことになる。

　『日本幼年』は商品であったがゆえに、他誌と差異化した特色を示し、それをいかに宣伝するかが、重要な経済的課題であった。後発であればあるほどに、その必要性は増してくる。そのためには、権威ある監修者と、他誌よりも目立つ広告が必要であった。さらに必要であったのは、その編集意図を子どもに絵解きする介助者であった。それも、〈賢母〉として選ばれたと自覚した介助者が必要であった。〈お母様方〉への呼びかけ文に盛り込まれた第四の要素は、一般的な母親から差異化されて選ばれた〈賢母〉であると自

覚させ、主体化させるための感情の統制であった。

　親誌に比べると子誌では、幼年用メディアに於ける〈お母様方〉の介助役割が明確に規定され、感情の統制はより具体化している。さらに子誌では、子どもの個別性が強調されており、それは個性を重視した近代的な子ども観と言える（アリエス1980）。しかし、前提とされた子ども像は、個別性に触れられているものの、「正しく善く美しく」育った「可愛いお子様」で「なければなりません」のであるから、空虚なイデオロギーに基づく理想像にすぎない。

4-3　社会的価値規範の構築過程

　メディアを介した〈お母様方〉への呼びかけはその行動を規制したのではないかという観点から、これまでに親誌と子誌を検証してきた。そこにはその感情を統制するための要素、第一に、子どもは「可愛い」存在であるという信念、第二に、母性愛を「なければなりません」とした規範、第三に、女性全般に拡張されたその対象範囲、および第四に、母性愛溢れる母親像の主体化という要素が潜んでいたことを指摘した。このような呼びかけは、〈お母様方〉に向かい、メディアの指示内容を「可愛いお子様」に忠実に伝達することを要請しており、母親の感情のみならず行動を規制するものであった。このような規制は、子どもと母親の関係性に母性愛という規範を組み込むものでもあった。

　本節の最後に、これまでに分析対象とした資料、2節で検討した倉橋惣三の第一から第四の言説4点、3節で検討した『日本幼年』創刊広告2点と記事2点、および『日本幼年』呼びかけ文1点、合計9点の読者層を時系列で整理しておく。第一の言説、創刊広告2点、創刊記事2点の計5点（1915）の読者層は、『婦人画報』という特定メディアの女性読者に限られていた。『日本幼年』呼びかけ文（1916）の読者層も、『日本幼年』読者の母親達に限られていた。ところが、『日本幼年』呼びかけ文とほぼ同時期に発信された

第二と第三の言説（1916）になると、掲載誌の属性は〈公〉領域に拡張し、それに伴い読者層の対象範囲も拡張している。さらに、第四の言説（1919）になると、内容は日本幼稚園協会という〈公〉機関に於ける講演記録になり、読者層は〈公〉に関わる人々になった。

さらに、倉橋惣三の署名記事「文展の子供の絵と彫刻」（1914）と「家庭教育訓令」（1930）前後の倉橋の政治的活動を加えて、これまでの言説と併せて整理したい。倉橋は、1910年代半ばに感覚的な〈私〉の信念を、あたかも〈公〉に共有された規範であるかのように〈私〉領域の家庭に向けて発信した後に、理論化しつつ、その発信先を〈公〉領域にまで拡張していった。1910年代末になると、幼年用メディアに於ける母親の介助役割を、社会的価値規範として公言するに至り、1920年代には、〈公〉に於ける指導者的地位を築いた。倉橋が政治的活動を展開させた1930年代になると、家庭教育の振興策の一環として、母親教育や幼年用メディア改善が展開されており、その動向は1938年の内務省「指示要綱」の「母の頁」設置指示に至った。このような経過に、個人的な信念に基づいた言説が、自明のことであるかのように社会的価値規範として構築され、〈私〉から〈公〉に向けて拡散し、定着していく過程を見ることができる。

おわりに

これまでの検証から、倉橋惣三の名の下に、メディアが〈お母様方〉の行動を規制しようとしたことを明らかにした。では、倉橋惣三の名の下に〈お母様方〉に呼びかけたメディアを、どのように位置づけることができるか。呼びかけに応じた〈お母様方〉を、どのように位置づけることができるか。呼びかけには、どのような意義があったか。これらを考察して、本章の結語としたい。

1節と2節で検討したように、倉橋惣三の活動には、国策に関連した政治

性が指摘でき、倉橋は、その政治性から、絵雑誌のメディアとしての効能や〈お母様方〉の媒介者としての位置づけを、複数のメディアを介して女性全般に向けて発信していた。3節と4節で検討したように、『日本幼年』は、〈お母様方〉に対して、権威者である倉橋惣三の名の下に、その行動を規制するような呼びかけを行っていた。

　以上から、これらのメディアは、権威者の名の下に国策に応じた言説を掲載することで、〈私〉であるはずの家庭を管理し、家庭教育を介して構築された子どもと母親の関係性までも支配していくためのイデオロギー装置であった、と位置づけることができる。メディアの呼びかけに応じた〈お母様方〉は、支配的存在である倉橋惣三の名の下に、男性中心に構築された社会に於ける差異的関係性としての女性の位置を規定され、その社会が発信する信念や規範を受信して、母性愛を以て子どもにそれらを忠実に絵解きする媒介者、すなわち被支配的存在としてのエージェントになった、と言うことができる。

　これまでに、本章の「はじめに」に於いて設定した仮説と定義の下に、エージェントとしての〈お母様方〉の成立過程を検証することを通して、幼年用メディアに於ける母親の介助役割、および母性愛溢れる母親像の構築過程の一端を明らかにした。この時期の婦人雑誌に掲載された家庭教育論の氾濫を考慮すれば、多くの女性が、教育者や保育者、およびジャーナリストの呼びかけを拝聴するかたちで、家庭教育に於ける忠実なエージェントであろうとした、と考えられる。「お母様方へ」の呼びかけによって成立した幼年用メディアに於けるエージェントとしての〈お母様方〉は、家庭教育全般、および家庭内の関係性全般に於ける女性の介助役割を構築する一つの回路を開いた、と言うこともできるのではないだろうか。

　しかしながらこのような呼びかけの意義は、倉橋惣三という個人に帰するものではなく、第一次大戦から太平洋戦争に向かう道筋の大日本帝国の「集団の夢」と捉えるべきであろう。単に一誌の広告、一人の家庭教育論者の言

4章　エージェントとしての〈お母様方〉の成立　165

説のみならず、様々なメディア・ミックスを介して「集団の夢」を見た者達の中には、〈賢母〉として主体化された〈お母様方〉も含まれていた、と考えられる。母性愛溢れる〈賢母〉が、指示された信念や規範を子どもに忠実に伝達し、次代のリーダーとなる〈良い子〉を育成し、新たな統制とヒエラルキーを生成させたことも否定しがたい。すなわち女性は、ジェンダーの網の目に捕らえられ、女性の介助役割や母性愛という社会的価値規範の構築に自らも加担した、と言うこともできる。

〈お母様方〉と呼びかけられて、全ての母親が振り向いたとは言いがたいのだが[7]、振り向くことでエージェントとして選ばれたことに誇りを感じた母親もいたであろうことも否定しがたい。国策としての家庭教育が唱道された時期に、メディアのエージェントになった母親が、どのように行動したか。子どもと母親の国民化にとって、そのことが、どのような意義を持っていたか。次章では、女性編集者・羽仁もと子の関与した『子供之友』のメディア・イベントを取り上げ、その分析を通して、この誌を巡り構築されたメディアと母親と子どもの関係性を精査し、それが国策とどのようにつながっていたかを考察する。

註
1) 『婦人と子ども』は、東京女子高等師範学校附属幼稚園主事の中村五六（1861-不明）によって組織され、同園内に設置されたフレーベル会（1896設立）から発行された月刊誌であった。初期の編集主任は、同会関係者の東基吉（1872-1958）、和田実（1876-1954）、そして倉橋惣三に移行した。
2) 江口圭一は、一般に「大正デモクラシー」と呼ばれるこの時期の政治的動向・潮流や新しい思想・風潮を、その始期は明治、終期は昭和であるという理由、および元号を歴史研究上の基本的タームに用いることは避けるべきであるという理由から、「天皇制下の」と「帝国主義下の」の二重の意味で「インペリアル・デモクラシー」と呼ぶべきとしたアメリカ人研究者の提案を支持している。江口は、「インペリアル・デモクラシー」とは、「対内的には天皇制立憲主義の全体の変革ではなく、その専制主義的側面の立憲主義的改良を求めたものであり、対外的には大日本

帝国の膨張の抑制ではなく、その成果を当然視するものであった」(江口1994：25)
と記している。
3) 所蔵館（所蔵巻号）は、大阪府立国際児童文学館（1—3／2—1,3,7／3—10）、札幌市中央図書館（2—3,4,12／3—3,5,6,10）、国立国会図書館国際子ども図書館（1—10）である（2009現在）。
4) 「可愛い」は、『日本国語大辞典』第二版によると、「かわゆい」の変化した語であり、5つの意味を有している。その内、「②心がひかれて、放っておけない。大切にしたいという気持ちである。深く愛し、大事にしたいさまである。いとしい。」の意味で、『浮世風呂』(1890-13)に「可愛（カワイイ）坊に…」の表現がみられるが、近世の使用例のほとんどはかな表記である。「③愛すべきさまである。かわいらしい。」の意味で、『都会』（生田葵山、1908）に「妻が夫に見せんが為に飾る可愛い心や」とジェンダー化された使用例があり、近代になると漢字表記が増加している。メディアが大衆化した大正以降に漢字表記が一般化しており、「愛すべき」とも読める「可愛い」は、メディアを介して広がった近代的「言語イデオロギー」（中村2007）と考えられる。
5) 『婦人と子ども』14巻7号から21巻12号までに『コドモ』の広告、同15巻1号から17巻2号までに『子供之友』の広告、同15巻2号から19巻2号までに『日本幼年』の広告が掲載されている。
6) 『日本幼年』2巻7号の付録付記の刊記は、「第二巻第四号付録」「大正五年四月一日発行」となっている。現存する2巻4号や他の巻号には、この付録は見当たらない。落丁したのか、受容の際に外されたのかなど、事実関係の確認は複数の同一巻号を調査する必要があるが、現時点では不明である。
7) アルチュセールは、「おい、お前、そこのお前のことだ！」と警官から呼びかけられたとき、呼びかけられた者は振り向くことで、イデオロギーに呼びかけられる主体になるという（アルチュセール1993：86-87）。しかしバトラーは、「人は規則にしたがっているだけではない」（バトラー2004：210）として、「呼びかけがおこなう強要の瞬間に、呼びかけが抵抗に出会っている」（前掲バトラー：240）という。つまり呼びかけられた者の全てが振り向くとは限らず、振り向いたとしても全ての者がその呼びかけを受容する主体になり、さらにそれを伝達する主体になるとは言いがたい。

＊［図4—1, 2］は昭和女子大学図書館蔵書、［図4—3］は大阪府立中央図書館国際児童文学館蔵書を使用した。

4章　エージェントとしての〈お母様方〉の成立　167

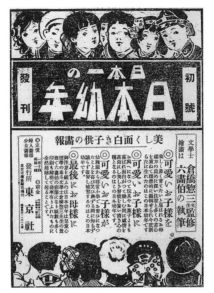

［図4－1］『婦人画報』105　『日本幼年』広告

［図4－2］『婦人画報』106　『日本幼年』広告

［図4—3］ 『日本幼年』 2—7

5章 『子供之友』17〜25巻（1930-38）の メディア・イベント
― 「甲子上太郎会」と「甲子さん上太郎さんたち」 ―

はじめに

　前章では、媒介者となる母親が、倉橋惣三という権威者の名の下にメディアから〈お母様方〉と呼びかけられ、メディアの意図を子どもに忠実に絵解きするエージェントとして位置づけられていく過程を検証した。そこでは、母親がその呼びかけをどのように受容し、行動に移したかという、エージェントとしての〈お母様方〉の言動を確認することはできなかった。そこで本章では、昭和初期（1930-38）の『子供之友』（17〜25巻）に掲載された読者欄を主な分析対象として、メディアと媒介者と読者の関係性を検証する。

　本書1章で確認したように、昭和初期の1930（昭和5-14）年代は、戦時統制に向かう前段階として、家庭教育振興策が展開した時期でもあった。その時期に『子供之友』は、看板絵ばなし《甲子上太郎》をキーワードとした読者参加型のイベントを展開させた。

　メディアの主催するイベントは、メディア・イベントと呼ばれ、先行研究では、「マスメディアが計画的に作り出し、その報道活動、販売活動、広告活動によって拡大膨張させていくイベント」（有山1994：102）と定義されている。別の先行研究では、そこに内包された重層的な3つの意味、第一に、「新聞社や放送局など、企業としてのマス・メディアによって企画され、演出されていくイベント」、第二に、「媒体としてのマス・メディアによって大規模に中継され、報道されるイベント」、第三に、「メディアによってイベント化された社会的事件」が示されている（吉見1996：4-5）。

『子供之友』のイベントは、読者が家庭内に会を組織して、子どもの行状を《甲子上太郎》を規準として点数化し、『子供之友』に継続して報告することで褒賞をもらえるというものであった。このイベントには、関連企画が次々と展開し、前例に触発された参加者が続々と参加したことから、先行研究の定義が当てはまる。重層的な意味の内、第一の意味を有し、第二の側面も持っている。この誌の読者欄には、媒介者である母親と読者である子どもの動向が記録されており、それらを検討することから、前章および先行研究では見えにくかったメディアと媒介者と読者の関係性が具体的に捉えられる、と考える。

　『子供之友』のメディア・イベントに参加した読者がその趣旨にどのように触発され、そのネットワークがどのように拡大膨張していったか。それが子どもと母親の国民化にどのようにつながったか。本章では、これらの検証を目的として、綴じ込み付録の記事や読者欄の分析から、昭和初期『子供之友』のメディア・イベントの展開と意義を検討する。

　1節では、『子供之友』と《甲子上太郎》の概要を記す。2節では、昭和初期『子供之友』で展開された「甲子上太郎会」の目的、3節では、「甲子さん上太郎さんたち」と名づけられた参加者の概要を記す。4節では、子どもと母親の国民化への道筋を確認する。おわりに、これまでの検討を踏まえて、『子供之友』のメディア・イベントの意義を考察する。

1　『子供之友』（1914-43）と《甲子上太郎》について

　『子供之友』は、1914（大正3）年4月1日に婦人之友社から創刊の子ども用月刊誌であり、30巻12号（1943.12）までの合計358書を刊行した[1]。創刊当時の編集発行人は羽仁吉一（1880-1955）、編集主幹は羽仁もと子（1873-1957)[2]であった。

　婦人之友社の主力商品は『婦人之友』（1908-）であり、現在にもこの誌は

刊行されており、読者組織の家政研究団体「友の会」[3]も活動を続けている。「友の会」は「生活改善運動」[4]に関与し（野本2008）、『婦人之友』はその関連記事を多数掲載した（竹田〔ほか〕2008）。そこからこの誌は、戦前期の新中間層の家庭に影響を与えた婦人雑誌と評価されている（前掲竹田）。以下では、『婦人之友』を親誌、『子供之友』を子誌と表記する。

1-1　親誌と子誌の関係性

　親誌『婦人之友』は、子誌『子供之友』創刊の前年末から、創刊予告を掲載している。親誌6巻12号（1913.12）では、「婦人之友社から、子供の雑誌を出して欲しい」、「婦人之友社は、ナゼ子供雑誌を出さないだろう」とする読者の要望があるので、「幼稚園より小学時代の子供のために」企画された「子供雑誌」を創刊すると予告している。ここでは読者の要望であることが強調されて、この後の『子供之友』でも、新しい企画を提示する際には、読者の要望や提案であることが示された。親誌7巻2号（1914.2）では、子誌名が『子供之友』と決定され、創刊予告がなされており、親誌7巻4号（1914.4）では、「『子供之友』が出ました」と「初号三版出来」の太字文字と初号目次を記載した広告が掲載されている。さらに親誌7巻8号（1914.8）には、次のような広告が掲載されている。

　　『子供之友』の八月号は、お子さん方のお休みのためになるやうになるやうにといふ考へで編集いたしました。どうぞお子様にお見せ下さいませ。さうしてお母様方も、是非一度は目を通して下さいますと、それからそれと、お子様へのお話しの材料が自然に出て来るばかりでなく、上太郎中太郎や、甲子乙子を始め、子供之友に、こんな事があつたぢやないのと、たつた一言、優しく仰有る丈けで、随分お子様方を、良習慣に導くことの出来る場合も、必ず少くないことだらうと存じます。
　　頁も少ない一冊の子供の本、大人が読んでも面白く、何かにつけて十分教育上の御参考になるやうに出来てをりますゆゑ、是非お父様や、お母様方に御覧を願

ひたいと存じます。

「上太郎中太郎や、甲子乙子」とは、『子供之友』の絵ばなし《甲子上太郎》に登場する子ども達の名前である（詳細を後述）。子どもへの教育を行使する主体が学校から家庭に移行する夏休みにあって、このような親誌と子誌の連携は、父親を家庭の管理者、母親を家庭教育の教師、絵雑誌をその教科書と見なして、家庭教育の指針を示すものであった。

1-2 『子供之友』の概要

2009（平成21）年現在に公共機関に於いて所蔵を確認した『子供之友』の創刊号から終刊号までの冊数は、総計599冊である[5]。重複巻号を整理すると、計309書となり、刊行された合計358書の内、計49書は未確認である[6]。

創刊号（1914.4）の表紙イメージ［図5－1］は、イヌとネコに絵本を見せる女子像である。少女雑誌を除くと、この時期の幼年用メディアの表紙イメージに女子が単独で描かれていることは珍しい。この女子像は、羽仁もと子の娘をモデルとした、女子教育への関心の表象ではないだろうか[7]。『子供之友』1巻には、昭和初期のメディア・イベントにつながる要素がすでに出現している。その点を、1巻の概要を通して見ていきたい。

1巻1号では、3頁［図5－2］は「新撰いろはかるた」の「い　今は世界の日本帝国」、10-11頁［図5－3］は兄の教科書を持って離さない弟に姉が『子供之友』を渡してなだめている絵ばなしである。16-19（2-5）頁のかるた解説「強い国の強い子供」（羽仁もと子）は、60年前の開港から起こして第一次大戦時の世界に於ける帝国日本の位置を説明し、「皆さんが一人前の日本国民になるまでには、まだ大分間があります、今はそのお稽古をしてゐるのです」や「子供は実にお家の宝、お国の宝です」と記している。20（6）頁は上太郎・中太郎・下太郎の登場する「遠足の朝」、30-31（16-17）頁は「蝿の舌」の拡大写真と解説、42-43（28-29）頁は「時計の字」［図5－

4〕について、49-50（35-36）頁は「お母様方へ」（後述する）である。裏表紙52頁［図5―5］にはカレンダーが描かれ、「お母さまのきめて下さった時間にねたときはこの表に青色〔実際は色彩で表現、以下同様〕をおぬりなさい／もしおくれたときは二十分までなら赤色をぬる／もつとおくれたら黒色をぬる」と説明されている。

1巻2号（1914.5）では、13（1）頁はカルタの「ろ　ローマは一日にしてならない」、14-15（2-3）頁はカルタ解説「立派な人となるのには」（羽仁もと子）である。16（4）頁［図5―6］は4月に崩御した昭憲皇太后の記事「日本の国のお祖母様」であり、皇太子や皇子達は「お祖母様」を亡くしたが、皇太后は「日本の国のお祖母様でした」としている。外国人がその「凛とした御威勢と、御発明なお方」に驚いたとして、「皆さんもこのことを考へて、平生あまりはにかまないやうにする方がよい」としている。17（5）頁は甲子・乙子・丙子の登場する絵ばなし、裏表紙42頁は早寝早起きを奨励して色塗りを指示したカレンダーである。

1巻9号（1914.12）では、2-3頁［図5―7］はサンタクロース像を描いたクリスマスの表象、20-25（6-11）頁は子どもへのプレゼントを買い物するサンタクロースの物語である。4-5頁［図5―8］は赤穂義士の討ち入りの表象である。特に意味は説明されていないが、他の絵雑誌でも、前者はプレゼントを貰う日、後者は忠孝規範の表象として、12月号定番の歳時記になっている。31（17）頁は男女子6名の火の扱い方を巡る無題の《甲子上太郎》である。

1巻から出現する、《甲子上太郎》の掲載、時間秩序の形成、科学的な説明、生活記録の奨励、女子教育への関心、および〈お母様方〉に対する呼びかけが、この誌の主な要素としてある。キリスト教思想が内容全体を貫く基盤となっており、1930年代の上澤謙二（1890-1978）[8]の編集時期に顕在化する。しかし、天皇制に基づく家族国家観も無理なく共存しており、羽仁もと子編集の初期にはそれの方が目につく[9]。

標題「お母様方へ」の呼びかけ文は、掲載のない巻号もあるが、大半を羽仁もと子の署名入りとして、無署名でも文体から、もと子著と推察できる。後には上澤謙二の署名も散見され、「お母さまとの協力欄」、「母のページ」などと標題を変えながら、創刊号から終刊号まで掲載された。『子供之友』１巻１号（1914.4）の羽仁もと子による「お母様方へ」の一部を次に記す（著者強調）。

> 『子供之友』は、成るべく小さいお子さんにも大きいお子さんにも向くやうに気をつけました。
> 『子供之友』はまた、一つの記事にでも、お子さん方が、成るべく多くの連想を持つて下さることの出来るやうに、且つ出来る丈け多くの方面から興味を覚え、益をおうけになるやうにと務めて居ります。例へば、
> **源氏平家の戦**　といふ絵にしても、小さいお子さんは、ここには鳥が飛んでゐる。日の丸の扇を持つて馬に乗つてゐる。可愛い子供が抱かれてゐるといふやうに見ても面白味のあるやうに、また大きいお子さんの為には、年齢やそれぞれの性質、男女によつて、この絵を土台に、お母様方が色々の歴史風俗などを話してお聞かせになることも出来ますし、「源氏平家の戦は、まづ手はじめは富士川よ、平家の軍勢五万余騎…」といふ唱歌の意味を書き現はしてありますから、お子さん方が自然一緒に歌ふ気にもなりませう。

　ここでは、読者の読みの多様性が示されており、〈お母様方〉に対して一様な絵解きを強制していない。ゆえに〈お母様方〉は、メディアのエージェントとして、積極的には位置づけられていない。しかし、「源氏平家の戦」のイメージは学校唱歌の表象であるとした記述は、学校教育に沿った絵解きを〈お母様方〉に提案したものである。源平合戦は天皇制に通底し、学校教育は国策によるものである。結局のところこの記述は、〈お母様方〉を国家のエージェントとして位置づけることになる。

1-3 《甲子上太郎》の概要

　以下では、シリーズ《甲子上太郎》と、それをキーワードとした昭和初期の『子供之友』で展開されたメディア・イベントに焦点を絞る。まず、《甲子上太郎》の概要から記したい。

　《甲子上太郎》は、『子供之友』を代表する絵ばなしのシリーズ名であり、現存する創刊号から終刊号までの約8割に掲載されている（服部（比）2007）[10]。各巻号毎にテーマは変わり、個別の標題のあるものとないものがある。全ての巻号に《甲子上太郎》がシリーズ名として掲示されているわけではないが、本書ではこの絵ばなしを、《甲子上太郎》と表記する。《甲子上太郎》に作者名は記されていないが、定説では「羽仁もと子案」となっている（大阪国際児童文学館編1993（2）：543）。画家は巻号によって異なり、その時期の『子供之友』誌上で活躍した画家が担当した。

　1巻1号では、シリーズ名はなく、「遠足の朝」が標題となり、男子3人が描かれている［図5—9］。朝の仕度に、下太郎は女中に乱暴な口を利き、中太郎は下男に礼を言うものの手を煩わし、上太郎は一人で着替えをする。最後に「人に用事をたのむなら、ていねいにおたのみなさい。自分の事を自分でする子は、なほさらえらい。」とまとめられた。ここでは、中流以上の家庭環境にあって、使用人への接し方と〈自立〉への教訓が示された。

　1巻2号では、シリーズ名と標題はなく、女子3人が描かれている［図5—10］。丙子は毎朝むずかってオメザを貰わなければ起きず、乙子は夜遅くまで起きていて朝はいつまでも寝ているので婆やに起こしてもらい、甲子は早寝早起きをして一人で両親の居る居間まで起き出してくる。ここでも、時間秩序の形成と〈自立〉が促された。

　1巻3号にも、シリーズ名と標題はなく、男女子6人が描かれている。丙子と下太郎は玩具を散らかしたまま、中太郎と乙子は玩具を片づけるが母親に手伝って貰い、甲子と上太郎は玩具を片づけて掃除までする（名前の並び順はママ）。この3組の男女子像は、ほぼ同様の動作を行う対称性のある表象

になっている。

　このように《甲子上太郎》では、だらしない子どもに最下位の名前、よくいそうな子どもに平均的な名前、自立的な子どもに最上位の名前が与えられた。テーマになった子どもの行状は、1巻では家庭内に限られるが、その後の巻号では家庭外まで拡大していく。

　《甲子上太郎》は、『子供之友』の全ての先行研究に於いて、この誌の看板絵ばなしとして取り上げられている（船越1989；中村（悦）1989, 1994；岩本〔ほか〕2006；前掲服部）。近年では、児童文学・文化学のみならず、社会教育学や民俗学の研究対象になっている。

　社会教育学分野の先行研究では、甲子と上太郎が最上位の子ども像であることは大人にも子どもにも自明のことであるが、「誌上では子供に対して、あなたは甲子あるいは上太郎であるように努めなさいと誘導あるいは強制することはなかった」（前掲岩本：130）としている。民俗学分野の先行研究では、《甲子上太郎》は、「文字ではなく、図や写真によって可視的に具象化されたものであり、作家の観念ではなく、生活様式上の倫理観を示したもの」（前掲服部：34）であるとしている。そこでは、《甲子上太郎》に表象された生活倫理を「民俗倫理」と見なして、それが「現在も違和感なく引き継がれている」という意味で、「「甲子上太郎」は、近代以降、都市から次第に国民全体へと普遍化された、「躾」による生活上の倫理観が、画像で継続的に表現されたもの」（前掲服部：34）である、と結論づけられた。

　羽仁もと子の家庭教育論に関する先行研究では、「イエス・ノーの判断を大人が下してしまうのではなく、自己の判断は何であるかを明白にさせることが、独立に繋がるともと子は考える」（林（美）2003：37）としている。「もと子の教育の目的は、自立である」から、「個人に判断の自由を与える」ことで、個人は思いを備え個性化し、「その思いの実行を実生活である家庭の中で行うことによって、能力の限界を自覚する」（前掲林：41）と示された。

　先行研究では、《甲子上太郎》と羽仁もと子の教育観に一定の評価を与え

ている。しかし《甲子上太郎》は、ランクづけされた〈良い子〉、〈普通の子〉、〈悪い子〉のモデル像である。文字言語で「誘導あるいは強制することはなかった」としても、モデル像の提示は誘導、ランクづけは強制である。そこに「普遍化」された「民俗倫理観」を見るとしても、それは本質的なものではなく、ユートピアを構築するためのイデオロギーではないだろうか[11]。羽仁もと子は、その点を承知していたからこそ、理想像を繰り返し提示することでユートピアを演出したのではないだろうか。このようなメディアは、子どもや母親を帝国国家の国民として位置づけるための装置になったのではないだろうか。これらの疑問を仮説として、次節では昭和初期の『子供之友』に焦点を絞り、そこで展開されたメディア・イベントを検討する。

2　「甲子上太郎会」の目的

　本節では、昭和初期（1930-38）の『子供之友』（17～25巻）を取り上げる。それらは、2009（平成21）年現在に確認した『子供之友』17～25巻の総計109書（19巻は計13書、19—9は臨時創刊号）の内、17巻8～10号の計3書を除く、合計106書である。ここで主に分析対象とするのは、本文とは別紙の状態で綴じ込み付録とされた「甲子上太郎新聞」などの読者への呼びかけ記事、およびそれに対応した読者便りである[12]。

2-1　メディア・イベントの概要

　本書1章で確認したように昭和初期は、国策としての家庭教育振興策が展開された時期であった。そこで次に、家庭教育の振興に関する国策、および分析対象とする巻号の『子供之友』記事を一覧とする［表5―1］。『子供之友』の列に取り出したのは、メディア・イベントに関連した『子供之友』の初見記事および婦人之友社の事業（*斜体*で表記）である。

［表5－1］家庭教育の振興と『子供之友』の記事

年月	国策および関連事業	子供之友
1929.11		16—11 「母のページ」に「甲子、上太郎の扱い方」記事
1930.1		17—1 編集方法を新組織に改組告知
1930.2～12	初年度、「母の講座」開催	17—2 「新しい編集会初会合の記」記事（山本鼎、弘田龍太郎、山下徳治、佐藤瑞彦、上澤謙二、羽仁説子）
1930.5		17—5 「山室潔君のお便り」の記事
1930.6	「家庭教育振興案」作成「答申」作成	17—6 「甲子上太郎会をはじめます」告知
1930.6～11	初年度、家庭教育指導者講習会開催	
1930.11		17—11 「甲子上太郎会のうた」（作詞：羽仁もと子）発表 1930.11.1～6「全国友の会大会」、11.15「全国友の会」設立
1930.12	「家庭教育振興ニ関スル件」訓令	17—12 「研究室」開始告知、「甲子上太郎オテントリ」の「九月中のせいせき」「八月分の追加」発表
1931.1	「家庭教育振興のための具体的施策」提示	18—1 「お母さまとの協力欄」に「本号は雑誌と付録と互に相補ふ」の文言
1931.3	大日本連合婦人会発足	18—3 「おしらせ」欄に、「甲子上太郎会の数五一、同会員の数二三二人、お点取参加会員数四二人」記事、「婦人之友社のこのごろ」記事
1931.6	大日本連合婦人会機関誌『家庭』創刊	18—6 「甲子上太郎お点取表彰会」記事、メタル授与、0.5年＝七宝メタル
1931.9	満州事変勃発	18—9 「メタルが来た時」地方読者便り
1931.10		18—10 読者写真「メタルは輝く」初見
1932.1		19—1～13（9除く）表紙イメージにシルエット画「子供生活一二時間」連載
1932.5		19—5 1.5年＝銀メタル、3年＝金メタル授与告知
1932.7		19—7 翌月から『子供之友』が売切制度を導入することの予告記事

5章 『子供之友』17〜25巻（1930-38）のメディア・イベント　　179

1932.8	国民精神文化研究所設置	19—8　売切制度開始掲示、「子供生活学校」開催報告記事 19—9　「われらの生活学校」臨時増刊号
1933.7	文部省「非常時と国民の覚悟」学校に配布	20—7　「甲子上太郎東京連盟発会の日」、「愛読者運動会開催」の記事
1933.12		20—12「子供之友母の講座開設」案内
1934.1		21—1　メタル授与規準の変更告知、0.5年＝子供之友ノート、1.5年＝七宝メタル、3年＝銀メタル、5年＝金メタル
1934.5	出版法改正公布	21—5　「甲子上太郎会大阪連盟発会式」記事
1934.11		21—11「メタルは輝く」で、「三つのメタル」獲得の便りと写真
1934.12		21—12「天津甲子上太郎会発会」「長府甲子上太郎会」記事
1935.1		22—1　別紙付録「甲子上太郎生活新聞」開始
1937.1		23—1　「甲子上太郎生活新聞」に「甲子上太郎オテントリ」終了告知
1937.5	文部省編『国体の本義』配布	
1937.7	日中戦争開始 文部省教学局設置	
1937.10	政府「我々は何をなすべきか」配布	24—10「ふんぱつ子供」連載開始、その1「お父さんが出征してから」 「甲子上太郎生活新聞」「コドモチヅ」に中国大陸の地図、「同」「戦争に使ってはいけないもの」の記事
1937.12		24—12「甲子上太郎生活新聞」「戦争と物の話」の記事
1938.4	国家総動員法公布	
1938.5		「婦人之友建業三五周年記念」「自由学園北京生活学校」開設
1938.6		「婦人之友建業三五周年記念」「幼児生活展覧会」開催（6.11〜7.10）

1938.8		25—8 本文「科学のおはなし」に、「付録生活新聞「お母様方へ」の記事ご参照ください。そして小さいおこさんたちにもつと分りやすく説明してあげていただきたいと思ひます。」の補足 「甲子上太郎生活新聞」に「幼児生活展覧会」の案内
1938.10	内務省「児童読物改善ニ関スル指示要綱」通達	25—10「北京生活学校」関連記事「北京デ見タ子供」 （＊分析対象とするのは、25巻まで）
1943.2	出版事業令公布	
1943.12		30—12『子供之友』終刊

［表5—1］によると、家庭教育の振興に関する国策および関連事業に連動するように、『子供之友』（17〜25巻）は様々なメディア・イベントを企画した。それらは数年にわたり発展的に継続しており、その基礎になったのは〈甲子上太郎会〉であった。

2-2 「甲子上太郎会」のはじまり

17巻に至るまでに、《甲子上太郎》関連記事は『子供之友』誌上に多数掲載されている。16巻11号「母のページ」の「「甲子、上太郎」の扱い方」では、丙子・下太郎は、「自分を反省する鏡の面」として扱い、「決して、ここに止まらせたり、ここから新しい発奮を湧かさうと扱つて」はいけない、としている。一方で、甲子・上太郎は、「どつちがいいの。甲子さん。さうさう。甲子さんでせう。甲子さんはどうしていいの。〔…〕○○ちゃんも、明日の朝から甲子さんになりませうね。屹度なれますよ。」と言葉を添えることを促している。この記事は、〈お母様方〉に対して、甲子・上太郎への誘導を促しており、それによって、子どもの内に自ら伸びていこうとする力が構成され、〈自立〉に向かう、と示唆している。

「甲子上太郎会」の発足は、17巻5号掲載の山室潔[13]から「子供之友の記

者様」宛ての便りを端緒とした。潔は、小学2年生であること、姉と共に『子供之友』を愛読していること、家で「甲子上太郎会」を結成したこと、「甲子上太郎しんぶん」を出していることを報告した。

続いて17巻6号の綴じ込み付録「甲子上太郎新聞」では、「山室さんのお家の甲子上太郎会」が紹介された。ここでは、創立者は山室光子・善子の2名、入会者は山室家の徳子・潔の2名、大沢家の2名、塚本家の2名の合計8名であること、会は本部・編集部・科学部に分かれていること、「甲子上太郎会を作ったわけは、私共子供がきまりよくし、又子供らしく元気でかつぱつな子供になるためです」と記した「甲子上太郎新聞」が発行されていること、および時々寄附をして新聞を買ってくれる「山室さんたちのお父さまの山室軍平先生」[14]が賛助会員であることが示された。末尾には、編集部の補足として「私共もさういふやうな会を始めようとして相談してゐたところなので、山室さんと暗合したことをほんとうにうれしくも、ふしぎにも思ひました」と記されている。さらに左隅の囲み記事では、太字で「甲子上太郎会をはじめます」として、次のように告知している。

> 子供之友の愛読者が、もつとお互いに仲よくなつて、もつと本気によくならうとするやうに、この会をはじめます、委しいことは来月号でお知らせします。その時は愛読者の皆様は一人残らずこの会にお入り下さい。

この山室家の父親は、キリスト教者の山室軍平と見なせる。そこから、山室家と羽仁もと子の交流も考えられ、この投書は「暗合」とは言い難い。《甲子上太郎》に関する両者の意見交換の有無は不明であるが、16巻11号の「甲子、上太郎の扱い方」に応答するかたちで、山室家の「甲子上太郎会」が結成されて、その報告を投書として掲載することで、「甲子上太郎会」のモデル・ケースが提示されたのではないだろうか[15]。

2-3 「甲子上太郎会」の展開

　17巻11号では、羽仁もと子作の「甲子上太郎会のうた」が発表された［図5—11］。冒頭の２連「だれでもなれる丙子さん下太郎さん／だれでもなれる甲子さん上太郎さん」は、その後の『子供之友』や「甲子上太郎会」のキャッチ・コピーになった。

　17巻12号になると、「甲子上太郎会」結成の呼びかけが本格的に開始された。この号の「甲子上太郎新聞」には、「この会員になるには」の囲み記事が掲載された。

　　子供之友の読者で、甲子上太郎になりたいと思ふ者は会員になれます。さういふ人が二人以上ゐればすぐこの会が出来ます。兄弟姉妹でも、近所のお友だちでもよいのです。それからお父さまやお母さまに賛助会員になつて頂いて、いろいろ相談が出来たら猶よいと思ひます。

　会員資格は、「甲子上太郎になりたいと思ふ者」の１点であった。17巻12号の「甲子上太郎会会員名簿（五）」には、東京、和歌山、佐賀から３家の申請があり、会員は２〜13才の計６名、賛助会員は全て母親であった。18巻１号では、京都、長野、朝鮮清津府などから父親の賛助会員３家（内、１家は両親）を含む７家が申請し、18巻４号でも、父親の賛助会員１家を含む７家が申請した。以後、中には２〜３家庭の子どもで構成された会もあったが、ほとんどの会は家庭単位、同じく賛助会員は母親であった。「甲子上太郎会」は、巻号を追う毎に母親と子ども達で構成された家庭を一単位とした会として定着していった。

　日本本土のみならず朝鮮半島や中国大陸でも次々と「甲子上太郎会」が発足して、各地で連盟が結成された。20巻７号では、45家の報告（内、男性名と推測できる賛助会員は３名）があり、「甲子上太郎会東京連盟発会式」（1933.5.28、会場：自由学園小学校講堂、出席者：子ども約300名、大人約80名）の記

事が掲載された。発会式では、上澤謙二が司会者、羽仁吉一が議長となり、連盟や組織の意味が理解できるまで議長と子どもの間で問答がなされた。規約は子ども達の討議によって決定され、連盟リーダーの数は「六人の方がよい　男と女と三人づつ公平だから」とする意見を採択して、第一代総リーダーに山室潔が指名された。式典の最後に羽仁もと子が祝辞を述べ、その祝辞によって「よい大人になるために、よい子供になる」ことが子ども達に理解された、と記されている。

　連盟規約の第1項は、「甲子上太郎会東京連盟は東京に在る各甲子上太郎会を以て組織する」であった。他の項にも、「連盟は友の会方面会と同じ区分により方面会を作る」や「東京連盟は子供部を通じて東京友の会に属する」が示されている。これらから、『子供之友』の「甲子上太郎会」は『婦人之友』の「友の会」の下部組織であったことがわかる。ゆえに、「甲子上太郎会」が母親を中心に構成されていったことは、必然の結果であった。

　17巻12号から、子どもの教養に関して〈お母様方〉と「先生方」が「ともに研究すること」を目的とした「研究室」のコーナーが設けられた。第1回では「どうしたら子供の日常生活が改善されるか」と質問する母親に、上澤謙二が方法2点を回答している。

　一つは、「活けるさうして手近な模範を与えること」であり、その模範になる「甲子上太郎がどんなに相接する子供の心を捉へるか、さうしてその子供を覚醒させるか、努力させるか、進歩させるか。而もそれを自発的にさせるか、不思議な程です」としている。もう一つは、「子供の生活をよき団体又は協同の世界に入れること」であるが、非団体的な家庭にはこれを期待できないために、「子供の家庭日常生活の裏の裏まではいり込んで、而も天下公衆の運動までつづいて」いる「甲子上太郎会」に入会するようにと勧めている。そして、「入会して毎日オ点トリをつけてゐる子供の生活をどんなに改造改善するかは、この付録四頁に掲げたお母さま方からの手紙を見ても分かると思ひます」としている。

前述したようにこの誌では、新しい企画は読者の要望に応えたかたちを採っている。この企画も、〈お母様方〉と「ともに」としているが、実際には「先生方」の一方的な指導であった。「天下公衆の運動」とは、「甲子上太郎会」が「友の会」の下部組織であったことを勘案すると、文部省主導の「生活改善運動」に他ならない。「甲子上太郎会」の目的は、子どもを〈良い子〉として主体化させるために、家庭を組織化し、母親の指導の下に子どもを「生活改善運動」に参加させて、《甲子上太郎》を手本にして子どもの生活を改善させることにあった。それは、「規律・訓練」によって子どもに「従順な身体」を構築させて、主体である国家に回収される「秩序づけられた多様性」を備えた国民として子どもを客体化することでもあった（フーコー 1977)[16]。

3　「甲子さん上太郎さんたち」と名づけられた参加者

前節では、メディア・イベントの基礎になった《甲子上太郎》の概要を記した。本節では、そこに参加した読者に焦点を絞る。ここでは、読者欄に目を向けたい。

3-1　「甲子上太郎オテントリ」について

17巻12号で上澤謙二が記した「お母さま方からの手紙」とは、17巻12号の「お母様方の声」欄のことである。そこには、「甲子上太郎オテントリによって子供の生活が目標づけられ、向上してゆくことを感謝して居ります」と記したものなど、母親の投書3点が掲載されている。その後の読者欄では、18巻1号の父親の投書1点と母親の投書1点と子どもの投書3点、18巻2号の父親の投書2点と母親の投書3点と子どもの投書2点、18巻5号の母親の投書4点と子どもの投書3点など、号を重ねる毎に投書数は増加しているものの、その構成は母親と子どもだけに固定していく。このような読者欄を見る

と、読者相互の啓蒙作用によって「甲子上太郎会」の組織化が促進され、母子関係を一単位として、それらをつないだネットワークが時間的、空間的に拡大膨張していったことがわかる。

拡大膨張の要因として、「甲子上太郎オテントリ」を挙げることができる。「甲子上太郎会」は組織体であったが、「甲子上太郎オテントリ」は会員個人を対象として、子どもの1日の生活を《甲子上太郎》を規準にして点数化し、1ヶ月の合計点数を『子供之友』に報告するものであった。「活ける手近な模範」とされる《甲子上太郎》は、社会に対する『子供之友』の認識の表象であり、印刷画面として提供されたイメージである。イメージの子ども像を模範とした「甲子上太郎オテントリ」は、17巻8号（推定）から開始された[17]。

まず、この時期の《甲子上太郎》の一例を紹介する。17巻11号の「甲子上太郎　ハンカチーフ」（河目悌二画）［図5―12］では、ハンカチーフを巡り、男女子6人の子どもの行状が表象とされた。下太郎は、縛って遊んだり丸めて他人にぶつけたりする。丙子は、こぼれたインクを拭いたり顔を拭いたり、何でも拭く。中太郎は、汚くなってもぶら下げている。乙子は、方々に放り出して、よくなくす。上太郎は、いつも綺麗なものを代わる代わる持つ。甲子は、自分で洗う。ここでは、「モツ」（持つ）や「アラフ」（洗う）などの動詞を表象とすることで、理想的な子どもの行状が身体化されて、提示された。

次に、「甲子上太郎オテントリ」の評価基準を確認する。17巻12号の「甲子上太郎オテントリ」（戸田達雄画）［図5―13］には、カレンダー状の31の升目が描かれ、他の巻号でも、その月に因んだ図柄のカレンダーが描かれた。添え書きでは、甲子上太郎の日は赤色に塗り10点、乙子中太郎の日は黄色に塗り7点、丙子下太郎の日は黒色に塗り5点に換算する、と指示している。このように、名前がランクを示す基準になり、高得点を取るためには甲子か上太郎であらねばならなかった。

3-2 「甲子上太郎オテントリ」の参加者

　では、どのような子どもが参加したか。「甲子上太郎オテントリ」の参加者を検討する。17巻12号では、24名が「九月中のせいせき」、6名が「八月分の追加」を報告している。そこには、点数だけを報告した者もいれば、本人や母親の一文を添えた者もいた。

　その一例、17巻12号報告者の先頭に記された女子 R.F. を取り上げる。R.F. は、弟 M.F. と共に参加し、17巻12号では「二七七（二）」と「少し点がわるくなりました。今月は一生懸命甲子上太郎になるやうにします」と報告している。数字は1ヶ月の合計点数と参加回数である。18巻1号では「二六五　三」と報告し、次のような母親の一文を添えている。

> R.はまだハンカチーフを洗ふことが出来ませんもので、それは母さんがしてやり、洗場に持つてゆくこと、乾いてからの整理と、学校から帰つて来たら手を洗ふこと、ウガヒをすること、以上のことでお点をつけました。〔…〕

　その後に R.F. は、18巻3号では「二八七　四」、18巻4号では「二九七　五」と、点数を継続して報告した。R.F. は、18巻5号の「半年間の精勤者」の表彰会の予告記事では、メタルを「贈られる人たち」24名中の1名となり、18巻6号の「甲子上太郎お点取表彰会」（於：自由学園講堂）の記事では、壇上で表彰された3名中の1名として名前を連ねた。表彰会の「その日のプログラム」には、「賛助員としての感想」には母親 I.F. の名前、「斉唱　ひばりの歌」には R.F. と M.F. の名前が掲載された。

　もう一例、17巻12号で「二八八（二）」を報告している男子 S.F. を取り上げる。

> 八月より大分お点がふえました。これは子供之友の先生が私共を上太郎にして下さるからです。九月から歯もみがき初め、冷水摩擦も初めるやうになりました。だんだん上太郎になる日が多く、お母さまもよろこんで居ります。上太郎二十六

日。中太郎四日。

　高得点は、「先生」の誘導に対して〈従順〉であった結果であり、「お母さま」の喜びでもあった。S.F. はこの後、18巻1号では、「三〇四　三」、「九月より中太郎が少なくなりました。寒くなつて朝、下太郎になりさうになると、お母さまからいはれて、お点とりが何よりもよいお友だちです」、18巻2号では、「三〇〇　四」、「十一月は初めて上太郎ばかりになつてうれしうございます。子供之友にある甲子上太郎の所を読んでもつとおならひします」の報告を寄せている。添えられた一文は、文体から察すると、母親の代筆と考えられる。継続の結果として、S.F. にも、メタルが贈られた。

　「甲子上太郎オテントリ」の参加者は、巻号を重ねるごとに増加した。しかし、メディアと読者の双方向の関係性だけではなく、読者間をつなぐ多方向のネットワークを形成するためには、核になるリーダーが必要であった。羽仁もと子は、「甲子上太郎お点取表彰会」には欠席したが、18巻6号の記事内に、次のような手紙を寄せている。

　　〔…〕甲子さん上太郎さんたちがこんなに集つて、皆しつかり力を出して、いろいろのよいことやおもしろいことをするといへば、大ぜいの甲子上太郎でない子供たちも段々集つて来て、いつかそれが皆甲子さん上太郎さんになりたいと思ふやうになるからです。さうしたら、甲子上太郎会万歳、日本の国万歳、世界中万歳です。

　「甲子さん上太郎さんたち」を表彰し、それを記事にすることは、羽仁もと子の思い描くネットワークを形成するためには、必要不可欠のメディア・イベントであった。18巻5号の表彰会予告記事には、「地方の精勤者へは、この表彰会を開くと同時にそれぞれメタルを発送しますがその人たちは賛助員と相談して、地方でも表彰会が出来ればどんなによいでせう」と記されているように、居住地の区別なく、精勤者は全て平等に「甲子さん上太郎さん

たち」であった。ゆえにその意図を、表彰会でスピーチするよりも、手紙のかたちで記事にする方が、出席できない地方の子ども達にも平等に有効であった。

　地方の「甲子さん上太郎さんたち」は、6ヶ月の精勤の結果として郵送されるメタルを心待ちにした。18巻9号には、岡山県琴浦町の女子 I.H. の投書が掲載されている。

> 〔…〕おかあちゃんが〔…〕「子供之友からハガキがきたよ」とおっしゃったので、私たちは、〔…〕一生けんめいはしつてかへりました。〔…〕弟はよめない字をとばしたりして二度も三度もよんでゐましたが、「あしたはくるかな」といひました。けれども月曜にも来ず、火曜にも来ず、木曜にやつと来ました。お母ちゃんはメタルを見て「お母ちゃんも欲しいな」とおっしゃいました。私たちは「メタルをいつつけてゆかうか」といつてゐるとお母ちゃんが「あれは大へんよいものだから式の時や岡山へゆく時につけるの」とおつしやいました。私は学校からかへつてきて夕方になると出して見て「はやくつけたいな」と思ひます。

　雑誌や新聞のようなマス・メディアは、同じ情報を広範囲に送信するという意味で、空間的差異を均質化するものである。しかし、その場で現実を受容する者と、メディアを介して情報として受容する者の間には、時間的および感覚的差異が発生する。このメディア・イベントの場合、その差異をなくすものがメタルであった。地方の精勤者の心の片隅にあった空虚さは、郵送されたメタルによって一気に埋められた。心待ちにした七宝メタルは、子どものみならず母親の心も魅了した。

3-3 「メタルは輝く」の掲載写真

　精勤者にとってのメタルは、〈良い子〉の表象になった。そこから、軍人が勲章を胸に着けた正装で記念撮影するように、「甲子さん上太郎さんたち」も晴れ着の胸にメタルを着用し、その姿を記念撮影して、誌上に投稿すると

いう発想が生まれた[18]。

　18巻10号の標題「メタルは輝く」には、ハワイ在住の日本人読者などの合計11名の子どもの写真6葉が掲載された。男女の区別なくどの子どもも、メタルを着けた胸を張り、誇らしげに輝く表情をしている。肖像写真は、日本国内のみならず、後に日米開戦の舞台になったハワイや、日中戦争の舞台になった中国大陸などからも続々と送られ、広域に渡る読者層を持つ『子供之友』誌上の連載コーナー「メタルは輝く」に掲載された。外地に赴く家族と共に海を渡った子ども達にとって、メタルは故国とつながる手段になった。

　精勤者の報告やメタル着用の写真に触発された「甲子さん上太郎さんたち」は、羽仁もと子の思い描くネットワークに続々と参加した。その後も、精勤者は増加し、継続する者もあり、19巻5号では、1年6ヶ月間の精勤者には銅メタル、3年間の精勤者には金メタルが贈られる、と予告している。

　その一人、女子A.O.は、18巻3号から参加して「二七八」を報告し、18巻10号では「三〇七　八」、19巻1号では「三〇四　一一」、20巻1号では「三〇〇　二四」と報告を重ねている。18巻10号の投書欄では「賛助員A.O.母」による「メダルをお送り下さつてから、A.は以前よりもズツと甲子さんになつて来ました」[19]の便りが掲載されている。さらに21巻11号では、3個のメタルを着けて胸を張ったA.O.の写真［図5—14］と、母親によって「去年の暮れにはメタルが三つになつたと申してとても喜んで居りました。やうやく半年ぶりで先日うつしましたのでお送りします」と記された便りが掲載されている。

　［表5—1］とこの写真の掲載年月、および母親の便りを照合すると、A.O.の3つ目のメタル獲得直後に、メタル授与規準が変更されたことがわかる。文面から察すると、写真はメタル獲得の半年後に撮影され、手紙は撮影後すぐに投函されたようだが、写真掲載はメタル獲得から約1年後になっている。

　『子供之友』の読者は、まず家庭内に「甲子上太郎会」を結成し、次に

「甲子上太郎オテントリ」によって自己を点数化して、それを報告することで「甲子さん上太郎さんたち」の一員になり、精勤の成果としてメタルという褒章を貰い、さらにそれを着用した写真を編集部に送った。「メタルは輝く」に掲載されたメタル着用の肖像写真は、居住地の地理的制約を超えて、子どもにとっては〈良い子〉の表象になり、指導した母親にとっても〈賢母〉の表象になった。このように『子供之友』のメディア・イベントは、子どもだけではなく母親も巻き込み、メディアと読者の間を何度も往復するような反復性のあるものになった。このような反復性は、メディアと母親と子どもの関係性をより強固なものにした。

4　国民化への道筋

これまでに、『子供之友』で展開されたメディア・イベントについて、2節では「甲子上太郎会」と呼ばれた組織体、3節では「甲子さん上太郎さんたち」と名づけられた参加者の概要を示した。これらから参加者の国民化の道筋として、次のような問題が見えてきた。一つは、メディアの問題であり、今一つは、主体化の問題である。

4-1　メディアの問題

まずメディアの問題では、次の3点を検討する。第一は、情報を伝達する媒体としてのメディアの問題、第二は、子どもの読みを介助する媒介者としてのメディアの問題、第三は、点数化して報告することで平準化される手段としてのメディアの問題である。

第一では、『子供之友』が雑誌媒体であることを検討する。雑誌の特性として、一つのテーマを様々な視点から取り上げて情報提供できること、同じ情報をくり返し提供できること、状況に合わせた情報操作が可能であること、情報提供の際に読者の声が活かせること、読者相互の啓発作用が情報の普及

と定着を促すこと、これらの点が挙げられる。

『子供之友』のメディア・イベントの場合、子どもの「生活改善運動」を目的として、山室家のモデル・ケースの情報提供に始まり、くり返し提供された関連記事と読者便りの反復によってメディアと読者の関係性が強化されつつ、「甲子上太郎会」や「甲子さん上太郎さんたち」のネットワークが拡大膨張していった。これは、『子供之友』が雑誌媒体の特性を最大限に活用したことにある。

第二では、『子供之友』は幼年用の媒体であったことから、子どもの読みを介助する媒介者としての母親の問題が浮上する。4章で検討したように、大正期になると、新中間層の母親は家庭教育論者から〈お母様方〉と名づけられ、媒体の意図を忠実に伝達するエージェントとして位置づけられた。

『子供之友』も、創刊号から標題「お母様方へ」を掲載した。この誌は、〈お母様方〉をメディアのエージェントとして位置づけていなかったが、国策に関連した表象の提示から見ると、家庭教育に於ける国家のエージェントと見なしていた、と考えられる。そのような表象を積み重ねることで、媒介者も国家のエージェントであることを認識して、この誌のメディア・イベントでは、〈賢母〉を自覚した母親が子どもを〈良い子〉に導くための媒介者として積極的に参加した。雑誌の特性である読者欄を介した読者相互の啓発作用が加わり、母性愛や母子の親密な関係性の構築については、母親相互の競争心を煽った可能性も指摘できる。

第三では、読者である子どもが自己を点数化して誌上を通して報告する[20]、という手段を問題にする。その手段によって、子どもはネットワークに組み込まれたのであった。

前述のキャッチ・コピー「だれでもなれる丙子さん下太郎さん／だれでもなれる甲子さん上太郎さん」を検討すると、「だれでも」には平等性が示されているが、「丙子さん下太郎さん」／「甲子さん上太郎さん」には差異がある。それを平準化するために提示された条件が、「なりたいと思ふ」こと

であり、その意思表示のための手段が、自己の行状を点数化して報告することであった。「だれでも」、点数化によって自己を評価し、時には「丙子さん下太郎さん」の日があったとしても、1ヶ月の合計点数を誌上で報告しさえすれば、「甲子さん上太郎さん」に「なれる」のであり、「甲子さん上太郎さんたち」の一員であることの証として、メタルを授与されるのであった。個別の差異を見えなくして平準化した点数を報告することは、「だれでも」をネットワークに組み込むための手段になった。

4-2　主体化の問題

次に主体化の問題を検討する。ここでは、メディアの問題の第三でも検討したように、個別の地域、個別の家庭に暮らす個別の子どもが、自己を点数化して報告することで、「甲子さん上太郎さんたち」に置き換わり、〈良い子〉として主体化されたことを問題にする。〈良い子〉は、〈自立〉に向かい、大人が設定した様々なメニューを〈従順〉にこなすことで、「秩序づけられた多様性」（フーコー1977）の構築を求められた。

ここでは、R.F. と A.O. の女子2名に焦点を絞る。まず分析対象を女子に絞るのは、女性ジャーナリスト・羽仁もと子主筆の『子供之友』が女子教育に関心を示していたこと、同じく『婦人之友』が女性の社会参加を奨励していたことを理由とする。次にこの2名を取り上げるのは、前者が最初のメタル獲得者として表彰されたこと、後者が最多精勤者の表象である3つのメタル獲得者であったことを理由とする。したがってこれら女子2名を検討することで、このメディア・イベントの主旨が明らかになる、と考える。

まず、R.F. を検討する。ここでは、「甲子上太郎　ハンカチーフ」［図5—12］に見るイメージの甲子、「甲子さん上太郎さんたち」の一員になった R.F.、および媒介者である母親、これら三者の関係性を検討する。R.F. が最初のメタル獲得者になったのは、母親の尽力に負うところが大きい。母親は、後者・R.F. を前者・甲子にするために、後者に替わり行為し、後者には代替

え案を提案し、新たな規律を設定して、採点までしている。母親の媒介によって後者は、乙子の日があったとしても、それを平準化した1ヶ月の合計得点を報告することで、前者にアイデンティファイすることができ、「甲子さん上太郎さんたち」の一員になった。その結果としてR.F.は、最初のメタル獲得者として「甲子上太郎お点取表彰会」で表彰されると同時に、誌上を通してその氏名を公表された。

　次に、A.O.［図5—14］を検討する。A.O.も、甲子にアイデンティファイし、自己を点数化して報告することで「甲子さん上太郎さんたち」の一員になり、継続の証として階級的に差異化された3つのメタルの獲得者になった。このような栄誉を受けた者がいるか否かは、誌上で公表されない限りは、他の読者の知り得ないことである。A.O.と母親は、3つのメタル着用の写真を母親の便りを添えて『子供之友』に送ることで、誌上を通してそのことを公表した。写真に写し出されたA.O.は、3つのメタルを胸に輝かせた直立不動の姿勢をとっており、軍服の胸に勲章を着けた女性兵士（佐々木2001）を想起させる。

　R.F.とA.O.は、〈自立〉のための〈従順〉を保ちながら、このメディア・イベントに参加し、甲子にアイデンティファイして、1ヶ月の総合得点を継続して報告することで、〈良い子〉として主体化された。このような主体化は、「だれでも」、メディア＝情報媒体とメディア＝媒介者、およびメディア＝手段によって獲得できるものであり、参加した子どもに平等性を与えるものであった。平等性は、個人の性別や年齢、居住地などの個別の差異を無視するものとして、I.H.などの他の女子、S.F.などの男子にも言えることであり、このメディア・イベントの主旨であった、と言うことができる。

　今一度R.F.とA.O.に焦点を絞った理由に戻れば、この2名の女子がこのメディア・イベントの主旨を最も体現しており、媒介者である2名の〈お母様方〉の積極性も指摘できる。女性誌である婦人之友社は、家庭に於ける女子教育に意欲的であり、親誌と子誌を連携させることで、母子一体の「生活

改善」を計った、と言える。

　これまでに見てきたように、この誌の認識する女子教育には、母親のひな形としての母性愛の構築だけでなく、世界にも目を向けた興味関心の育成も含まれていた。そこには、国家の再生産のみならず拡張にも関与するという多義性を指摘できる。女子に求めたこのような多義性が、『子供之友』の特性であり、ジェンダー観でもある、と言える。

　今一度、本書の2章と3章を振り返ると、いずれの女子像にも、『子供之友』と同様の多義性を指摘できた。この点を勘案すると、このような女子像に見る多義性は、『子供之友』の特性ではなく、近代日本に於ける女性に対する認識であったのではないだろうか。

4-3　国民化への道筋

　『子供之友』のメディア・イベントでは、序列化されたモデル像の提示と、各モデル像に対応した段階的な点数によって、差異は設定されているものの、1ヶ月の合計得点という平等性によって、そのような差異はないものとされた[21]。ところが継続を奨励する三階級のメタルの設定は、あらためて階級的差異を生み出すことになる。このメディア・イベントが平等を目的としているのであれば、差異は主旨から外れることになる。この誌は、A.O.の3つのメタル獲得を契機として、継続の評価として最上級のメタルを安易に与え続ければ、矛盾が発生することに気づいたのではないだろうか。A.O.の3つのメタル獲得直後の21巻1号でメタル授与規準が変更され、さらにその後、23巻1号で突然に「甲子上太郎オテントリ」が打ち切られたのは、物資不足の問題よりもこのような理由があった、と考えられる。

　以上のように、このメディア・イベントに参加した子どもは、〈良い子〉の表象である《甲子上太郎》にアイデンティファイし、ジェンダー化された「甲子さん上太郎さんたち」の一員になることで、メタルという褒賞を授与されたのであった。近代日本の本国のみならず中国大陸やハワイ列島にまで

も読者層を持つ情報媒体に、点数と氏名、およびメタル着用の写真を掲載することは、個別の地域に暮らす個別の子どもを、平準化された〈良い子〉として公表するためのメディア＝手段になった。

　言いかえれば、このメディア・イベントに参加者した子どもは、《甲子上太郎》というジェンダー化された〈良い子〉に〈従順〉にアイデンティファイし、点数によって一旦は無名化されて「甲子さん上太郎さんたち」の一員となり、『子供之友』の唱道する「規律・訓練」によって構築された「従順な身体」を公開し、氏名を公表することで、〈自立〉した〈良い子〉として有名な存在になった。他方、個別の空間軸や時間軸に於いて常に行状の〈良い子〉であったとしても、イベントに参加せず、誌上で氏名を公表しなければ、その子どもは無名な存在のままにおかれた。つまり平準化された単位と共通の回路を利用することではじめて個別の子どもは、社会的な意味をもつ子どもになることができたのである。

　ここで今一度［表5－1］を確認すると、このメディア・イベントは、独自の企画ではなく、家庭教育振興策に対応した企画であったことが見えてくる。家庭教育振興策は、家庭に対する国家権力の介入であったこと（奥村2009）、「生活改善運動」はイデオロギー運動であったこと（国立民族学博物館2010）、親誌『婦人之友』の「友の会」活動は国策に協力したものであったこと（前掲野本；前掲竹田）は、先行研究で明らかにされている。このイベントは、『子供之友』という特定メディアのイベントであったが、文部省主導の「生活改善運動」の一環であったことを勘案すると、国民教育プログラムの一形態であった、と理解できる。加えて言えば、大日本帝国の国民は、「一君万民」の平等主義によって特徴づけられた臣民であったことから（橋川1968；副田1997；姜2001）、このメディア・イベントは、帝国国家に帰属した国民＝臣民の教育プログラムの一形態であり、〈国体〉イデオロギーに基づいたナショナリズムの表象であった[22]、と言うことができる。

　以上から、このメディア・イベントの特性5点を取り出す。第一に、参加

者である子どもは、大人が設定したメニューに対して〈従順〉を担保することで、国民＝臣民としての〈自立〉を保障されるというものであったことである。そのことは、子どもを「秩序づけられた多様性」を備えた〈良い子〉として主体化させることを目的とするものであった。

　第二に、この媒体の代表者は女性ジャーナリストの羽仁もと子であり、その認識には、良妻賢母思想と忠君愛国思想、さらに女性の社会参加という多義性を指摘できたことである。〈賢母〉化の奨励は、家庭教育振興策の展開する社会への参加を奨励するものでもあり、母親に対する「秩序づけられた多様性」の奨励でもあった。

　第三に、このイベントに積極的に参加した母親は、概ね高等教育を享受した新中間層の専業主婦であり、主に親誌『婦人之友』の愛読者でもあり、羽仁もと子の認識をすでに内面化していた、と推察されることである。そのような内面化は、母親の〈賢母〉化を容易にし、子どもの〈良い子〉化への積極的関与を推進した、と考えられる。

　第四に、点数の報告や写真の掲載という、誌上を通信回路とした共通の手段によって、参加者である〈良い子〉がこのイベントのネットワークに組み込まれたことである。このネットワークは「天下公衆の運動までつづいている」のであるから、参加した〈良い子〉は無名化された「天下公衆」の一員として有名な存在になった、と見ることができる。

　第五に、このようなネットワークの構築と、そこに発生した双方向性と反復性は、前章で検討した倉橋惣三の関与した一方向性とは、明らかに異なっていたことである。それは、この時期の婦人之友社の読者層には、〈賢母〉化された母親と〈良い子〉化された子どもの母子関係がすでに構築されており、国策に沿った家庭教育が展開し、国家の拡張と再生産のためのボトム・アップのエネルギーが発生していたことを意味している。

　以上から、『子供之友』のメディア・イベントに於けるメディアと主体化の問題は、次のようにまとめられる。それらは、様々な状況に対して〈従

順〉を担保することで主体である大日本帝国に帰属し、〈自立〉した客体として臣民化された多様な国民像に帰着する。

おわりに

　昭和初期『子供之友』で展開された一連のメディア・イベントには、どのような意義があったか。以下では、これまでの検証をまとめて、本章の結語とする。

　『子供之友』という情報媒体の読者である個別の子どもが、母親という媒介者の指導で、自己を点数化して報告するという共通の手段によって平準化された時、本来あったはずの個別性は〈良い子〉という理想像に回収された。それを指導した母親も〈賢母〉という理想像に回収された。このような回収は、一連のメディア・イベントを通して演出されたユートピア思想によるものであった。ゆえにこれらの基礎になった家庭単位の「甲子上太郎会」は、〈良い子〉と〈賢母〉で構成されたユートピアに、子どもと母親を回収するための装置になった。

　羽仁もと子の思い描いたネットワークは、各地に点在するこの装置をつなぐものであった。その連結点に位置していたのは、平準化された無数の「甲子上太郎会」と「甲子さん上太郎さんたち」であり、その元になったものは、イメージとしての《甲子上太郎》であった。このように昭和初期の『子供之友』のメディア・イベントで構築されたネットワークは、コピーによって構成されたイメージのネットワークであり、いわば「想像の共同体」（アンダーソン1987）でもあった。そのことは、このメディア・イベントが読者の子どもの生活に深く進入したものであったにもかかわらず、子どもの心情を無視して、国策に沿い、簡単な説明だけで、あるいは説明もなく突然に行使された「甲子上太郎オテントリ」の打ち切り（23─1）、『子供之友』の終刊（30─12）の道筋を辿ったことからも明らかである。

昭和初期の『子供之友』のメディア・イベントに於いて、家庭単位で「甲子上太郎会」を結成し、「甲子さん上太郎さんたち」として褒賞を得ることは、民法上の家制度から一歩踏み出し、住居および生計を共にする世帯を構築し、帝国国家に世帯単位で帰属して、国民として認定されることと同義であった[23]。これらから「甲子上太郎会」は、ナショナリズムに支配されたユートピア思想の習慣的実践の場であり、「甲子さん上太郎さんたち」は、ユートピア思想に基づく理想的な国民のひな形であり、一連のメディア・イベントは、世帯を基礎単位として帝国国家を構築し、国民＝臣民として子どもや母親を回収するためのイデオロギー装置として機能した、と言えるのである。

　2章と3章で検討した明治末期から大正期の〈絵解きの空間〉では、絵本・絵雑誌は家庭教育のメディア＝情報媒体と見なされ、そこに近代的な国民、および国民生活のモデル像が提示されていた。しかし家庭教育論者の関与しないこれらには、その絵解きを各家庭の物語に還元させるような柔軟性や個別性があった。一方で、4章と5章で検討した家庭教育論者の関与した大正期と昭和初期の〈絵解きの空間〉では、母親は、家庭教育のメディア＝媒介者、それも国策に関連した情報を子どもに忠実に伝達するエージェントと位置づけられていた。さらに5章で検討したメディア・イベントでは、点数の報告というメディア＝手段によって個別の読者や家庭が国家に組み込まれる要素が認められ、ナショナリズムが関与していた。この後、戦時期の〈絵解きの空間〉では、そのようなナショナリズムはどのような作用を及ぼしたか。このような検討を、次章の課題とする。

註
1)　『子供之友』30巻12号では、終刊を告知していない。『婦人之友』37巻2号（1944.2）で、出版統制の一環である雑誌発行承認制の実施により複数の絵雑誌が統合されることになったため、婦人之友社としては『子供之友』を『婦人之友』に統

合することが自然であると判断してこの誌を廃止する、とする羽仁説子の署名記事が掲載された。
2) 羽仁（旧姓・松岡）もと子は、青森県八戸から上京して、東京府立高等女学校、明治女学校高等科に学び、17才でキリスト教の洗礼を受けた。もと子は、明治女学校在学中に二代目校長・巌本善治（1863-1942）が編集した『女学雑誌』の校正を手伝った。青森に帰郷、尋常小学校で教職に就き、結婚と離婚を経た後に再び上京して、報知新聞の校正係から記者になった。この社で出会った羽仁吉一と結婚し、共に退職して、『家庭之友』（内外出版協会、1903-12頃）を創刊した。羽仁夫妻は独立して、『家庭女学講義』（家庭女学会、1906-07）を創刊し、婦人之友社を設立して『婦人之友』（1908-）を創刊した。もと子は日本初の女性ジャーナリストであり、吉一と共に自由学園を創立（1921）した教育者でもあった。羽仁夫妻には、長女・説子（1903-87、ジャーナリスト、自由学園教授、社会活動家）、次女・涼子（1904-06）、三女・恵子（1908-88、二代目・自由学園学園長）がいた。本科（高等女学校相当、5年）と高等科（女学校卒業者対象、文学科3年、家庭科2年）で構成された自由学園は、恵子の小学校卒業にあわせて、読者の「子女」に呼びかけて開校されたものであった。
3) 「友の会」は、1923年頃には複数地域に誕生した読者組合として『婦人之友』誌上で交流を図っていた。1927年の『羽仁もと子著作集』刊行後の記念講演などの際に、読者の希望によりこの名称が使用された。1930年11月1～6日に「全国友の会大会」が開催されて、同年11月15日付で家政研究団体「全国友の会」が発足した（野本2008；渡瀬2009；全国友の会2010）。
4) 明治末期から、キリスト教や社会主義思想を背景にして、民主導の「生活改善」が唱導された。大正中期になり、第一次大戦後の生活安定を図るために、内務省は「民力涵養運動」を実施し、文部省は社会教育のための普通学務局第四課を創設（1919）して、官主導の「生活改善運動」が展開された。その後の官民の改善運動は、互いに補いあって進められ、都市部のみならず農村部においても、変容しつつも昭和期まで継続した。また当時に植民地であった朝鮮半島でも同様の運動が展開された。それらの主眼になったのは、衣食住と時間秩序の改善であった。（小山1999；牛木2007；竹田〔ほか〕2008；野本2008；久井2008；国立民族学博物館2010）
5) 内訳は、大阪国際児童文学館（現・大阪府立中央図書館国際児童文学館）蔵書199冊、国際子ども図書館蔵書117冊、神奈川近代文学館蔵書13冊、日本近代文学館蔵書39冊、三康図書館蔵書47冊、東京都立多摩図書館蔵書150冊、札幌市中央図書

館蔵書16冊、梅花女子大学図書館蔵書14冊、日本女子大学図書館蔵書１冊、復刻本３冊の総計599冊である（2009.12現在）。なお、本章で表記する『子供之友』の頁ノンブルは、表紙を１と数え、表紙裏を２、以下、それに準じ、原本に印刷されたノンブルを（　）内に加筆する。

6)　未確認の巻号は、6 ―5, 6, 10, 11／7 ―1, 3, 4, 9～12／8 ―1, 4～8／9 ―3, 7／10 ―2, 3, 6～9, 12／12 ―2, 3, 5～12／13 ―1, 3～7, 9～12／17 ― 8～10の計49書である。

7)　創刊年の1914年に、長女・節子は10歳、次女・涼子はすでに死去、三女・恵子は６歳で小学校進学年であり、もと子はいずれかの娘をモデルとしたのではないだろうか。『子供之友』の記事には、節子や節子の長男・進がよく登場し、自由学園の開校は、恵子の小学校卒業に合わせているなど、多くの場合、もと子の〈公〉の活動は〈私〉の状況に沿っている。

8)　上澤謙二は、高等小学校卒業後に日本銀行の見習いとなり、夜に英語学校に通い、1907年にキリスト教の洗礼を受けた。1920年に渡米し、ワシントン州立大学教育科卒業後に帰国、1927年に婦人之友社に入社して、『子供之友』の編集を担当した（大阪国際児童文学館編1993（1）：101-103）。

9)　李垠庚によると、羽仁もと子の戦争関連の論説を分析すると、二つの疑問が浮かび上がる。その一つは、「だれよりも篤実なキリスト人であったもと子が、天皇崇拝とキリスト教の神との間で矛盾を感じず、両者の関係を設定しようともしなかったか」であり、今一つは、「「日本」を、神や世界諸国の前で相対化して見ることができなかったか」である。これらの疑問について李は、「結局、もと子は、当時の人並みに「愛国」と言う絶対命題から一歩も出れず、侵略戦争の本質を見抜けることもできなかった」と結論づけている（李2004b：162-163）。『子供之友』の羽仁もと子の言説に於いても、絶対的な存在としてのキリストと天皇に対する帰依の姿勢には矛盾がなく、もと子は家父長制に基づく忠君愛国思想と良妻賢母思想を内面化していた、と見ることができる。

10)　先行研究では、大阪府立国際児童文学館（調査当時）、国立国会図書館国際子ども図書館、三康文化研究所付属三康図書館、梅花女子大学付属図書館の五館に所蔵の『子供之友』と復刻版の計295書、および『子供之友原画集四（北沢楽天）』(1986)掲載の計１書、合計296書を調査対象として、内、計243書に《甲子上太郎》の掲載があることを報告している（服部（比）2007：39-74）。その書数は、全体の約８割にあたる。

11)　副田義也によると、「日本人的なものの大きい部分は、近代国家の建設が急がれ

ていたころ、統治階級としての国家官僚たちが創出したものであり、その核心部分が「教育勅語」に表現されている」(副田1997：ⅲ)。帝国憲法は、「国体というユートピアの思想と、立憲君主制にもとづく国家官僚による統治のための実務的諸規範との複合である」(前掲副田：75)。これらを踏まえると、先行研究で「「生活教育」のもとで形成され、国民化されて引き継がれている一つの倫理観」(前掲服部：17)と定義された「民俗倫理観」は、帝国憲法や教育勅語に描出されたユートピアとしての〈国体〉イデオロギーに包摂される、と見ることができる。

12) 分析対象とする『子供之友』は、生産者から流通を経て読者に届けられ、その受容後に古書市場に出回り、公共機関の蔵書となったものである。したがって、これらには付録落丁のものもあり、メディア・イベントに関する記事を網羅的に収集できていないことを断っておく。

13) 以下、読者欄に掲載された読者名は、姓名共に略称で表記する。しかし山室潔については、読者欄ではなく記事として取り上げられていること、別書によってその属性が明らかにされていること、および以後の論点を検証する上で必要と判断して、略称としない。

14) 「山室軍平先生」は、プロテスタントのキリスト教団体、救世軍の日本人初の士官であり、日本救世軍の創設者として、公娼廃止運動や純潔運動に身を捧げた山室軍平(1870-1940)と考えられる。軍平には、最初の妻・幾恵子(1874-1917)との間に生まれた8名(内、次男・四男は幼少時に死去)、幾恵子の死後に再婚した悦子(1886-1937)との間に生まれた2名、合計10名の子どもがいた。悦子を母とする五女に徳子(1918生)、同じく末子の五男に潔(1921生)の名前を確認できる(山室1969、三吉1971)。軍平と妻2名、長女・民子(1900-81)と長男・武甫(1902-82)は、キリスト教者として伝道と奉仕に献身した人物として名を残している。自由学園教師の山室周平(1909生)・善子(1913生)が「家庭友情使節」として中国武昌に派遣され、同じく山室光子(1911生)・善子が婦人之友社35年記念事業の「北京生活学校」(1938.5-45.8)に関与したことは、記録に残されている(王2010)。

15) モデル・ケースとして、日本救世軍の山室軍平を賛助会員とする山室家が提示されたとするならば、このメディア・イベントには、「その組織と規律は軍隊の慣例に大いに影響を受ける」(救世軍HP)救世軍の理念や組織構造が反映された可能性も指摘できる。山室家と自由学園とのつながりの深さから、「生活改善運動」への関与や「甲子上太郎会」結成の背景にも、救世軍の影響が考えられる。ここでは推測を示すに留め、これらの精査は今後の課題とする。

16) ミシェル・フーコーは、「服従させうる、役立たせうる、つくり替えて完成させうる身体こそが、従順なのである」（フーコー1977：142）として、そのような「従順な身体」を構築するための「規律・訓練」の「技術」の一つを、次のように記している。「規律・訓練は《独房》・《座席》・《序列》の組織化によって、複合的な空間を、つまり建築的なと同時に機能的で階層秩序的な空間をつくりだす。〔……〕つまり、建築物・部屋・内部設備などの配置を統制する点では現実上の空間、だが、そうした整備には〔個々人にたいする〕特徴明示・評価・階層秩序が投影する点では理念上の空間である。規律・訓練の主要な操作の第一は、したがって、雑然とした、無益な、もしくは危険な多数の人間を、秩序づけられた多様性へ変える《生ける絵図》を構成することである」（前掲フーコー：152-153）。上澤謙二の回答の論理は、子どもに「従順な身体」を構築させ、「秩序づけられた多様性」を備えた国民を育成するための「技術」と見ることができる。

17) 『子供之友』17巻8～10号は、いずれの公共機関にも所蔵されていない（2009現在）。大阪府立中央図書館国際児童文学館所蔵の17巻7号と11号には、「甲子上太郎新聞」が落丁している。17巻12号の「甲子上太郎新聞」には、「九月分のせいせき」と「八月分の追加」が掲載されている。これらから、「甲子上太郎オテントリ」は、17巻7号で告知、17巻8号から開始、17巻11号に第1回（8月分）成績が掲載された、と推定した。

18) 写真に写し出された子ども像には、単数人数のみならず2～3名の兄弟姉妹らしい複数人数のものもあり、横向きにポーズを取った上半身像もあるが、背筋を伸ばした半身像や、直立不動の全身像が多い。勲章を胸に着けた軍人像は、「御真影」をはじめとして、大人用メディアには数多く掲載されている。「メタルは輝く」のメタル着用の子ども像は、それらを想起させるものである。

19) 『子供之友』の記事では、終始「メタル」と表記されているが、読者便りでは、「メダル」と表記する者もいた。A.O.母の場合は、最初の投稿では「メダル」と表記し、後の投稿では「メタル」に変更している。このような点に、メディアが読者の言語形成に関与する様相が垣間見える。

20) 優生学に基づくエレン・ケイの『児童の世紀』が邦訳（1916）され、20世紀は「児童の世紀」と標榜されたが、実際には「児童研究の世紀」と言えるものであった。子どもを研究するためには、心理学的知識と観察・実験による資料収集の必要性が説かれて、子どもを数値化した「科学的研究」が盛んに行われた（本田2000：33-49）。『子供之友』は創刊号から科学的視座から記事を掲載しており、「甲子上太郎オテントリ」の子どもの点数化も「科学的研究」の一環と見なせる。

21) ジョーン・W. スコットは、「もしもある人々や集団が互いにまったく同一であったり等しかったりするなら、わざわざ平等を求める必要はなかったであろう」として、平等を「特定の差異に対して意図的にそれを無視すること」と定義する。そして、差異について、「自明であったり超越的なものは何もない」のであり、「対象と文脈とを明確に」した上で、「比較されているのはどのような質もしくは局面なのか」、「その比較の性質はどのようなものか」、「差異の意味はどのようにして構築されているのか」の「問いかけがなされねばならない」と示している（スコット 2004：350）。このスコットの「平等」と「差異」の論考を援用すると、このメディア・イベントは、序列化したモデル像、段階的な点数、階級的なメタルという「差異」を設定しているものの、それを無視することで成立する「平等」を目指すものであった、と見ることができる。

22) 姜尚中によると、大正期以降の「国家体制としての「国体」が大日本帝国憲法と教育勅語の発布によってその威容を整えるようになったとき」、その両義性、「政治秩序としての国家理性」／「主情的な美学の論理」は、「体制としての「国体」ナショナリズムに対する文化としての「国体」ナショナリズムを担う知識人」（姜2001：26-27）を誕生させた。羽仁もと子は、後者の「知識人」であり、ユートピア思想による《甲子上太郎》は、〈国体〉イデオロギーに基づいたナショナリズムの表象と見ることができる。

23) 明治末頃になると、戸籍法（1872施行）は実態にそぐわなくなり、所帯を基礎単位とした人口調査が行われた。1918年9月公布の「国勢調査施行令」による第1回「国勢調査」（1920）は、戸籍法の「家」概念から離脱して、「住居及家計ヲ共ニスル者」と規定された世帯に国民の全てを帰属させ、その世帯を基礎単位として把握しようとしたものであった（宇野1980, 2002）。

＊図版は、大阪府立中央図書館国際児童文学館蔵書を使用した。

［図5−1］　1−1　表紙

［図5−2］　1−1　3頁

［図5−3］　1−1　10-11頁

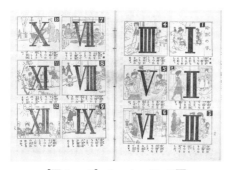

［図5−4］　1−1　42-43頁

［図5−5］　1−1　裏表紙

5章 『子供之友』17〜25巻（1930-38）のメディア・イベント　205

[図5−6]　1−2　16頁

[図5−7]　1−9　2-3頁

[図5−8]　1−9　4-5頁

[図5−9]　1−1　20頁

[図5−10]　1−2　17頁

［図5―11］ 17―11　2-3頁

［図5―12］ 17―11　14-15頁

［図5―13］ 17―12　裏表紙

5章　『子供之友』17〜25巻（1930-38）のメディア・イベント　　207

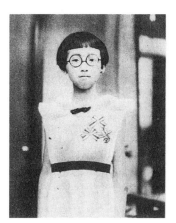

［図5−14］21−11　26頁

6章 《講談社の絵本》(1936-44) に見る総力戦の道筋
―『講談社の絵本』(1936-42) と
『コドモヱバナシ』(1942-44) の付記―

はじめに

　これまでの章で分析資料としたのは、その時期を代表する出版社から刊行された幼年用メディアであった。そこから、〈絵解きの空間〉に於いて、情報媒体の幼年用メディアは教科書、媒介者の母親は教師となり、子どもと母親が国民化されていく道筋が見えてきた。

　では、日中戦争開戦 (1931) から太平洋戦争敗戦 (1945) に至る「十五年戦争」と呼ばれた戦時期の〈絵解きの空間〉を巡る状況は、どのようであったか。本章では、この時期を代表する出版社・大日本雄弁会講談社 (以下、講談社と表記) から刊行された、『講談社の絵本』(1936-42) と『コドモヱバナシ』(1942-44) に焦点を絞る。以下では、これらを一連の叢書と見なして、総称して《講談社の絵本》(1936-44) と表記する。

　近年になり、『講談社の絵本』に関する大著が上梓された (阿部2011)。この書は、『講談社の絵本』の絵本史に於ける位置づけの総論に始まり、「偉人伝」、「お伽噺絵話集」、「知識絵本」、「軍事絵本」、「漫画絵本」の分野別各論、および全203書の細目データベースで構成されている。全203書の表紙イメージをはじめとして数多くの図版が掲示され、書誌事項と内容解説、『講談社の絵本』に関する先行研究などの関連文献が記述されている。

　大著であるがゆえにあえてこの書の問題点を指摘すれば、『講談社の絵本』の先行研究だけに頼りすぎて、当時の国家戦略や戦時統制に関する原資料への目配りが足りない点である。例えば阿部紀子は、上笙一郎の評論 (上1980)

を論拠にして、『講談社の絵本』の影響を受けて〈赤本〉絵本の「売れ行きが鈍り、死活問題となった業界は結束し、日本児童絵本出版協会を設立し、「コドモ絵本を良くする座談会」を開催するようになった」（前掲阿部：18）として、戦時期に於ける絵本業界の動向は、『講談社の絵本』に起因するものと見なしている。宮本大人の先行研究「戦時統制と絵本」（宮本2002）では、官民の複雑な関係性を踏まえた上で、戦時統制の動向が示されている。それによると、「日本児童絵本出版協会」の結成に『講談社の絵本』は関与していない（前掲宮本：15-30）。上も、その後の資料調査の成果から、『児童文化叢書22』（大空社、1987）として、『「児童絵本を良くする座談会」速記録　一〜九』（1939-42）を復刻しており、それらによれば、戦時統制期の〈赤本屋〉の動向は、『講談社の絵本』との関係で述べられるものではない（1章および7章参照）。この書は、『講談社の絵本』の細目をとっているものの、そこから歴史的コンテクストを読み取り、この叢書がどのような意図の下に何を情報提供したかについての詳細な分析と考察を行っていない。しかしながらこの書は、全203書の細目をとるという偉業を成し遂げており、今後の『講談社の絵本』研究の基本図書になるだろう。

　《講談社の絵本》の先行研究は、児童文学・文化学分野に片寄り、主に『講談社の絵本』を資料としている。それらでは、概要が示され（阿部1994, 2002, 2011）、芸術性が評価されて（前掲上：阿部1994）、戦争の表象についても記述されている（矢崎1976：阿部1994, 2011）。これまでの先行研究で示された『講談社の絵本』の評価を要約すると、第一に、「それまで絵雑誌中心であった日本の絵本出版界にはじめて単行本形式の物語絵本を持ちこんだこと」、第二に、「当時の絵本が無名の画学生や職人的画工に依存して制作されていた常識を破って一流の画家に執筆を依頼し、絵本の美術的水準を格段に高めたこと」（前掲上：336）の2点に集約できる[1]。一方で、「ベッタリ絵本」と表現されて、「色刷りのスペースが増えれば増えるだけ豪華な絵本になる、という単純な量的関係だけを絵本の軸にすえた」（鳥越1978：81）として、そ

の画面構成が批判されてもいる。

　講談社は、日本初の100万部の発行部数を記録し、「大衆的公共性のメディア」(佐藤(卓)2002)と評価される『キング』など、戦時期には、あらゆる世代を読者対象とした複数の雑誌を刊行していた。『講談社の絵本』も、大量生産、大量販売を指摘される幼年用メディアである(阿部2002)。講談社雑誌の読者層は、戦時のみならず戦後復興の機動力になった世代であり、《講談社の絵本》の読者層は、成人後に戦後社会の中核を担った世代である。読者に向けて、《講談社の絵本》は、どのような社会的価値規範を情報提供していたか。本章では、《講談社の絵本》の付記である巻頭文や巻末文などを分析することを通して[2]、そこから発信された社会的価値規範を明らかにし、その意義を論考する。

　以下、1節では、創業者・野間清治と講談社の概要、2節では、《講談社の絵本》の概要を示す。3節では、『講談社の絵本』の付記、4節では、『コドヱモバナシ』の付記を分析する。5節では、総力戦の道筋を検証する。おわりに、家庭教育振興策の展開と照合する。

1　野間清治と講談社

　野間清治(1878-1938)は、群馬県に生まれ、1895(明治28)年に尋常小学校代用教員になったが、1896(明治29)年に尋常師範学校に入学、1900(明治33)年に卒業して、小学校訓導になった。さらに1902(明治35)年に東京帝国大学文科第一臨時教員養成所国語漢文科に入学し、卒業後に、沖縄中学教諭を経て、1907(明治40)年東京帝国大学法科大学職員になった。野間は、雄弁術流行に乗じて、学生の弁論の活字化を図り、1909(明治42)年に「大日本雄弁会」を設立した(講談社八十年史編集委員会1990：34-36)。

　「大日本雄弁会」は、『講談倶楽部』(1911-62)創刊の1911(明治44)年から「大日本雄弁会講談社」を社名として、1938(昭和13)年に株式会社になり、

現在に至っている。戦前・戦中期の講談社は、「面白くて為になる」をモットーにして、『婦人倶楽部』（1920-88）、『キング』（1924-57、改題『富士』1943-45）などの大人用雑誌、『少年倶楽部』（1914-46、改題『少年クラブ』1946-62）、『少女倶楽部』（1923-46、改題『少女クラブ』1946-62）、『幼年倶楽部』（1926-44、改題『幼年クラブ』1945-58）の子ども用雑誌、および本章で取り上げる一連の叢書《講談社の絵本》（1936-44）などを刊行した。

野間清治は、『キング』8巻9号（1932.9）の付録『野間清治短話集』で、「家庭教育（序にかへて）」（1-3）を著した。1章で確認したように、この発行年は、家庭教育の振興が国策として展開され、家庭教育の場である家庭の統制が本格的に開始された時期であった。この序には、野間の家庭教育観や女性観が示されていることから、次に全文を記したい。

　　『子供』は御国の宝である。
　　御国を善くしようとするならば、先づ其の土台から善くしなければならない。幼少年から善くしなければならない。お互に子供を大切にし、子供を愛撫し、子供を御国の宝として育て上げることに、全心全力を傾けることが、御国に尽すべき重大義務の一つであらうと存じます。
　　『母』は世の母である。
　　世の中が善くなるのも悪くなるのも、また世の中が明るくなるのも暗くなるのも、母の力一つで決する。英雄と言はれ、偉人と崇めらるる人々は誰が造つたか、其の多くは母の力である。この世に最も尊ばねばならぬもの、それは母の力である。母の愛である。母の徳である。
　　『妻』それは全社会の半分である。
　　其の力は余り多く表面には現れて居らぬ。けれどもそれは、全社会の半分であるのみならず、或はより力ある半分であるかも知れない。外に活動する男子の後援者として、内助者として、容易ならぬ力の所有者である。男性の名に於いて成さるる大事業や大勲功の背後には、必ずこの妻の力が存在するを見逃してはならない。家庭の内容は主として母、妻、子供の三者である。これ等の人々に少しでも為になるやう計ることが、世の中を明るくし、美しくし、正しくする為の最善の努力であることを私は確信する。

不景気を直すのも、思想を善くするのも、道徳を振興するのも、本筋は何と言つても教育問題で、就中緊要なのは家庭教育である。
　私はこの意味に於て、報知新聞の付録『婦人子供報知』に毎号執筆して居るのであるが、今回キング編集局の切望もだし難く、茲に、其の内二十八篇を抜いて『野間清治短話集』と題し、これを発刊した次第である。

　野間清治は、国家や社会との関係性の中に「子供」、「母」、「妻」を定義している。まず「子供」を、「御国の宝」と定義して、国家を良くするために、子どもを良くしなければならない、と主張した。次に「母」を、「世の母」と定義した。これによって「母」は、母性愛を以て子どもを育てることを義務づけられたのであるから、国家および子どもとの関係性に於いてのみ社会的存在と認められたことになる。さらに「妻」を、「全社会の半分」と定義した上で、外で活動する男性に対比して、「後援者」や「内助者」の名目で内に閉じ込めた。最後に「家庭教育」を定義して、「子供」と「母」の関係性によって成立する「家庭教育」を、〈良い国家〉を構築するための要素として位置づけた。この言説を通して野間が母親に求めたことは、国家を拡大膨張させるための再生産を目的として、母性愛と性別役割分業観の構築、および家庭教育に於ける責任者としての自覚であった。

　野間清治の７回忌に向けて上梓された『野間清治伝』には、野間の人間教育が記されている（中村（孝）1944）。講談社は、小学校卒業の少年社員のために講談社少年部を組織し、「個性への抑圧感ではなく高次な存在へと自己同一化する高揚感」（前掲佐藤：190）を持たせるような、軍律的な共同生活による少年教育を行った。それはヒットラー・ユーゲントと同様に、12名程度の分隊を最小単位として、「少年指導者―分隊長―隊員」のピラミッド構造でなる「ノマ・ユーゲント」と呼べる組織であった（前掲佐藤：186-193）。

　このような野間清治の発案から、講談社は絵本出版に参入した。『講談社の絵本』は、毎月４書同時発売を基本として、1936（昭和11）年12月から

1942 (昭和17) 年4月までに計203書刊行された。その間にこの叢書は、1938年3月5日付けで第三種郵便物許可を取得し、雑誌扱いになった。戦時の出版統制の一環として、1942年5月から誌名は『コドモヱバナシ』(1942.5-44.3) に改題されて、この誌は計23書刊行されたが、1944 (昭和19) 年3月になり用紙統制などから刊行中止になった。戦後のいち早く1945 (昭和20) 年10月に『講談社の絵本』が再刊されたが、戦時期の軍部への協力が問題視され、1946 (昭和21) 年2月になり誌名は『コドモヱバナシ』(1946-58、終号不明) に再び変更された。本章で取り上げる《講談社の絵本》は戦中期 (1936-44) に限っているが、1950年代から《講談社の絵本》は、「ゴールド版」や「ポケット版」、復刻版を含めて不定期に刊行されており、国立国会図書館国際子ども図書館児童書総合目録 (2011現在) では、《講談社の絵本27》『イソップ童話』(初版1979.11、6版1984.8) などを確認できる。

2 《講談社の絵本》の概要

本章で分析対象とする戦時期の『講談社の絵本』は、全203書を確認され、詳細な細目データベースも公開されている (阿部2009b, 2011)[3]。『コドモヱバナシ』は、全23書を確認される。本章では、前者203書、後者23書、合計226書を《講談社の絵本》と総称する。2節では、まず『講談社の絵本』の概要、次に『コドモヱバナシ』の概要を記す。

2-1 『講談社の絵本』の概要

『講談社の絵本』(1936-42) 203書は、大量生産と大量販売の量的評価のみならず、芸術性と思想性などの質的評価によって、絵本史に於いてはメルクマールとなる絵本叢書と見なされている (鳥越編2002)。当時に〈赤本〉絵本は、2～3色のインクを組み合わせて多色刷りのように見せた印刷形態、全10頁前後、定価10～20銭程度のものであり、書店のみならず玩具店や露店、

露天などでも商われており、その「ゾッキ物」(残本の払い下げ品)は3〜5冊を束ねて10〜15銭で売られていた。ところが『講談社の絵本』は、一部に単色刷りあるいは二色刷りの頁もあるが、大半は見開き全体を四色刷りした印刷形態であり、全60〜90頁、中には100頁を優に超えるものもあった。この叢書は、B5判、創刊当初に定価35銭、その後に45銭、1938年に既刊書を含めて50銭に値上げされたことから、様々な点でそれまでの絵本の常識を破るものになった[4]。第一回配本(1936.12.1)の4書、1『乃木大将』[図6—1]、2『四十七士』、3『岩見重太郎』、4『漫画傑作集』は各巻40万部、計160万部の印刷・発行を記録した(阿部2002:123)。

まず、『講談社の絵本』表紙イメージの人物像を一覧とする[表6—1]。表題に「漫画」を含む漫画絵本50書の内、計44書の表紙イメージは漫画表現であり、人物像の性別を判断しにくいものがあることから、それらを除外する。この表の(1a)には、①男性像だけで構成された表紙イメージの書数、②女性像だけで構成された表紙イメージの書数、③男女混合人物像の表紙イメージの書数、④その他図像の表紙イメージの書数、⑤漫画表現の表紙イメージの書数、(1b)には、各割合を記す。同じく(2a)には、①男性像だけの表紙イメージの男性人数、②女性像だけの表紙イメージの女性人数、③表

[表6—1]『講談社の絵本』表紙イメージ

表紙イメージ		(1a) 書数	(1b) 割合	(2a) 人数		(2b) 割合
①	男性像だけ	77	37.9	男性像	106	45.3
②	女性像だけ	9	4.4	女性像	9	3.8
③	男女混合人物像	48	23.6	男性像	63	26.9
				女性像	56	23.9
④	その他図像	25	12.3			
⑤	漫画表現	44	21.7			
	合計	203書	100%*	234人		100%*

＊小数点以下第2位四捨五入のため、合計は100％になっていない。

紙イメージの男女混合人物像の男女各人数、（2 b）には、各割合を記す。群像の場合は概数とした。

　全203書中、漫画表現の表紙イメージを除いた書数は計159書、内、人物を描いた表紙イメージは計134書ある。男性像だけの表紙イメージは計77書（全体37.9％、人物像表紙イメージ中57.5％）になる。人物像は合計234人、内、男性像は計169人（72.2％）になる。男性像の多さは、男性中心主義の表象と見なせる。表紙イメージは内部内容の表象でもあり、このような男性中心主義は、『講談社の絵本』全体にも言えることである。

　次に、内部の概要を示す。絵は、芸術性を評価されている。賛否両論はあるが、その評価理由は、一流の画家によって作画された一枚絵としても見応えのある画面を、背景まで極彩色で印刷したことにある。

　例えば5『桃太郎』（斎藤五百枝絵、松村武雄文、1937.1）［図6－2］では、白馬会洋画研究所から東京美術学校洋画科に学んだ挿絵画家・斎藤五百枝（1881-1961）が、全64頁中55頁を割いて昔話「桃太郎」を絵本化している。表紙イメージでは、桃太郎は、二重まぶた、西洋人の骨格に、鎧を身につけ、桃印の鉢巻きと肩章で飾られた〈戦う身体〉で表象されている。内部では、映画のモンタージュ手法も応用されており[5]、子どもが一人で頁をめくり、絵を追っていけば、内容を把握できるようになっている。

　文は、デス・マス調である。例えば、忠臣の武勇伝である15『楠木正成』（羽石弘志絵、池田宣政文、1937.4）の冒頭は、「楠木正成ハ　天子サマニ　チウギヲツクシタ　リッパナ人デス」に始まる。世界の偉人伝には、28『リンカーン』（梁川剛一絵、池田宣政文、1937.7）もあれば、183『ヒットラー』（梁川剛一絵、池田林儀文、1941.8）［図6－3］もあり、彼らが子どもの時から秀でていたことや、大人になり子どもを大切にしたことが、分かりやすい文体で綴られている。

　標題に女性名を含むものが、全203書中、計8書ある[6]。その内、101『竹取物語　かぐや姫』（織田観潮絵、西条八十文、1939.3）では、男性の求婚に対

して、かぐや姫は、「ワタクシハ　ドコヘモ　オヨメニイキタク　アリマセン」と答えている。この他にも、主役として登場する「姫」は、逆境にあっても主体的に行動する女性の表象となっている。

　全203書には、「軍隊の活躍を紹介する画集が二四点」（阿部2002：128）ある、と指摘されている。しかし「画集」に限らず、軍人名や軍事用語、「愛国」、「銃後」などの軍国主義的用語を含んだ軍国主義的書名を数えると計44書（21.7％）に及び[7]、この他に書名に含まれていなくても内容に該当するものも多数ある。「漫画」の文字を含む書名が計50書（24.6％）あり、その内、59『漫画と軍国美談』（1938.3）のように、軍国主義的用語を組み合わせたものが計12書（5.9％、軍国主義的書名中27.3％、「漫画」書名中24.0％）ある。国史に関するものも計7書（3.4％）ある。

　これらの内部にも、戦闘用語が多用されている。例えば、93『漢口攻略　皇軍奮戦画報』（伊藤幾久造〔ほか〕絵、久米元一文、1939.1）では、全96頁中2〜55頁の四色刷り「画報」部分に、「敵」、「敵軍」、「敵兵」などのように、「敵」の漢字が53回も使用されている。

　以上のように、『講談社の絵本』は、戦闘の表象を満載していた。これらを介して、親切心と同情心、勇気と好奇心などのポジティブな面だけでなく、暴力と戦争への賛美、恐怖心と敵愾心などのネガティブな面が多くの子どもの記憶に残されたのであるならば、それは、戦中から継続する戦後の社会を考える上で、見落としてはならない問題点であろう。

　なお、幼年用メディアへの戦時統制の開始時1938年12月に、『講談社の絵本』4書（1939.1）が処分を受けた。それらは、理由不明で削除処分1書（93『漢口攻略　皇軍奮戦画報』）、誇大広告・自家推薦の問題視で削除処分3書（94『安寿姫と厨子王丸』、95『孫悟空』、96『漫画と偉人絵話』）、内容への厳重注意1書（『漫画と偉人絵話』）である（宮本1998）。

2-2 『コドモヱバナシ』の概要

《講談社の絵本》が語られる場合、『講談社の絵本』に留まり、『コドモヱバナシ』(1942-44)にまで言及されることはない（鳥越編2002；阿部2011）。本書では、戦時および戦時統制との関係から、『コドモヱバナシ』23書も分析対象とする。

「出文協」は1942年3月に、全ての出版物を対象として、企画の段階で発行許可承認を出し、用紙配給を開始した。この時期の誌名変更は、それに従ったものであろう。『講談社の絵本』の最終5巻8号の203『クヂラノタビ』(1942.4)に継続して、『コドモヱバナシ』は5巻9号（1942.5）［図6—4］から始まっている。

しかし講談社は、ここに至っても独自性を貫いたようであり、他の幼年用メディアの動向とは相容れない部分も少なからずある[8]。その一つが頁数である。5巻9号では表紙別紙66頁、最終号の7巻3号（1944.3）では表紙別紙30頁になる。頁数は減少したものの、同時期の他の幼年用メディア、例えば『子供之友』の最終号30巻12号（1943.12）の表紙共紙16頁に比べると、用紙量は多い[9]。

表紙には、誌名『コドモヱバナシ』の他に、特集1～2編の標題が記載されている。そのほとんどは、表紙、表紙裏に巻頭文、特集①、特集②、その他短編（マンガなど）、最終頁に巻末文、裏表紙裏に奥付、裏表紙に広告で構成されている。全23書中、計16書に特集2編、計7書に特集1編が掲載されている。特集標題の内、どちらかに軍国主義的標題を含むものは計17書(73.9%)、国史関連標題は計1書(4.3%)ある。『講談社の絵本』に比べると、軍国主義的内容の割合はさらに増加している。

この時期の絵本の編集には、「指示要綱」の各項目が反映されている。『コドモヱバナシ』の場合も、6巻8号（1943.8）表紙イメージの農山村の子ども像［図6—5］や、標題「母の頁」の付記の設置に、その影響は現れている。「漫画」の文字は、『講談社の絵本』の標題から172『漫画ト魔法ノ島』

(1941.3)を最後にして消え、『コドモヱバナシ』の特集標題にも含まれていない。ただしその内部には、短編漫画［図6－6］が2～3編挿入されている。一方で「指示要綱」通達に関係なく、『講談社の絵本』から『コドモヱバナシ』に一貫して継続していることは、戦争の表象としての軍用の乗り物像［図6－7］、勇ましい武士像と兵士像［図6－8］、および付記の掲載である。

次に、『コドモヱバナシ』23書の表紙イメージの人物像を一覧とする［表6－2］。全23書中、人物を描いた表紙イメージは計19書、人数は計36人になる。その内、男性を描いたものは計18書、人数は計32人（88.9％）になる。女性を描いたものは5巻9号［図6－4］、6巻4号、6巻8号［図6－5］の計3書、人数は男子と対に描かれた女子3人だけであり、6巻3号の天女を加えても、計4人（11.1％）に留まる。これらから『コドモヱバナシ』も、男性中心主義の顕わな幼年用メディアと位置づけることができる。

[表6－2]『コドモヱバナシ』表紙イメージの人物像

表紙イメージ		（1a）書数	（1b）割合	（2a）人数		（2b）割合
①	男性像だけ	15	65.2	男性像	29	80.6
②	女性像だけ	1	4.3	女性像	1	2.8
③	男女混合人物像	3	13.0	男性像	3	8.3
				女性像	3	8.3
④	その他図像	4	17.4			
⑤	漫画表現	0	0.0			
	合計	23書	100％＊	36人		100％

＊小数点以下第2位四捨五入のため、合計は100％になっていない。

3　『講談社の絵本』の付記

　『講談社の絵本』のほとんどには、巻頭文と巻末文や後書きが付記されている。2章で『少年園』(1888)、『日本之少年』(1889)、『小国民』(1889)の諸言、3章で金井信生堂創業期絵本(1908-23)の諸言を概観したように、明治・大正期の幼年用メディアにも、表紙裏に緒言などが付記された。昭和期になり、戦時統制の一環として内務省から通達された「指示要綱」の一項に「母の頁」の設置指示が含まれたことで、付記に示された編集意図は〈公〉の意味を持つ指示内容になった。そこで本章3節では、「指示要綱」通達前から通達後にかけて掲載された『講談社の絵本』の付記を分析することを通して、その変容の有無を検討する。

　『講談社の絵本』では、表紙裏には、一部に広告もあるが、多くに巻頭文が掲載されている。その他に、内部に絵本内容の解説文、奥付付近に推奨文形式の巻末文や絵本編集局による後書きが掲載されている。

　この叢書は1936年創刊であることから、このような巻頭文は、当初には「指示要綱」(1938)の「母の頁」の設置指示とは無関係のものであった。以下、第一に創刊の挨拶文、第二に推奨文、第三に「指示要綱」以後の巻頭文、第四に「指示要綱」以後の巻末文、以上の付記4種について検討する。必要に応じて、さらに細分して提示する。

3-1　創刊の挨拶文

　第一の挨拶文は、創刊4書に同じ内容で掲載されている。1『乃木大将』の巻頭文「絵本創刊の御挨拶」(大日本雄弁会講談社絵本編集局)は、「どうぞして世の中をよくしたい、どうぞして日本の国を一層よい国にしたいといふのが、私共年来の念願であります」と記している。さらに、「世の中をよくするにも日本をよくするにも、一番大事なのは、先づ以て子供をよくするこ

とであります」として、次のように記している。

> 内容も多種多様に、なるべく広い範囲の絵本を作りたい考へであります。〔…〕知識を増す絵本、知恵や工夫の心がつく絵本、明朗快活になる絵本、勇気や親切心、同情心、孝行忠義の心、いろいろの特性を養ふ絵本。皇道精神、愛国心といふやうなものも小さい内から充分に分かつていただきたい。これ等の絵本から常識を高めるもの、立身出世の為、或は人に好かれ尊ばれる人になる為のもの、或は又学校の成績をすすめるもの等々、次から次へと、続けさまに発行していく計画であります。

このように、この叢書は多種多様の内容で構成されている。忠臣の武勇伝などの勇ましい〈歴史もの〉、女性も登場する哀切的な〈歴史もの〉、日本の建国史、日本と諸外国の偉人伝、伝承の昔話、外国の翻案物語、科学的要素を盛り込んだ〈知識もの〉、総力戦に関連した〈軍国もの〉、およびこの時期に大人気の漫画が、主な素材である。このような素材が、「子供をよくする」ことになり、ひいては「世の中」および「日本」をよくすることになる。これが、『講談社の絵本』創刊の理念であった。

3-2 推奨文

第二の推奨文が、『講談社の絵本』の巻頭文中、最も多く一般的である。全203書中、巻頭文を掲載したものは、計141書（69.5%）ある。その内、推奨文は、単数・複数著者のものを併せると、94『安寿姫と厨子王丸』（1939.1）を最後にして、計63書（31.0%、巻頭文中44.7%）ある。その中で、男性著者は計60名を数えるが、女性著者は計7名（記事に登場する女性を含めると、計10名）に留まる。戦時統制のメルクマールとなる1938年下期のものに、祖父母と孫の写真を掲載した例もある。以下では、推奨文を細分して、第一に複数著者の推奨文、第二に単数著者の推奨文、第三に女性著者の推奨文、第四に祖父母と孫の写真を掲載した推奨文の4種を取り出して検討する。

3-2-1　複数著者の推奨文

　複数著者の推奨文では、代表的なものとして、8『牛若丸』（1937.2）の標題「『講談社の絵本』について　教育家諸先生はかく仰せられます（其の一）」［図6－9］を取り上げる。「小国民の教育に深きご経験を有せらるる権威者の方々から数々御推奨のお言葉」を頂いたことを記した無題の前書き（大日本雄弁会講談社　絵本編集局）に続いて、「申分ない絵本」（広島高等師範学校附属小学校主事　森内喜一郎）、「双手を挙げて推奨」（東京女子師範学校附属小学校主事　堀七蔵）、「世界に稀な絵本」（城西学園長児童の村小学校長　野口援太郎）、「教育価値満点」（東京高等師範学校附属小学校主事　佐々木秀一）、「子供を向上させるもの」（奈良女子高等師範学校附属幼稚園主事　森川正雄）の標題の推奨文計5点が掲載されている。内、前4点に著者顔写真が添付されている。

　複数著者の推奨文を巻頭文としたものは、初期段階のものに多く見られ、計14書ある。これらでは、教育現場の教員、議員、文芸家などが『講談社の絵本』を確固たる口調で推奨している。特に、各地の師範学校附属小学校の主事や校長の推奨が目につく。

3-2-2　単数著者の推奨文

　単数著者の推奨文のほとんどは顔写真掲載、一部は顔写真非掲載である。前者は、33『猿蟹合戦』（1937.8）の「『猿蟹合戦』の絵本を推奨す」（文部省嘱託　馬淵冷佑）、34『漫画と昔噺』（1937.8）の「申分ない漫画絵本」（東京誠之尋常小学校長　前田捨松）、48『舌切雀』（1937.12）の「『舌切り雀』を推奨す」（東京文理科大学教授　保科孝一）［図6－10］などである。後者は、22『漫画と絵話』（1937.5）の「講談社の漫画絵本を推奨す」（東京高等師範学校附属小学校主事　佐佐木秀一）などである。

　単数著者のものは、写真掲載の有無にかかわらず併せると、計49書になる。これらには、教育現場の教員の関与が顕著である。内部の読者欄でも、小学校訓導の投稿や、小学校に於ける読書指導に用いられた様子も写真を伴って掲載されている［図6－11ab］[10]。このような学校教育との連携は、小学生

の興味をかき立てる要因になった、と考えられる。

単数著者の顔写真掲載の推奨文は、〈軍国もの〉では、さらに直接的になる。50『支那事変　大勝記念号』(1938.1)の巻頭文は、「内閣参議陸軍大将男爵　荒木貞夫」の顔写真掲載の「『支那事変大勝記念号』を推奨す」である。「戦に勝つといふことは、機械の力のみではなく、精神の力、又恩威の徳の力によるのである」と始まり、この絵本は「絵画をもつてこれらの事実を描き尽くし、以て銃後にある幼少年にも、皇国精神を注入しようとしている」と記している。80『偉くなる子供』(1938.9)の「皆さん、偉くなって下さい」［図6－12］も、「文部大臣　陸軍大将　荒木貞夫」の顔写真掲載の推奨文であり、「偉くなるのに一番大切なことは、まづ偉い人の行を見ならふことです」と記している。表紙裏の巻頭文の次頁になる扉部分［図6－12］には、帽子を手に下げ起立の姿勢で立つ男女の小学生が描かれ、「子供ハ／オ国ノタカラデス／ミンナ　ソロッテ／偉イ人ニナリマセウ」の詞が綴られており、扉の子ども達は、推奨文に掲げられた勲章を胸に着けた「偉い人」の顔写真に向き合い、直立不動でその言葉を拝聴するかたちになる。

つまり子どもが学ぶべきことは、「偉い人」の「恩威の徳」であった。ここで表象とされた「偉い人」のほとんどは、近世の戦や近代の戦争の戦士であり、「偉い人」を見習えということは、読者である子どもも、来るべき戦争では戦士になれということである。

3-2-3　女性著者による推奨文

女性著者による推奨文を取り出して見る。まず、複数著者の一部に含まれるのは、計6書ある。5『桃太郎』(1937.1)の「謹んで感謝申し上げます」には、大日本雄弁会講談社絵本編集局の前書きに続き、童画家・安部季雄、詩人・西条八十、貴族院議員・丸山亀吉、東京女子医学専門学校校長・吉岡弥生の計4点の「諸先生方のお言葉の一部」が掲載されている。吉岡弥生(1871-1959、女子青年団団長)は、「感謝に堪えへぬ」の標題で、「四歳と六歳になる孫が居りますが、歓声をあげてこの絵本に飛び付きました」と描写し

た後に、「孫達の笑顔は私にとつて何よりの楽しみです」と記している。ここで吉岡は、職業を持った家庭外の女性としてではなく、家庭内の祖母の立場から、孫を引き合いに出して、この絵本を推奨した。

単数女性著者は、計2書に見られる。71『傑作漫画大会』（1938.6）の「漫画な好きな子供には講談社の漫画絵本を推奨す」では、山田わか（1879-1957、社会事業家）が、「私の孫も講談社の絵本の熱心な愛読者」と記している。92『漫画と支那事変美談』（1938.12）の「高雅な漫画絵本」では、高良富子（1896-1993、日本女子大学教授）が、次のように記している。

　　たまたま講談社の漫画絵本を拝見致しますと、いかにも子供の心を捉へながら、教訓的で品のよい内容、健康な明るい笑、温かい人情味、色彩とさし絵のおだやかさ、それらを一貫して流れてゐる児童愛精神を見まして、これはよい絵本である、流石に編集に並々ならぬ苦心が払はれてゐるといふことが感得出来まして誠に心強さを覚えました。

『漫画と支那事変美談』は、前半に漫画（「銃後ノ子供」、「豪勇部隊長」、「虎ノ子トラチャン」などの短編・連載漫画）と、後半に挿し絵入りの絵話（「壮烈中崎上等兵の最期」、「さいごの突撃―あっぱれ西弧山の七勇士」などの短編物語）で構成されている。高良の推奨文に、「支那事変」の文字はない。この推奨文は、この絵本の上品さや穏やかさを強調して、「児童愛精神」による「よい絵本」と評価しており、現在に想像しうる「支那事変」の殺伐さからは、大きく外れた推奨の仕方である。これは、前半の漫画部分だけを評価した外し方である、と言える。この時期の子どもに漫画絵本が人気のあったことを勘案すると、巻頭のこのような推奨文と、前半の漫画絵本の構成は、「よい絵本」としてこの書を親に買わせ、子どもに読ませるための講談社の戦略であった、と考えられる。しかしこれが「支那事変美談」を標題に含む絵本の付記である以上は、その「美談」は「児童愛精神」の表象になる。

3-2-4　祖父母と孫の写真を掲載した推奨文

　推奨文の最後に、祖父母と孫を被写体とした写真を掲載したものを取り上げたい[11]。まず祖父と孫、次に祖母と孫、これらに分けて示す。

　まず、祖父と孫を被写体としたものは計4書あり[12]、いずれも漫画絵本である。内、79『漫画とお伽噺』(1938.8)の「陸軍大将　尾野実信」による「漫画絵本を推奨す」［図6―13］には、漫画絵本を手にした祖父と男孫の写真が掲載されている。89『面白漫画まつり』(1938.12)の「元遞信大臣　望月圭介」による「講談社の漫画絵本を推奨す」［図6―14］には、祖父が手に持つ講談社の漫画絵本を男女の孫が正座して覗き込む構図の家族写真が掲載されている。そこには、「なるほど孫達の喜ぶのも無理はない。私もつい終まで引きずられて読んでしまった。而もこの絵本は誠に上品で、知らず識らず大切な徳性が養はれるやうに、周到な注意が払われてゐるのにつくづく感心した」と記されている。

　この4書に登場する子どもの祖父は、権威ある軍人や政治家であるが、普段着を着用し、講談社の漫画絵本が子どもにとって「面白くて為になる」ことを力説している。この時期に〈赤本〉漫画と呼ばれた漫画絵本が氾濫し、社会的問題になっていたことから、このような巻頭文は、商品としての漫画絵本への権威づけであった、と見ることができる。

　次に、祖母と孫を被写体とした写真掲載の巻頭文は2書あり、それらは女性主人公の登場する絵本に付記されている。祖父と孫を被写体にしたものは、権威ある祖父の署名入りの推奨文に掲載されている一方で、祖母と孫を被写体にしたものは、記者記事の体裁を採ったものに掲載されている。

　一書目の91『鉢かつぎ姫と孝子萬吉』(1938.12)では、「名士の家庭訪問」の標題で「絵本を囲む愛国婦人会会長　本野久子先生の御家族」［図6―15］が紹介されている。祖母（本野）、母親、孫娘の3人の女性を被写体とした写真が掲載されており、本野は、「外に出でては、愛国婦人会会長として銃後の第一線に御活躍の先生も、家庭にあつては、本当におやさしいお祖母様

です」と紹介されている。記者記事は、本野の推奨の言葉を括弧付きの談話のかたちで、「講談社の絵本は、子供の教育にこの上もない結構」として、「東西のお伽噺があり、昔物語があり、また歴史のお話や、理科に関するもののお話し、その他教へたいと思ふことが、次つぎに興味深く絵本に盛られてゐます」と記している。

2書目の94『安寿姫と厨子王丸』（1939.1）の巻頭文は、『講談社の絵本』を囲んだ祖母と孫2人を被写体とした写真掲載の「講談社の絵本を囲む鳩山薫子先生とお孫様」［図6—16］である。これは「鳩山一郎氏夫人薫子先生は、お二人のお孫様と講談社の絵本を御覧になっていらっしゃいます」に始まり、「御感想」としてこの叢書の教育性を述べている。

これらの女性達の場合、祖母という属性は、子どもを産み育てる女性性、および〈私〉領域の表象であるが、同時に、本野久子の役職、鳩山薫子の夫の氏名は、〈公〉領域の表象でもある。これらの写真は家族団欒の構図のようであるが、国家権力の周辺にいる祖母を頂点とした権威主義のヒエラルキーの構図と見ることもできる。

このような巻頭文は、いずれも1938年の下期に刊行されている。この年には、4月に国家総動員法が公布され、10月に幼年用メディアに対して「指示要綱」が通達されて、戦時統制が開始された。講談社では、創業者の野間清治が10月に死去、清治・長男の野間恒（1909-38）が社長に就任するが22日後の11月に死去、その後に清治・妻の野間左衛（1883-1955）が社長に就任した。12月には『講談社の絵本』4書（1939.1発行）が処分を受けている[13]。

『講談社の絵本』を囲む孫と祖父母を被写体にした写真の掲載は、この期に特有のものである。女性名を確認できる巻頭文は、比較的に言えば創刊初期とこの期に多く[14]、これ以降に、皆無になる。

3-2-5　推奨文の概括

これらに共通していることは、権威主義の表象である。それが可能になったのは、先行研究で指摘されたように、講談社と軍部のつながりにあった

(宮本2002：29)。しかし推奨文著者の顔ぶれから見ると、講談社は軍部だけでなく政府や婦人団体、そして教育界ともつながりがあったようで、このような背景の下に、権威者による推奨文が成立した。

『講談社の絵本』の推奨文では、〈教育する母〉としての母親に期待するような文脈は見当たらず、むしろ男性の推奨者が〈教育する父〉の役割を担っていた。僅かな人数の女性著者も、祖母の立場で推奨しており、そこに母親を無視したような傾向さえも指摘できる。学校教育に強く連動した家庭教育が求められた1939年以降になり、女性著者による巻頭文が無くなることは、女性の関与を意識的に排除したものと考えられる。この傾向は、推奨文の特徴ではあるが、その多さから見ると、『講談社の絵本』の特徴でもある。

3-3 「指示要綱」以後の巻頭文

第三に、「指示要綱」通達以降の巻頭文を検討する。「指示要綱」通達直後の1938年11月以降の書数は計117書であるが、編集に2～3か月かかると見なして、削除処分とされた4書（1939.1）後、97『日本よい国　建国絵話』（1939.2）から計数すると、その書数は計107書になる。これらの表紙裏には、解説文、訓示、記事などの巻頭文、および広告（自社、他社）が掲載されている。それらの内訳を示すと、計107書中、巻頭文は49書、広告は58書に掲載されている。巻頭文を掲載した計49書中、無署名または「絵本編集部（局）」のものが33書、単数著者のものが16書ある。

3-3-1 解説文

183『ヒットラー』（1941.8）の巻頭文「ヒットラー総督について」は、「大日本雄弁会講談社　絵本編集部」による解説文である。そこでは、ドイツ、イタリア、日本の同盟関係が記され、ヒットラーの愛国心がたたえられ、ドイツと日本の関係性の構築が説かれている。しかしそれは、解説に留まり、推奨文にはなっていない。

単数著者による解説文、198『イサマシイ戦車』（1942.2）の吉田豊彦（機械

化国防協会会長、陸軍大将）による「機械の力、魂の力」の前半部は、「今日の戦争」に於ける戦車は「近代戦の花形」であり、今後にさらに素晴らしい性能の戦車が現れるかもしれない、という内容である。後半部は、次のようである。

> 然し、戦ひは兵器だけで勝てるものではなく、これを動かす人が勝れてゐなければ、十分にその力を発揮することが出来ません。そこへいくと日本の軍人は、世界のどこの国がまねをしようとしても出来ない、立派な魂を持つてゐます。
> 　今や日本は、大東亜戦争に於て必勝の戦ひを続けてをります。この時、皇国の少国民は、これ等の兵器に十分の親しみを持ち、ゆくゆくはその研究にまで心を向け、同時に皇国民としての優れた精神を、ますます養ひ伸ばしていくことを忘れてはならなぬと思ひます。

　この解説文では、まず戦車の有用性が示され、次にそれを動かすのが「立派な魂」を持つ日本の軍人であることが記され、最後に「皇国の少国民」は軍人同様に優れた精神を養わなければならないことが示された。このような文脈は、戦車の解説文に留まらず、それを動かすための「立派な魂」の構築を説くものである。

　前述した推奨文では、個別の内容はほとんど解説されておらず、『講談社の絵本』を読むと「子供が良くなる」ことだけが強調されていた。削除処分後の解説文でも、推奨はされていないが、「皇国」のために「子供が良くなる」ことの必要性が強調されていた。つまり「皇国」への帰依の姿勢は、処分後にも変容していない。

3-3-2　標題「お母様（さま）方へ」

　「指示要綱」以後の巻頭文には、〈お母様方〉に呼びかけたものもある。標題に「お母様（さま）方へ」を含む巻頭文は、計7書ある。

　最初の一書は、102『漫画と冒険物語』（1939.3）の「お子様の躾け方について　お母様方へ」である。「医学博士　三田谷啓」が、「うそを言ふ子供の

導き方」を、「子供のうそをなほすには最初が一番肝心です」と初め、親は「やさしくいましめていくやう心がけなければなりません」と記している。童話や寓話を「しんみりと読んできかせたりする」ことは有効であり、それも義理ではなく「母の誠心と熱意」で臨む必要があり、「頭から叱りつけないで、子供が心から納得ゆくやうに、深切にお導き下さい」と終えている。ここでは、母親は母性愛を以て子どもの躾けに臨むべきである、と示された。

167『学習絵本　ヨイ一年生』(1941.1) の「お母さま方へのお願ひ」(大日本雄弁会講談社絵本編集局) では、「一、出来るだけ第三学期の諸教材や行事と連絡をとるたうに」、「二、児童の実際生活に留意し、少しでもその指導が出来ますやうに」、「三、皇国の精神が養はれ、将来、皇国の為に立派な働きの出来ますやうに」とした編集方針が太字の強調文字で示されている。さらに、この絵本を与える際に〈お母様方〉は、「各頁事に適当にお導き下さいますと共に、いろいろ似通つた問題をお出し下さいまして、創造、工夫の力をおつけ下さるやうに」と要請されている。

〈お母様方〉への呼びかけ文は、他社刊行本に比べると、『講談社の絵本』では少ない。『講談社の絵本』の巻頭文には、「父兄母姉の方々」、「父母の皆さま方」などの呼びかけもあり、選書などの子どもの読書介助には、父親の存在も意識されている。

3-4　「指示要綱」以後の巻末文

第四の「指示要綱」以後の巻末文を検討する。「指示要綱」通達後の編集書は、計107書であり、内、巻末文と後書きは、133『第三学期　タノシイ一年生』(1940.1) の「一年生第三学期の躾と勉強」(東京高等師範学校附属小学校訓導　田中豊太郎)、198『イサマシイ戦車』(1941.2) の「母のための頁　戦車の知識」(財団法人機械化国防協会主事　北稔) などの計15書にある。「指示要綱」には「母の頁」の設置指示の項目が含まれているのだが、『講談社の絵本』の場合、標題に「母」の文字を含む巻末文は計 6 書しかない。単数女性

著者による巻末文は、127『子供知識　お家の道具』(1939.1) の計1書しかない。

『子供知識　お家の道具』の巻末文「母のページ」では、「この絵本によつて子供をどう導くか」の標題で、「日本女子大学校教授　高良富子」が、4頁に渡り活用法を記している。高良は、「この絵本を見ながら、お母さんと子供は、いろいろな遊びをすることが出来ます」としているものの、「この絵本を与へれば、四五歳までの子供は、一人で遊ぶことを覚えます」としている。ここでは、絵本を介した母親と子どもの関係性の構築よりも、絵本と子どもを直接結びつけて、子どもの〈自立〉が促されており。さらに、幼い内には男女差はないが、年齢が進むとその方向は変わるとして、次のように記している（著者強調）。

>　男児には、自分の好む品物の出来る順序や材料を教へ、出来るならば、大工道具、庭道具、学用品、運動具などを使つてゐるところへいつて、その作る有様、使ふ有様をみせたいものです。これは、
> **　　社会科学の勉強**
> と申しまして、近来、世界各国の児童教育に大切に実行されてゐます。
>　女児にもお家の道具の作られる所を見せ、正しい使ひ方を少しづつ馴らしていくことが大切であります。包丁やナイフなども、幼稚園程度の子供たちに実地に使はせて、手を切らないやうに導く方法が行はれてをります。小学校にいくやうになれば、下駄や靴の手入れから、掃除、洗濯、料理も手伝はせ「習ふより慣れよ」といふ教育方法があります。これを生活訓練と申します。

この言説は、男女には性的差異があるという前提に立ち、異なった成長のシナリオを記したものである。男子には、「社会科学の勉強」が太字で強調されて、社会性が求められた。一方で女子には、家庭内の生活訓練の必要性が説かれて、家内性が求められた。このような男女の差異的関係性の提示の仕方は、前述した野間清治の家庭教育観に沿っている。

3-5 『講談社の絵本』付記概括

　以上が、『講談社の絵本』付記の概要である。これらは、特に母親を媒介者として規定していない。むしろこれらは、母親の媒介を排除し、権威者を推奨文著者として、子どもに直接的に情報を伝達するような構造を設定していた。これらは、1938年10月通達の「指示要綱」をほとんど反映させていなかったが、同年12月の削除処分を受けて、それまでの軍部や政府の威を借りたような推奨文を自重した。しかしその後の付記でも、「皇国」への帰依の姿勢は変容しておらず、むしろその点が顕在化していた。

4　『コドモヱバナシ』の付記

　『コドモヱバナシ』の場合は、5巻9号（1942.5）から7巻3号（1944.3）までの全23書の内、6巻5号（1943.5）までの計13書の表紙裏に、巻頭文が掲載されている。巻末文は、6巻2号（1943.2）までの計10書の最終頁に、標題「母の頁」として掲載され、6巻6号から7巻3号までの計10書の最終頁に、標題「お母さまがたへ」として掲載されている。4節では、「指示要綱」通達以後になるこれらを分析し、その意義を検討する。

4-1　巻頭文

　まず巻頭文から、第一に挨拶文、第二に標題「わが子の錬成」の訓辞文、第三に解説文を検討する。巻頭文掲載の計13書中、第一は1書、第二は9書、第三は3書である。

4-1-1　挨拶文

　改題に関する挨拶文、5巻9号巻頭文の標題は、「「講談社の絵本」から「コドモヱバナシ」へ―改題に際して父兄母姉へのお願ひ」（大日本雄弁会講談社「コドモヱバナシ」編集部）［図6—17］である。この第二段落は、次のようである。

御承知の如く「講談社の絵本」は創刊以来、確乎たる日本精神に立脚し、少国民の精神的陶冶に、豊かな情操教育に、戦時下の生活を健やかに導くため、あらゆる努力を傾注して、いささかなりともその重任を果し、皆様より多大の御好評を頂きましたことを、唯々感謝申し上げてゐる次第であります。

《講談社の絵本》は、「確乎たる日本精神」に立脚した編集によるメディアであった。その精神とは、第三段落に示された「我が日本は八紘一宇の大精神を、全世界に明示しつつある秋、将来皇国民として、日本を背負つて立つお子様方に対し、正しく、強く、明るく、雄大な日本的性格の錬成」であり、「皇国の道に則り、お子様の身につくやうに新しい理念の下に、鋭意研究」を重ねることであった。「皇国民」としての人格の陶冶が、『講談社の絵本』から『コドモヱバナシ』を貫く、《講談社の絵本》の編集理念であった。

4-1-2 「わが子の錬成」の訓辞文

　第二の標題「わが子の錬成」には、訓辞文が掲載されている。それは、5巻10号（1942.6）から6巻2号（1943.2）の計9書に見られ、各号に異なった見出しがつけられている。

　5巻10号「躾けるこころ」では、これまでの「躾」とは「主に作法のこと」を指し、「例へば、お客様の前で子供がきちんとすわつてお辞儀をしたり、おとなしくしたりしてゐると、「お母様の躾がおよろしいから。」と言つて、きまつてほめたものです」と記している。ここでは、まず家庭内の「躾」の責任者は母親であることを示し、次のように続いている。

　　けれども、新しい時代の躾は、これだけではたりないのです。日本の子供は一人残らず、強く、正しく、明るい日本人にならなければ、この大東亜をひきゐてゆくといふ大仕事が出来ないのです。そして、さういふ力強いりつぱな日本人にしあげるには、幼い時からよい生活にみちびかねばなりません。大きな日本人として、よい生活の習慣をしつかりと身につける、これが躾なのです。

「大東亜共栄圏」[15]盟主国の子どもに行うべき「躾」とは、家庭内の作法を学ばせるだけでは足りず、国家の意向に沿った生活習慣を構築させ、「力強いりつぱな日本人」に仕上げることであった。前号の挨拶文と、この号の前段落のつながりからみると、母親は、立派な「皇国民」を育てるために、「わが子の錬成」に励まなければならない、と指示された。

「日本人」を強調した言説は、この他にもある。5巻13号（1942.9）「食事と性格」は、「体も心も健全な日本人をつくりあげるためには、なんでも好き嫌ひなくたべるたうに、躾けなければなりません」、「正しい食物のたべ方と、食膳の躾は、かはいいお子さまを錬成するうへに、重要なことがらの一つであることを、つねに心にとめておきたいものです」としている。5巻15号（1942.11）「敬神愛国のこころ」は、「日本では、お国のためにつくした人は、いつまでも人にあがめられ、うやまはれる、りっぱな国がらであることを、よく話しませう」、「自分たちも、よい子、よい日本人になつて、天皇陛下の御ため、お国のため、りっぱなはたらきをしようといふ心を、つよくやしなひたいものです」としている。このように「躾」の名目で、子どもを「皇国民」として育てるための母親の責任が示された。

5巻11号（1942.7）「正しく美しい日本語」［図6―18］では、言葉の問題に言及している。ここでは、子どもに「国語」としての日本語を習得させることの意義が示された。

> 〔…〕子供は言葉を数おほく持つて、正しくつかへるほど智能も高いのですが、もつと大きな問題は、正しい言葉を持つ国はながく栄え、その反対のばあひは衰へるといふことです。一億の日本人が統一も品格もない言葉しか持たなかつたら、どうして日本の大理想を世界にしめすことができませう。正しい日本精神を発揮し、かがやかしい大東亜を建設するためには、正しく美しい日本語をそだてることが、どうしても必要です。

子どもに日本精神を構築させるためには、「正しく美しい日本語」を習得

させなければならない。それは、「大東亜共栄圏」建設にとって、極めて重要なことであった。家庭教育に於いても、それは成し遂げなければならないことであり、その責任者は母親であった。

6巻2号（1943.2）「きびしい躾」では、あらためて母親の責任が追及された。その末尾は、次のようである。

> ことに、毎日毎時の母親たちのしぐさや、言葉をたやすく見習ひ、教へられて、それがそのまま疑ひをもたずつみ重ねられて、良心の基ともなるのですから、お母様方は、たえず子供に見習はれてゐることをお考へいただくとともに、躾は幼い時にきびしく、りくつなしに身につけさせていただきたいものであります。

母親の日常的な言動が、健全な「皇国民」を育て、「大東亜共栄圏」建設につながる。ゆえに母親は、自己を管理し、「皇国民の錬成」に励まなければならない。これが、「わが子の錬成」の論旨であった。母親は、『講談社の絵本』では、媒介者として見なされていなかったが、『コドモエバナシ』では、「皇国民の錬成」を担う媒介者として見なされている。母親は、国策および子どもとの関係性に於いてのみ、その存在を意味づけられた。

4-1-3　解説文

本文内容に対する解説文を取り上げる。これらは、6巻3号（1943.3）の「三月十日は陸軍記念日です」（「コドモエバナシ」編集部）、6巻4号（1943.4）の「お母さまがたへ」（立案者）[図6—19]、6巻5号（1943.5）の「海軍記念日をむかへて」（「コドモエバナシ」編集部）の3編である。この後、巻頭文は除かれて、本文が表紙裏から始まるようになる。

6巻4号の表紙イメージはゾウに乗る男女子像、特集は「ミナミノクニノオハナシ」1編、特集立案者は木下仙、下谷徳之助、柴田勝春である。巻頭文「お母さまがたへ」末尾に「立案者」と記され、さらに編集部から「立案者木下、下谷、柴田の三氏は、情報局第二部第二課のお方であります」と追

記されている。

　この巻頭文では、「マライ半島から東印度」の昔噺と日本の昔噺には類似点があることを示して、「この南の国の人たちとは「兄弟の民族」である」ことが強調された。その後に、「東亜の盟主として、次の時代を背負つていつてくれる日本の少国民諸君に、この南の島のことをよく知つてもらはねばならぬことは、今さら申すまでもありません」と主題に踏み込み、「子供たち、ことに幼い年齢の人たちに、誤りなく、素直に、共感をもつてそれを知り、感得してもらふには、それだけの順序と技術の準備がいる」とつないでいる。

　標題で「お母さまがたへ」の呼びかけは提示されているものの、文中で母親が何かを指示されているわけではない。末尾に「この特集「ミナミノクニノオハナシ」を、お子さまたちにおくります」の文言が記されて、母親と子どもの関係性が示された。ここでも母親は、国策および子どもとの関係性に於いてのみ、社会的存在として認められたことになる。

4-2　巻末文

　次に、巻末文から、第一に標題「母の頁」、第二に標題「お母さまがたへ」を検討する。第一は、５巻９号（1942.5）から６巻２号（1943.2）の計10書、第二は、６巻６号（1943.6）から７巻３号（1944.3）の計10書に付記されている。

4-2-1　「母の頁」

　各号の「母の頁」にも、特集標題に沿った見出しがつけられている。計10書の内、特集〈軍国もの〉7書に付記された見出しは、５巻９号「『ハワイ大海戦』について」（海軍省嘱託　池田林儀）、５巻10号「落下傘部隊の話」（陸軍航空本部陸軍少佐　西原勝）、５巻11号「シンガポールの攻略」（陸軍省報道部陸軍少佐　平櫛孝）、５巻13号「つよい日本の空軍―九月二十日は航空日」、５巻14号「軍神のこころ」（棟田博）、５巻15号「うれしい慰問袋」（久米元一）、

5巻16号「大詔奉戴日」（武田雪夫）、6巻1号「本号を皇国のヨイコドモにおくる私どもの心もち」（「コドモヱバナシ」編集部）、6巻2号「本号にもつた私どもの意図」（「コドモヱバナシ」編集部）である。

6巻1号（1943.1）「母の頁」の冒頭は、「日本は神の国であり、この国にうまれた私どもは、この上もない幸せな国民であると同時に、身を大君に捧げ奉るの心に徹しなければなりません」と始まっている。続いて「本号では、これを力づよく、少国民の心にしみこませる意図のもとに編集いたした」と編集意図が明示されている。「よい国にうまれた者は、よい国にふさわしい国民となるべきです」と示した言説には、主体としての「よい国」が強調された。文中に「母」の文字はなく、末尾に「子供たちと一しょに、静かに思ひを神代にはせ、あるひは先人の行ひの跡をしのんで、この光輝ある歴史をけがさぬやうに、めいめいのつとめをしつかりと守りませう」と記すことで、母親の役割が示された。

6巻2号（1943.2）では、特集「コウヘイ　ノ　ハタラキ」を解説して、「本号で特に工兵をとりあげたわけは、単にその雄雄しい働きの面ばかりでなく、この犠牲的精神をよく知つてもらひたいためであります」と記されている。特に母親に対する指示は記されていないが、「母の頁」である以上は、この文言は、「犠牲的精神」を認識した上で、子どもに内容を解説することを、母親に促すことになる。

他の巻号の「母の頁」も、ほぼ同じ論調の〈軍国もの〉特集内容の解説文である。これらでは、戦争とメディアと子どもをつなぐ中継点に、母親が位置づけられた。

4-2-2　「お母さまがたへ」

巻末文の標題「お母さまがたへ」は、6巻6号（1943.6）［図6—20］から始まる。冒頭には、『講談社の絵本』から『コドモヱバナシ』に改題されて、1年を経たことが記されている。加えて、読者から「お誉めの言葉」や「お教へやら」を頂いたことに「責任の重大さ」を感じ、「大切な皇国のお子さ

まがた」により良いものを送ることを念じているが、「時局柄、用紙に印刷に、十分皆さまをご満足いたせ得ないこと」に遺憾を感じているので、「今後は一層、皆さまのご協力をお願ひ申し上ぐる次第」であることが示されている。

その後も、標題は変わったが、内容は先の「母の頁」とさほどの違いはない。これらは、「お母さまがたへ」と呼びかけてはいるものの、何かを母親に求めているわけではない。先に指摘したように、メディアを介して戦争と母親と子どもをつなぐ回路の中で、中継点である母親に対して、「皇国民」育成の責任の所在を強調したに過ぎない。

4-3 『コドモヱバナシ』付記概括

以上が、『コドモヱバナシ』付記の概要である。改題の挨拶文では、一連の叢書《講談社の絵本》を貫く理念として、「確乎たる日本精神」、「八紘一宇の大精神」、「雄大な日本的性格」、「皇国の道」の文言が示された。これらは、その後の付記でも、「正しい」や「美しい」などの修飾語を伴って繰り返し語られているものの、実体をつかみにくい空虚な文言である。それは、様々に語られることで「言説の主題」（松浦2000：309）になる〈国体〉イデオロギーでもあった。《講談社の絵本》は、このような空虚なイデオロギーを、あたかも実体であるかのように、様々な表象として子どもの眼前に提供していた。『講談社の絵本』では、多彩な表象に目を奪われて見えづらかった本質が、『コドモヱバナシ』では、飾りを除いた表象として顕在化した、と言えよう。

『コドモヱバナシ』の付記では、提示された表象を〈国体〉イデオロギーに沿って絵解きすれば、母親は、家庭教育に於ける「皇国民の錬成」の責任者としての役割を果たすことができる、と示された。つまり母親は、〈絵解きの空間〉に於いて、空虚なイデオロギーを〈語り〉によって実体化させるためのメディア＝媒介者として認定されたのである。概括すれば、『コドモ

エバナシ』の付記は、総力戦にたち向かうための「皇国民」育成を呼びかけており、その責任の所在を母親に負わせたものである。

5　総力戦の道筋

これまでに叢書《講談社の絵本》について、『講談社の絵本』（以下、前者と表記）と『コドモエバナシ』（以下、後者と表記）に分けて概要を示し、付記内容を分析した。そこから、第一に媒介者の問題、第二に近代日本の言語思想や国語教育との関連性が見えてきた。本節では、《講談社の絵本》を介した家庭教育の問題として、これらの課題２点を考察する。

5-1　媒介者の問題

第一の課題、媒介者の問題を検討する。前者の媒介者は、「指示要綱」通達後にわずかに見られる〈お母様方〉への呼びかけを除くと、特に指定されていない。しかし写真掲載によってリアリティーを持たされた権威者の推奨文は、この叢書の意義を子どもに媒介することを意図したものであり、権威者が媒介者の役割を果たした。権威者は帝国国家を構成する各部署の代表者でもあり、推奨文はその意向を代弁したものと見なせる。編集の責任は出版社に帰することから、講談社が、国家の意向を代弁し、読者にそれを伝達する媒介者であった、と言うことができる。

一方で後者では、母親への訓辞が提示されている。それらで母親は、表象とされた空虚なイデオロギーを〈語り〉によって実体化させるための媒介者である、と位置づけられた。母親は、媒介者と認定されているものの、国策を代弁することだけを要請された。

母親の位置づけを整理すると、母親は、前者では、媒介者とは見なされておらず、その存在を無視された。後者になると、国家と子どもをつなぐ媒介者として、その存在を認識されたものの、個人としての主体性を無視された。

このような母親の位置づけは、本章１節で検討した野間清治の家庭教育観に沿っている。

　女性を無視する傾向は、書名や表紙イメージにも表れている。前者では、男性を主人公とした書名の多さに比べると、女性を主人公とした書名は圧倒的に少なかった。僅かに登場する「孝女」は、逆境にあっても精神的にめげることなく何らかの行動を起こした女性達であった。一方で後者の特集では、妖精や天女は登場するが、明らかに女性を主人公としたものはなかった。表紙イメージの人物像は、男女一対の片方として描かれた女子像を除くと、男性像に限られた。

　以上から、叢書《講談社の絵本》は、〈国体〉という空虚なイデオロギーをあたかも実体であるかのような表象にして、〈絵解きの空間〉に提供していたのであり、戦時下の国策の展開に伴い、それまで無視していた母親を格好の媒介者と見なして、そのような表象を忠実に絵解きすることを要求した、と言える。このような要求は、母親に対して、〈国体〉イデオロギーに基づく帝国国家を再生産し、拡大膨張させるための母性愛と性別役割分業観の構築を指示するものでもあった。

5-2　言語思想や国語教育との関連

　第二の課題、付記に見る近代日本の言語思想や国語教育との関連を検討する。これまでに見てきたように、前者から後者にかけて、付記内容には質的な変容はなかった。

　前者の付記は、「皇国」への帰依こそが子どもの学ぶべき「徳」であり、そのような「徳」を構築するためには、「子供が良くなる講談社の絵本」を読むべし、と指示していた。後者になると、付記には匿名性がうまれた一方で、「徳」の構築を奨励する傾向はさらに強調され、「日本人」や「日本語」の用語が使用されて、「大東亜共栄圏」建設のための「皇国民の錬成」が繰り返し要請されていた。

このような傾向は、野間清治が、大日本帝国が推進した国語教育の中心になった東京帝国大学文科第一臨時教員養成所国語漢文科を卒業したことと関連しているのではないだろうか。前者の巻頭文著者には、『大東亜共栄圏と国語政策』(1942)の著書のある保科孝一も含まれ、他にも井上哲次郎など、国策につながる教育者も数多い。広範囲の地域の数多い教育現場の主事や訓導も推奨文を寄せていることから、野間清治を核として、教育関係者のネットワークが形成されていた、と見ることができる。

ところで保科孝一については、次のような先行研究がある。イ・ヨンスクは、「大東亜共栄圏」に於ける言語思想[16]に対する保科孝一の関与を指摘している（イ1996：220-317）。イは、植民地政策としての同化政策は、イデオロギーのレベルで言えば、「本国と植民地との関係が西欧諸国に於けるような〈支配―被支配〉の関係による暴力的支配ではなく、あくまでも天皇を中心とした同質的な支配空間の自然的拡大であるという論理」（前掲イ：260-261）である、と指摘している。

中村桃子は、保科孝一の言説「すべて優秀なる国民の言語が、一般に強大な感化力を有するものであるから、共栄圏の盟主たる日本の言語が、当然その資格を具備している」（保科1942：199）を引用して、「優位な国語を持つ優位な国家の植民地支配を正当化している」（中村(桃)2007：219）と指摘している。さらに戦時期になり、「女子国民にはその伝統を守ることで、戦時体制に協力することが期待されるようになる」（前掲中村：212）として、女子国民の役割には、「国語を守るだけではなく次代の子供に正しい国語を指導することも含まれる」（前掲中村：214）と指摘している。

後者5巻11号「わが子の錬成」の「正しく美しい日本語」の論理は、イ・ヨンスクの示す戦時期の日本の言語思想の論理と全く同じである[17]。個別であるはずの家庭が「天皇を中心とした同質的な支配空間」と見なされて、家庭で話される言語も「正しく美しい日本語」で統一される必要性が示された。統一された支配空間とそこで交わされる言語が、「自然的拡大であると

いう論理」によって「大東亜共栄圏」建設につながることや、「正しい言葉を持つ国」が「優位な国語を持つ優位な国家」であることも示された。

5-3　総力戦の成立

　上記のような論理に於いて、母親は、家庭に於ける国語教育の指導者と見なされた。母親は、個別の母子関係を無視されて、〈お母様方〉と名づけられることで、「世の母」となり、メディア＝媒介者と認められて、社会に参加することができた。

　講談社は、1940年代に入り、〈絵解きの空間〉に於いて、〈国体〉イデオロギーに関する様々な〈語り〉が「皇国民の錬成」のためのメディア＝手段になる、と見なして、それまで無視していた母親を、イデオロギーを伝達するメディア＝媒介者として位置づけた。講談社は、絵本を統制情報のメディア＝情報媒体、母親を統制された家庭教育のメディア＝媒介者、〈絵解きの空間〉を統制情報の通信回路になるメディア＝手段と見なして、学校教育で展開された言語思想や国語教育を積極的に家庭教育に導入した。ゆえに叢書《講談社の絵本》は、総力戦を戦うための〈国体〉の大義を示した、家庭教育のための「徳育」の教科書となり、「国語」の教科書にもなり得たのであった。〈絵解きの空間〉は家庭内に構築され、家庭は天皇の統治する帝国国家に包摂されたのであるから、〈絵解きの空間〉に於いては、国家を表象する天皇と家庭内の母子が結びつき、天皇と母親と子どもの関係性が構築されて、「皇国民」による総力戦が成立するに至った。

おわりに

　「家庭教育訓令」以降、1930年代前半では、家庭教育を学校教育に準ずる位置にまで高める諸策が実施されて、1930年代後半には、学校教育に強く連動した家庭教育が求められた。1940年代に入り、家庭教育対策事業の統制が

強化され、家庭と学校の連携が図られて、母親は家庭教育に於ける「皇国民の錬成」のための教師として位置づけられた。

『講談社の絵本』は1930年代後半、『コドモエバナシ』は1940年代に刊行された。家庭教育振興策の展開と《講談社の絵本》の展開を照合すると、それらは適合する。《講談社の絵本》は、戦時体制に於ける〈国体〉イデオロギーを浸透させるための家庭教育書として刊行されたものであった。そこには、〈絵解きの空間〉は、国家と読者をつなぐ回路として、子どもと母親の国民化のためのメディア＝手段になる、とした認識を指摘できる。母親は「皇国民の錬成」を求められ、子どもは「皇国民」であることを求められたのであるから、このような国民化のプロセスは、大日本帝国に帰属した人々の臣民化に帰着する。

3章で検証した第一次大戦時の〈赤本〉の男子像には、一部とはいえ、〈戦う身体〉のみならず〈育てる身体〉の表象もあったことと比較すると、「十五年戦争」時にもなると、デフォルメされた漫画表現を除き、男子像のほぼ全ては〈戦う身体〉の表象になっていた。この時期になると、男子に於いては、軟弱な心身は嫌悪され、〈戦う身体〉の構築が国民化＝臣民化の究極の目的になった、と見なせる。

《講談社の絵本》は、「皇国民の錬成」を訴え、そのことによって「大東亜共栄圏」建設を積極的に推奨した。ゆえに《講談社の絵本》は、〈絵解きの空間〉を、子どもと母親の臣民化のためのメディア＝手段としてのみならず、「大東亜共栄圏」建設のためのメディア＝手段と見なしていた、と言える。その発行部数の多さから見ると、読者である子どもに与えた影響には、計り知れないものがある。

〈絵解きの空間〉は言葉の統制のためのメディア＝手段になると見なして、そこに構築された回路を利用し、母親と子どもを統制していく状況は、《講談社の絵本》に特有のものか。あるいは、戦時期の他の絵本にも共通するものか。次章では、戦時統制期（1938-45）に活動した他の出版社刊行絵本を取

り上げて、その点の検証を深めたい。

註

1) 3章で検討したように、〈赤本〉と呼ばれた地本系絵本に於いては、単行本形式の物語絵本、著名な画家が関与した絵本も存在したことから、私は、この評価を支持しない。
2) 本書でいう「付記」は、構成上の位置、例えば表紙裏の巻頭、裏表紙裏の巻末などに関わらず、挨拶文、推奨文、解説文などの、本文とは別に提示された文章を総称している。辞書的意味の「付け足し」ではなく、内容に関連した「端書」の意味も含ませているが、内部内容から外れたものもあることから、本書では、本文とは別に印刷された文章を「付記」と表記する。
3) 資料調査の初期段階に、阿部紀子の『「講談社の絵本」細目データベースについて』(2009b、私家版、大阪府立中央図書館国際児童文学館蔵書)を参考にした。その後に、阿部の『「子供が良くなる 講談社の絵本」の研究—解説と細目データベース』(2011、風間書房)が上梓された。本書では、私家版と風間版を参照しつつ、大阪府立中央図書館国際児童文学館蔵書によって現資料確認を行い、現資料調査データを基本データとした。ただしそこには、破損本と補修本が含まれていることから、不明な点は阿部の先行研究に依拠した。
4) 講談社は一時期には雑誌返品を「ゾッキ物」として売り払っていた。ところが、大量生産に伴い返品も増加したことから、「ゾッキ物」業者は、講談社雑誌の仕入れ値の値下げを要求した。その交渉に激怒した野間清治の判断で、それ以降、講談社の月遅れ雑誌は裁断され、「ゾッキ物」として扱われなくなったというエピソードが残されている(小川1992：243-244)。
5) 上笙一郎による「聞き書」の中で、『講談社の絵本』の元編集長・加藤謙一は、桃太郎噺などを絵本化するに当たり、映画のモンタージュ手法を導入したことを述べている。加藤は、「映画をまねてこまかく齣分けして構成すると、文章を読んでもらわなくても、絵を見て行くだけで幼い子どもたちに十分理解できる」ので、「みな、その方法で作りました」としている(上編著1974：218-223)。
6) 標題に女性名が含まれているものは、32『孝女白菊』(1937.8)、69『孝子　万寿姫』(1938.6)、91『鉢かつぎ姫と孝子萬吉』(1938.12)、94『安寿姫と厨子王丸』(1938.1)、101『竹取物語　かぐや姫』(1939.3)、108『静御前』(1938.5)、152『蛤姫と鼠の嫁入』(1940.7)、164『親指姫』(1940.12)の計8書である。なお、女性像

だけの表紙イメージは、上記から94『安寿姫と厨子王丸』を除き、130『アリババ物語』(1939.12)、195『日本ムカシバナシ』(1941.12)を加えた計9書である。

7) 軍国主義的書名とみなした『講談社の絵本』44書を、以下に記す。1『乃木大将』(1936.12)、23『東郷元帥』(1937.6)、39『忠勇美談』(1937.10)、43『支那事変美談』(1937.10)、45『漫画と軍歌画集』(1937.11)、46『支那事変　武勇談』(1937.12)、50『支那事変　大勝記念号』(1938.1)、51『飛行機画報』(1938.1)、53『漫画と武勇絵話』(1938.1)、54『支那事変　奮戦大画報』(1938.2)、57『支那事変大手柄絵話』(1938.3)、59『漫画と軍国美談』(1938.3)、60『忠勇感激美談』(1938.4)、64『兵隊さん画報』(1938.5)、68『空中戦画報』(1938.6)、75『漫画と忠勇絵話』(1938.7)、83『漫画と愛国美談』(1938.9)、84『支那事変　海軍大画報』(1938.10)、92『漫画と支那事変美談』(1938.12)、93『漢口攻略　皇軍奮戦画報』(1939.1)、106『漫画と出征美談』(1939.4)、107『軍神西住大尉』(1939.5)、110『広瀬中佐』(1939.6)、115『漫画と海国男子』(1939.7)、120『感状に輝く　勇士奮戦美談』(1929.9)、125『漫画と日の丸美談』(1939.10)、129『荒鷲奮戦画報』(1939.12)、131『漫画と銃後美談』(1929.12)、139『満州見物』(1940.3)、145『輝く軍旗』(1940.5)、156『漫画と軍国絵物語』(1940.8)、157『日本の陸軍』(1940.9)、160『航空画報』(1940.10)、162『日本の海軍』(1940.11)、163『漫画と銃後童話集』(1940.11)、168『漫画と愛国オハナシ集』(1941.1)、176『海ノマモリ』(1941.5)、179『南洋メグリ』(1941.6)、189『空ノマモリ』(1941.10)、196『軍馬ト軍犬』(1942.1)、198『イサマシイ戦車』(1942.2)、200『センスキカン』(1942.3)、201『日ノ丸バンザイ』(1942.3)、202『大東亜戦争』(1942.4)、以上計44書である。

8) 宮本大人は、講談社が日本児童絵本出版協会に参加していないことを記している（宮本2002：19）。その注では、「『講談社の絵本』は先の内閣制への移行指示の対象にもなっていない。誇大広告削除処分などの処分は行われているが、統制の影響は、「赤本絵本」に比べると間接的であったと考えられる。この背景には、講談社と陸軍の結びつきがある。」（前掲宮本：29）と指摘している。このように講談社の活動には、他の業者の動向とは軌を一にしていない部分がある。

9) 用紙配給について、講談社に対しては何らかの優遇処置があったのではないだろうか。戦後の早い時期、被占領期検閲時の再開は、戦時中の用紙確保を意味するものである。雑誌の奥付には、発行承認番号と発行部数が記載されず、詳細は不明のため、ここでは推測を示すに留めたい。

10) 50『支那事変　大勝記念号』、51『飛行機画報』、52『世界お伽噺』、53『漫画と武勇絵話』の4書（1938.1）の読者欄には、同じ文面の投稿文「絵本『猿蟹合戦』

を参考に小学国語読本の授業」（兵庫県加東郡社小学校　神部重雄先生）、79『漫画とお伽噺』（1938.8）の後書きでは、「『講談社の絵本』は、小学校や幼稚園で盛んに利用されてゐます」が掲載されている。後者では、写真も掲載されており、そこには、「写真は東京市浅草育英小学校に於て、放課後児童に『講談社の絵本』を閲覧させてゐるところ」のキャプションが記され、座席の列は男女子で分けられているものの、男女子共に背筋を伸ばして真剣に『講談社の絵本』を読む姿が写し出されている。

11）　牟田和枝は、明治期修身教科書（1871-1912）に掲載された家族像の分析を通して、「親子が親しみ合い家族が団らんを楽しむ親子の対等な情愛」（牟田1996：91）が次第に明確化されて、家族の団欒図では、親子像の距離は接近していくが、祖父母像は除外されていくことを示している（前掲牟田：85-114）。ところが大正期の幼年用メディア『子供之友』1—3（1914）では、羽仁もと子（1873-1957）が、明治皇后を「日本の国のお祖母様」と表現して、その死を悼んだ。同誌5—1（1918）には、野原で遊ぶ男女子1人ずつ、両親、祖父母、女中の計7人を描いた図像が見られる。昭和期の同誌19—8（1932）では、もと子の外国訪問記が、「おばあちゃんの手紙」の標題で掲載された。また、金井直造（1878-1952）が創業した金井信生堂の大正期絵本には、母親像は多くあったが、父母像を軸にした家族団欒図はなく、父親像は少なかった。昭和になり二代目・金井英一（1900-82）が発行者になった金井信生堂の戦時期絵本には、父母・兄弟姉妹の家族団欒図はあるが、そこに祖父母は登場しない。そして、本章で検証している昭和期の『講談社の絵本』の巻頭文では、祖父母と孫の関係性が強調されている。すると、このような大正・昭和初期の幼年用メディアに於ける祖父母像、および家族像をどのように捉えればよいか。修身教科書の家族像は、大正・昭和期に変化したか。同時期の教科書と幼年用メディアでは、家族の表象に差異はあったか。幼年用メディアの中でも、金井信生堂などの〈赤本〉絵本と教育者が関与した絵雑誌では、その点に差異があったか。発行者の世代や学歴、および属性によって、その点に差異があったか。このような疑問が浮上する。これらの疑問を、今後に検討したい興味深い課題として記しておく。

12）　他2書の被写体は、83『漫画と愛国美談』（1938.9）の阿部清種（海軍大将）と孫、86『漫画と頓智合戦』（1938.10）の若槻礼次郎（元内閣総理大臣）と孫である。

13）　阿部紀子のデータベースによると、処分を受けた『漢口攻略　皇軍奮戦画報』と『安寿姫と厨子王丸』は、当初には全96頁であったが、改訂版では全92頁になっている。いずれの削除箇所にも、標題「「講談社の絵本」で幼稚園教育」の「良い

幼稚園が見つからずいかなかったが、「講談社の絵本」が代わりの教育となった」（阿部2011：221, 222）とした内容の読者欄の手紙（森澤多可）が含まれている。この資料は、公共機関には所蔵されていない。ゆえに本書に於いて、この削除対象は、極めて興味深い内容ではあるが、現時点では現資料調査を行っていない。

14) 巻頭文に女性名を記した書名と女性名は以下の通りである。複数著者の一部として女性名が含まれているのは、5『桃太郎』の吉岡弥生、6『曾我兄弟』の鳩山春子、7『大笑ひ漫画集』の村岡花子、30『漫画とお話大会』の坂内ミツと吉田ケイ、41『漫画と物知り』の村岡花子、74『楽しい遊び』の坂内ミツの計6書、5名である。単数著者で女性名のものは、71『傑作漫画大会』の山田わか、92『漫画と支那事変』の高良富子の計2書、2名である。記者記事のものは、91『鉢かつぎ姫と孝子萬吉』の本野久子、94『安寿姫と厨子王丸』の鳩山薫子の計2書、2名である。座談会参加者の記事に確認できるのは、99『ニコニコ漫画大会』の高良富子と白土れん子の計1書、2名である。これまでを集計すると、全203書中、計11書の巻頭文に、計10名の女性が登場する。

15) 『日本国語大辞典』第二版では、「大東亜共栄圏」は、「第二次世界大戦にさいして日本が唱えたアジア政策のスローガン。日・満・華を中心にインド、ビルマ、タイ、オーストラリアなどを含む地域の共存共栄を主張し、欧米諸国にかわって日本がアジアを支配することを正当化しようとしたもの。」と説明されている。

16) 日本は、明治維新以降、開拓や領有、あるいは占領によって「国語としての日本語」地域や「国語の一つとしての日本語」地域を拡張させていき、中国侵略の拡大に伴い「大東亜共栄圏」建設を目的として、「大東亜共通語としての日本語」地域を拡張させた（高嶋1995）。

17) イ・ヨンスクは、植民地に於ける言語思想を、次のように記している。「植民地に於ける公用語は何語か、また、裁判や教育は何語でおこなうべきかのどを規定した法律はまったく存在しなかった。まるで日本語がそうした地位を占めるのが自明の前提であるかのように、法律的措置ではなく、むきだしの強制力によって日本語がわがもの顔で植民地を支配したのである。その意味で、日本がおこなったのは、言語『政策』ではなく、政策以前のたんなる言語『暴力』であったというほうが真相に近いかもしれない」（イ1996：251）。この「自明の前提」が、『コドモエバナシ』5―11「わが子の錬成」に示されている。ここには、「正しく美しい日本語」が「大東亜共栄圏」の言語として構築され、母親がその一端を担った構図を見ることができる。

＊図版は、大阪府立中央図書館国際児童文学館蔵書、および著者蔵書を使用した。

［図6－1］『乃木大将』　表紙

［図6－2］『桃太郎』　表紙

［図6－3］『ヒットラー』　表紙

6章 《講談社の絵本》(1936-44)に見る総力戦の道筋　249

［図6—4］『コドモヱバナシ』
5—9　表紙

［図6—5］『コドモヱバナシ』
6—8　表紙

［図6—6］『コドモヱバナシ』6—8　32-33頁

［図6—7］『コドモヱバナシ』
5—16　表紙

［図6—8］『コドモヱバナシ』
6—1　表紙

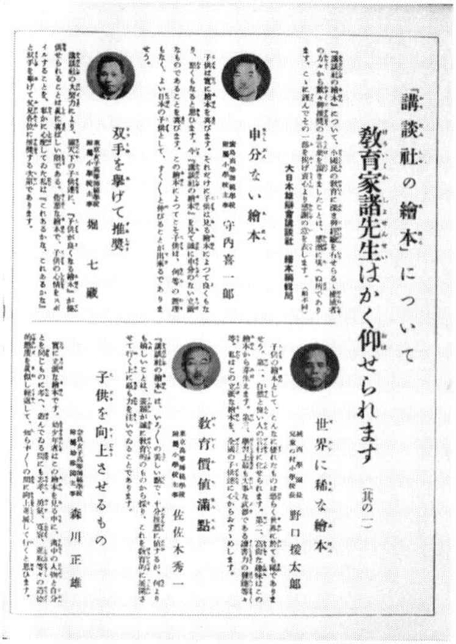

『講談社の繪本』について
教育家諸先生はかく仰せられます（其の一）

「講談社の繪本」について、小國民の教育に深き理解を有せらるゝ權威者の方々から數々御推奬のお言葉を頂きましたことは、感激に堪へぬ所であります。こゝに謹んでその一部を掲げ衷心より感謝の意を表します。（順不同）

大日本雄辯會講談社　繪本編輯局

申分ない繪本
守内喜一郎

双手を擧げて推奬
堀七藏

世界に稀な繪本
野口援太郎

教育價値滿點
佐佐木秀一

子供を向上させるもの
森川正雄

[図6—9]『牛若丸』　表紙裏

『舌切雀』を推奬す

東京文理科大學教授　保科孝一

舌切雀！　あゝこれはどわが少國民の心を力づよく引きつけ、しかも親しみを感じさせる童話は少いであらう。さてこそ國定教科書をはじめ、これに取材した兒童の讀物はこれまで數限りなくあらはれて居るのである。

しかし、講談社の『舌切雀』は實に豪華版中の豪華版である。挿繪は鴨下晁伯が半歳の久しきにわたり、肝膽を碎き心血をそゝがれたものであり、文章は徳永壽美子氏の手になるもの、達意平明にして、しかも興味津々、これを手にした兒童は目を喜ばせ、心を樂しませて時の移るを忘れる、これ固より當然である。

兒童の讀物のもつとも進んで居るのは、自分の知つて居る範圍ではドイツが一番である。私は多年ドイツに於けるやうな教育的條件の完全に備つた兒童讀物の一日もはやく我が國にあらはれることを、心から念願して止まなかつた。然るに、今や『講談社の繪本』によつてはじめてその念願の達せられたのを深く喜ぶのである。ことにかやうな豪華版はドイツはもとより、他に於て全く見ることの出來ないもので、まさに世界一の繪本と言つても決して過言ではない。さらにかやうな繪本を手にし得るわが少國民は、世界一の幸福者といつてもよいであらう。

[図6—10]『舌切雀』　表紙裏

6章 《講談社の絵本》(1936-44) に見る総力戦の道筋　251

[図6—11a]『漫画とお伽噺』112頁　　[図6—11b] 同左　拡大図

[図6—12]『偉くなる子供』表紙裏、扉

［図6―13］『漫画とお伽噺』
表紙裏

［図6―14］『面白漫画まつり』
表紙裏

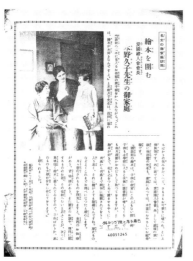

［図6―15］『鉢かつぎ姫と孝子萬吉』
表紙裏

［図6―16］『安寿姫と厨子王丸』
表紙裏

6章 《講談社の絵本》(1936-44)に見る総力戦の道筋　253

[図6—17]『コドモヱバナシ』
5—9　表紙裏

[図6—18]『コドモヱバナシ』
5—11　表紙裏

[図6—19]『コドモヱバナシ』
6—4　表紙裏

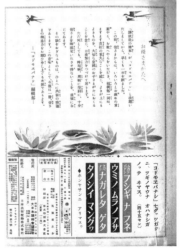

[図6—20]『コドモヱバナシ』
6—6　37頁

7章　戦時統制期（1938-45）に於ける生産者の主体性
―金井信生堂、岡本ノート・創立事務所を事例として―

はじめに

　本書では、幼年の子どもが絵本・絵雑誌に出会う時に必要となる母親の介助役割に着目して、〈絵解きの空間〉に於いて構築される、メディアと母親と子どもの関係性を検証してきた。戦時統制期になると、絵本の裏表紙などに標題「お母様方へ」などの付記が印刷され、媒介者として指名された母親は、その解説に従った絵解きを指示された。それは、1938（昭和13）年10月の内務省通達「指示要綱」の一項「幼年雑誌及ビ絵本ニ「母の頁」ヲ設ケ、「読ませ方」「読んだ後の指導法」等ヲ解説スルコト」の指示に、生産者が従い、一義的な内容解説などの付記を絵本に添付したことによる。

　「母の頁」の設置指示は、内務省から生産者に向けて通達されたものであったが、生産者によって掲示された「母の頁」は、媒介者である母親の絵解きを統制することになる。絵解きの統制は、〈絵解きの空間〉で交わされる言葉を統制する。すると、そのような言葉の統制は、子どもの生活全般への統制につながったのではないだろうか。

　戦時統制に対して、生産者は、どのように自覚的であり、どのように対処したか。本章の目的は、戦時統制に対する生産者の主体性を検証することにある。この生産者とは、出版社名で示すものの、絵本・絵雑誌の生産に関わった者の総体を意味しており、そこには発行者のみならず、編集者や画家を含み、統制物資であったインクや用紙に関わる印刷・製本に携わる者も含んでいる。ここで言う主体性とは、国家と生産者と受容者の関係性にどのような意味を見出し、そこからどのようなシナリオを構成し、どのように行為し

たか、という戦時統制に対する生産者の対処の仕方を意味している。

〈絵解きの空間〉には、情報媒体の絵本・絵雑誌、媒介者の母親、および読者の子どもが存在する。そこで交わされる言葉の統制を検証するためには、生産者のみならず、媒介者、および読者の動向を分析する必要がある。しかし戦時期絵本に関する読者の思い出などの資料はほとんどなく、読者である子どもの動向を把握することは困難である。ところが、戦時統制期絵本のほとんどに「母の頁」が付記されて、母親も参加した「児童絵本を良くする座談会」(以下、「座談会」と表記)の速記録が残されており、戦時期に期待された女性の役割や母性についての先行研究があることから、母親が媒介者として何を期待されていたかを探究することは可能である。そこで本章では、生産者に焦点を当てることで、付随的に見えてくる媒介者の動向も検討する。

戦時統制期の幼年用メディアに関する先行研究では、様々な媒体の特徴が論述されている(滑川1978;鳥越編2002)。そこには、明らかに好戦的な絵本、一見では非戦的な絵本、小動物を主人公としたのどかな背景の片隅に「日の丸」の表象を掲示した絵本などの概要が記述されている。「指示要綱」や発禁処分を取り上げて、戦時統制の展開を検証したものもある(浅岡1991,1994;佐藤(広)1993;桝井1997;宮本1998,2002)。これらは、残された公文書からその展開を探り、複雑な統制の背景を論述している。戦時下の「良書」普及のための読書調査を基にして、子どもの読書の実態を検証したものもある(服部(裕)2009)。そこでは、「錬成」目的のものはあまり普及しなかったが、「指示要綱」を反映させたものは読まれており、国策は子どもにも浸透していたことを結論としている。戦時統制を踏まえた上で、媒体の表象の意味解釈や、媒体に与えた統制の影響を探ったものなど、戦時統制と媒体の関係性を検証したものもある(大橋2002, 2003, 2004;宮本2003a, 2004)。これらは、「指示要綱」が媒体に与えた影響を念頭に置き、資料分析を行っている。

これらの先行研究のいずれにも、子ども用メディアに対する戦時統制を、1930年代に展開された家庭教育振興策との関連から検討した論点はない。

「母の頁」を取り上げたものも（前掲大橋）、概要の記述やテクスト分析に留まり、家庭教育に於ける母親の位置づけには論究していない。これらの結論では、戦時統制が媒体に与えた影響は指摘されているが、「高度国防国家」の構築を目的とした家庭教育に於ける、教科書としての幼年用メディア、教師としての媒介者の問題は明らかにされていない。

本書では、「指示要綱」の通達は、1930年代に展開した家庭教育振興策の延長線上にあったと見なして、家庭教育に於ける媒介者としての母親の問題を視野に入れながら、生産者の対処の仕方を検証し、その主体性の意義を論考する。なお戦時統制期を、幼年用メディア統制の動きが顕在化した1938年3月から、太平洋戦争敗戦によって戦時統制が一応終了した1945（昭和20）年8月までとする。

戦時統制期の生産者の事例として、次の2社をサンプルとする。一方は、明治末期に創業し、太平洋戦争敗戦後に実質的な営業を終業した東京所在の金井信生堂である。他方は、この期に創業し、現在にも活動するひかりのくに株式会社（以下、ひかりのくにと表記）の創立者と同一人物が代表者を務めた、大阪所在の岡本ノート株式会社出版部（以下、岡本ノートと表記）と昭和出版株式会社創立事務所（以下、創立事務所と表記）である。ここでは、これらを同系一社と見なして、岡本ノート・創立事務所と併記して総称とする。

異なる条件を備えた2社を事例とするのは、次のような比較検討にある。第一には、創業から30年ほどを経た前者と、創業間もない後者に於ける、国家と生産者と受容者の関係性の構築に関する比較である。第二には、生産者を代表して統制機関にも参加した前者と、用紙などの配給を受ける側の生産者であり続けた後者に於ける、統制への認識に関する比較である。本章では、媒介者の存在を視野に入れながら、その対処の仕方を検討する。

以下、1節では、生産者全般の動向を記す。2節では、戦時統制期の絵本生産者2社の概要を記す。3節では、金井信生堂の絵本および付記、4節では、岡本ノート・創立事務所の絵本および付記を分析する。5節では、2社

を比較検討し、戦時統制期に於ける生産者の主体性の意義を考察する。おわりに、これまでの検証をまとめる。

1　生産者の動向

　戦時統制期には「指示要綱」が通達され、発禁・削除などの処分や内閣制が実施され、図書推薦事業が展開されて、それらの対応策として、「座談会」が開催された。本節では、まず全9回「座談会」の内容、次に言葉の問題、最後に「母の頁」の議論を検討する。

1-1　全9回「座談会」内容
　戦時統制への対応策として、金井信生堂の金井英一（1900-82）を理事長とする日本児童絵本出版協会（1939.3、改組1941.7日本児童絵本研究会）が設立され、その主催の「座談会」が9回（1939.5〜1941.12）にわたり開催された。そこでは、絵本を巡る様々なテーマが議論された。各「座談会」の数か月後に、各「座談会」速記録が日本児童絵本出版協会（第8・9回「座談会」速記録は日本児童絵本研究会）から非売品として発行された。
　まず、開催年月日から確認する。第1回は1939（昭和14）年5月であり、文部省推薦事業開始（1939.5）と軌を一にしている。それを起点として、1939年度には2か月毎に年4回、1940（昭和15）年度には6か月毎に年2回、1941（昭和16）年度には5〜6ヶ月毎の2回とその2ヶ月後の第9回の計3回の「座談会」が開催された。これらは、第1回のみならず、第6回の1940年10月の総力戦研究所設置、第7回の1941年3月の国民学校令公布、第9回の1941年12月の日米開戦の時期に合わせて開催された。開催時期から見ると、「座談会」開催は、初期には幼年用メディアへの出版統制への対応であったが、次第に総力戦の展開に沿った戦時統制全体への対応に変容したことがわかる。

次に、テーマを確認する。第1回「漫画絵本に就て」(1939.5)では、漫画絵本の統制という具体的テーマが話し合われた。第2回「コドモとは何ぞや」(1939.7)、第3回「幼児教育の立場より」(1939.9)、第4回「児童心理の立場より」(1939.11)では、抽象度の高いテーマが展開されたが、第5回「絵本の言葉の問題」(1940.4)、第6回「童画家の立場から」(1940.10)では、絵本の詞と絵に関する具体的テーマに戻った。第1～6回までのテーマは、相対的に見れば生産の場の問題であった。第2回でも、「子供といふものはどういふものであるか、謂はば子供概論といふやうなものを伺はせて戴いて、今後の出版の参考にして行きたい」(1939.10第2回「座談会」速記録：1)と述べられており、生産の場の問題として設定されている。しかし、第7回「児童絵本と科学」(1941.3)、第8回「少国民錬成について」(1941.9)、第9回「需要者の立場から」(1941.12)は、国策に関連した抽象度の高いテーマではあるが、受容の場にも踏み込み、具体的な対処法を話し合っている。

出席者を確認すると、全9回「座談会」には、協会員の他に、各テーマに合わせて、幼年用メディアに関連した生産・流通・受容の場の関係者、心理学者や官吏などが出席している。ほとんどの会に検閲関係者が出席しており、「座談会」自体が検閲の対象であったことがわかる。第9回では「お母さまの立場から」として、母親3名が出席している。夫の職業は官吏、大学教授、医師であり、この母親達は、新中間層の専業主婦と見なせる。

最後に、議論の展開を確認する。第1～7回（司会進行：金井英一、金井信生堂）では、生産者に有利な発言を官吏から引き出そうとする攻防が見られるが、合間を縫って、統制に加担するような発行者や作家・画家などの生産者の発言も頻発している。第8回（司会進行：陶山巌、小学館出版部）では、参加者は、「少国民」の錬成に関する文部省図書監察官の意見の拝聴に終始し、その発言は、量的、質的に委縮している。第9回（司会進行：渡邊哲夫、富士屋書店）では、前半で様々な意見が述べられたが、中盤で情報局検閲課の上月景尊が発言した後、後半の議論は「指示要綱」に従う方向に収束する

（詳細を後述）。

1-2　言葉の問題

　事例として、言葉をテーマとした第5回「座談会」を検討する。ここで議論されているのは、絵本に印刷された詞に留まらず、〈絵解きの空間〉で交わされる言葉にも及んでいる。

　言葉には、文字言語と音声言語、表象とされた視覚言語、表情や仕草などの身体言語がある。金井英一は、冒頭挨拶で、このような言葉の種類を述べ、加えて身体の外に表出される以前の思考も言葉と見なして、言葉が「人と人との問題、或は社会の問題」に、また「自分の感情を現はし、又考を発表する」場合にも、「道具になるもの」（1940.8第5回「座談会」速記録：2）と定義した。その後に、次のように述べている（前掲第5回：2-3）。

> 〔…〕絵本の言葉といふものは、唯文字に現はされた語だけでなくて、絵本は文字の読めない子供を相手にして居るのでございますから、母親なり姉なりが読んで聴かせる。さうして子供はそれを耳に受入れて聴く言葉もあると思ふのであります。
> 　さういふ風に考へますと、標準語といふやうな狭いものでは、中々絵本の言葉は、絵本の内容を文字で現はす場合に現はし切れないと思ひます。そこで俗語も、或は場合に依つては方言も、又一寸言葉で現はせないやうな感動詞といふやうなものも、色々に無理に書現はされて今まで絵本に出て居たんだと思ひます。それが今日まで色々問題を起こしたりして居るのであります。私共業者と致しまして、要するにさういふ文字に現はされた言葉、さうでなく又腹の中にある言葉、口に言はれる言葉といふものが絵本と結付いて、一体どういふ風でなければならないかといふやうなことを先づ伺いたいと思ひます。

　媒介者である母親を介した〈絵解きの空間〉では、絵本の意味内容が母親の言葉で絵解きされることから、その言葉には、地域性や各家庭の個別性があるはずである。ところが、近代日本の国語教育では、「方言が卑しむべき

ことばとしておとしめられ」(イ1996：220)、「女ことば」は排除された（中村（桃）2007)。大日本帝国の言語政策、国語教育から、この時期になると、〈絵解きの空間〉で語られる母親の言葉にも規制がかかりつつあった。金井英一は、その規制に異議を唱えつつ、対処法について議論することを、この回のテーマとして提示した。

　この後に波多野完治（1905-2001、心理学者）が、「絵本時代の子供は学校で教育することがありませんので、殆ど母親と絵本で言語の訓練をされてしまふ」ので、絵本の「言語教育上の意味」は「非常に大きい」（前掲第5回：4）と述べ、標準語の使用を提案して、浜田廣介（1893-1973、童話作家）が、その提案を具体的に解説している。それに対して金井が、絵本に使用する言葉は標準語だけでは不十分である、と反論している（前掲第5回：19)。

　この回の注目すべき議論は、浜田廣介の「理想案ですが〔…〕絵本に書入れる文字、文章は、一つの機関を通して、そこを通ったものを印刷する」（前掲第5回：34）の発言から始まった。この発言は、平沢薫（文部省社会教育局）の「将来は単に役所でやるのではなくて、一般の家庭なり、或は学校なり、色々さういふ方面の協力、或は出版業者の協力」を得て「もつと効果のあるものにしなければならない」という言説を導き出した（前掲第5回：36)。その後、浜田が、「印刷物になる子供の読物を、或る機関を通して検閲と言つてはなんですが、若し許されるならば閲読」（前掲第5回：37）を提案し、それに対して、石森延男（1897-1987、児童文学者・国語教育者）が、「一寸むづかしいやうに思ひます」（前掲第5回：37）と反論している。白熱しかけた議論に対して、金井英一は「ここで一寸食事をしたいと思ひます」（前掲第5回：37）とタイミングを見計らい話題を転換させている。

　検閲官も出席した第5回「座談会」では、言葉を巡る諸問題が議論されたのだが、議論を重ねるごとに、それは統制に収束されていった。そのことに気づいた金井英一の司会進行がある程度の抑止力になったようだが、この後に、「出文協」が設立され、承認制度が開始されて、浜田廣介の提案が活か

されるかたちになった。

1-3 「母の頁」に関する議論

　もう一つの事例として、母親の介助役割についての議論を検討する。母親の介助役割については、全9回「座談会」で繰り返し話題になっている。第2回（1939.7）では、尾高豊作（1894-1944、日本児童社会学会設立）が、次のように述べている（前掲第2回：73）。

> 　検閲の問題でございますけれども、本当の検閲官は理想論かもしれませんけれどもお母さんだと思ひます。これは女子教育の立場から申し上げるのです。幾ら店頭にあつても駄菓子を買はないお母さんもある。さういふ意味で、売る方はどんどん出しても構はない。検閲の方も社会風紀に反しない限り相当お手柔かになつて居るのですから、それを一番本当に検閲するのはお母さん或はお父さんだと思ふ。それで母親或は父親が我が子を大事に思ふ心情から選定して行くといふ、さういふ思想又常識を広めて行くことが大切な問題だと思ふのです。

　尾高は、後半部では父親に対しても責任の所在を示しているが、前半部では女子教育を持ち出して、母親を絵本の「検閲官」と位置づけた。ここで「駄菓子」に喩えられたものは、書店のみならず玩具店や露店などでも売られていた〈赤本〉絵本のことである。「駄菓子を買はないお母さん」、言いかえれば〈赤本〉絵本を買わない〈お母様方〉は、それまでに展開された母親教育と幼年用メディアの改善という家庭教育の振興に於いて、すでにエージェント化された母親を指している。

　この他にも、幼年の子どもの読みを介助するのは母親であること、その見識が絵本の向上につながることが、繰り返し提議された。第2回では媒介者である母親と読者である子どもの関係性は述べられているが、第1～3回では「母の頁」の話題は出てこない。

　第4回（1939.11）になり、「母の頁」が話題に上った。秋田美子（東京市目

黒区方面館主任保母）が「母親が説明しても理解できない絵本が、幼児に与へられるのは、非常にいけないことだと思ひます」（1940.4第4回「座談会」速記録：12）と述べ、その後の議論の展開から、後藤岩男（心理学者）が、「何処かに母の頁を作つたがよいと思ふ」（前掲第4回：18）とまとめている。第4回では、受容者側から絵本の問題点が指摘されると、その解決策として、議論は「指示要綱」に回収されて、「母の頁」の設置があらためて確認された。

第5回（1940.4）では、言葉の問題や文字表記について議論された時、付記されていることが当然と見なされて、「母の頁」が引き合いに出された。その後「母の頁」は、第7・8回では話題に上っていないが、母親も出席した第9回では話題の中心になっている。

第9回（1941.12）では、留岡よし子（巣鴨十文字幼稚園）が、「母の頁」を指して、「あれを子供に与へる前に、お母さん方が一応拝見して、間違ひのないやうにすることは勿論必要ですけれども、なるべくあつさりとして戴けばいいんぢやないかと思つてをりますけど」（1942.5第9回「座談会」速記録：11）と述べている。その後に議題は年齢表示に及び、再び「母の頁」に戻り、司会進行の渡邊哲夫が次のように述べている（前掲第9回：24）。

> この頃は、どういふ意図でこの本を作りましたといふやうなことを「母の頁」といふのに書いてありますよ。ただ、あれについて問題になりますのは、お母さん方がそれを読みますと、その通りにしか読取らないのですね。実はそういふ一つの決まつた見方をして貰ひたくないので、それは一つの参考といふだけで、いろいろな意味で絵本を見てもらひたいのです。

第9回前半で渡邊は、「母の頁」が母親の絵解きを一元化してしまうことへの異議を示した。秋田美子も続いて、「母の頁」を「入れて戴くのがいいかどうか、一寸疑問だと思ひます」（前掲第9回：24）と発言している。これらには、本来備わった絵解きの自由性や多様性に関する見解が示されており、

この回の前半では、「母の頁」の指示に対する懐疑的な議論が展開した。

ところが上月景尊が、「私は検閲の立場に在るものですが」（前掲第9回：26）と冒頭でその属性を明らかにして、意見を述べると、状況は一変した。上月は、内閣を経ないものは一切発行していないので、問題点が是正されつつあるが、絵に対する子どもの消化についての研究が足りない、と指摘して、次のように議事進行を規制している（前掲第9回：26-27）。

> 〔…〕それで、議事進行になりますけれども、結局子どもがどういふ絵本を好くか好かんかといふ問題よりも、むしろ日常生活に於て、子供が如何に伸びやうとしてゐるかといふ児童の生活現象を中心にして、それと絵本の素材を結びつけてお話を願つた方が、絵本を作る上に参考になるのではないかと考へます。

この後上月は、漫画絵本と、絵本の色彩や製版技術について、一般的な傾向を叙述している。その口調は、決して強圧的なものではない。しかしこれを契機にして、議論の流れは一元化の方向に傾斜した。

この後に協会員が、「お母様方が絵本を読んで聴かせられます時に、そこに書いてある通りに読んできかせられませぬか、或はその子供に適した言葉に言ひ換へてお与へになりませうか」（前掲第9回：28-29）と出席者の母親に問いかけた。真弓芳子（夫：慶応病院医師、子ども：4・6歳）が、「本によりまして、少し変へませんと理解出来ないやうな場合もございます」（前掲第9回：29）と答えた後に、次のように続けている（前掲第9回：29-31）。

> 母親といたしまして、絵本について考へますと、まづどうしても出発点は教育的といふところから出て行きたいと思ひます。さうして高い意味での子供本位、先程年齢表示の問題もございましたが、ああいふやうに、年齢をちやんと決めて、年齢に重きを置かれれば、編集をなさる方も真面目な気持で本も充実するだろうといふ点でよろしいと思ひます。〔……〕子供は何を喜ぶかといふよりも、やはり母親の自覚によつて喜び方の方向を高めて行きたいと思ひます。絵本に対する

母親達の考へ方がだんだん慥かによくなつて、いい絵本を沢山買つて、悪い本はなくなるやうになつたら本当にいいと思つてをります。〔……〕

　真弓は、母親が自覚的に取り組むべき課題は、子どもの「喜び方の方向」を調整することである、と述べている。それは、子どもの感情の統制を意味している。ここでは、絵本への統制と子どもへの統制が、母親の言葉として同時に述べられた。この母親の考える絵解きには、女子教育によって内面化された教育性が反映された。ここから、母親と子どもの関係性が統制を軸にして構築されていく過程を読み取ることができる。
　この意見から発展して、安藤初太郎（露天商）が次のように述べている（前掲第9回：34）。

サラリーマンなんかの家庭の子供はいいのですけれども、さうでない八百屋さんとか、魚屋さんとか、さういふ家は非常に忙しくつて暇がないですから、さういふ家庭の子供のことも、考へてやつて貰ひたいですね。

　この後の議論は、対象を新中間層から商人や農山漁村の子どもと母親にまでも拡大したものとなった。生活問題にも話題は発展し、佐藤義美（出版文化協会児童課、児童文学者）が「実地に当つて調査してみる必要」（前掲第9回：36）を述べるに至った。
　第9回にもなると議題としての「統制」は揺るぎない前提としてあり、個別の見解が全て統制の方向に収束されていった。それは、絵本内容のみならず、媒介者である母親の行動、家族の生活全般、および母親と子どもの関係性も統制し、〈統制する側〉と〈統制される側〉の関係性を無限に増殖させて、その境界を曖昧にしていく構造である。
　第9回出席の母親達は、国家と媒体と媒介者の関係性に於いて、すでにエージェント化された〈お母様方〉である。〈お母様方〉は、〈統制される側〉

でありながらも、〈統制する側〉の立ち位置で生産者に意見を述べ、さらに子どもの感情の統制の必要性も述べている。

　以上のような全9回「座談会」に見る議論の展開が、戦時統制期に於ける生産者の一般的動向である。この状況下に、戦時統制期絵本の生産者は、どのように活動したか。以下では、生産者2社を事例として、具体的な対処の仕方を検証する。

2　戦時統制期絵本の生産者

　「指示要綱」の通達（1938.10）、統制機関である「出文協」の設立（1940.12、改組1943.3「出版会」)[1]、児童文化の一元的統制団体である日本少国民文化協会の結成（1941.12）、全ての出版物に対する「出文協」の発行承認の開始（1942.3）と展開した戦時統制期に、絵本生産者はどのような活動を行ったか。ここでは、事例とする出版社2社、金井信生堂および岡本ノート・創立事務所の概要を示す。

2-1　金井信生堂の戦時統制期―戦時期の〈赤本屋〉

　金井信生堂は、地本組合加盟業者の最大手として（朝野1997）、近代日本の絵本生産者を代表する出版社であり、「児童読物改善」のスローガンの下に戦時統制の主たる対象になった〈赤本〉の発行所、つまり〈赤本屋〉でもあった。二代目経営者・金井英一は、戦時統制対策のために組織された日本児童絵本出版協会の理事長となり、さらに絵本生産者を代表して「出文協」に参加した（大橋2001, 2002)[2]。

　文部省の児童図書推薦事業（1939.3開始）では、文字ナシ絵本の《小サイ子ノエホン》『ハトポッポ』（鈴木寿雄画、1939.9）の1書、与田準一（1905-97)[3]が関与した「与田準一文」の《新日本絵本》『天まであがれ』（清原斉画、1939.1)、《幼児国民エホン》『ミコチャンナコチャン』『ヒロヲニイチャン』

（鈴木寿雄画、1940.8)、《幼児国民ヱホン》『オソラハヒロイ』（金子茂二画、1940.8）の4書、計5書が文部省推薦を受けた。出版整備事業（1944）では、金井信生堂は、泰光堂、岡村書店などと統合されて、傳育出版社になった（福島1985）。

「指示要綱」と照合すると、「挿画、漫画ニハ責任者ノ名ヲ明記スルコト」の指示を受けて、それまでにはなかった画・作・編著者の氏名が表紙に記されるようになった。それらは、通達前の叢書《ニポンヱホン》『母』（金子茂二画、与田準一文、1938.6）から出現している[4]。「科学的知識ニ関スルモノ」の指示は、科学漫画絵本の叢書《サクラ》（対象年齢11-14歳）、石炭の採掘や有用性を説いた『クロダイヤ』（三木申太案画、1940.5)、木材パルプの製造工程を漫画化した『木仙人』（三木申太案画、1940.10）などに反映された[5]。

金井信生堂は、「座談会」の議論内容にもいち早く対応した。第2回「座談会」で編集者の設置が提案され[6]、第5回「座談会」で言葉の問題が議論されて、それらを受けて、詩人・吉田一穂（1898-1973）[7]が絵本編集者として招かれた。

吉田一穂を金井信生堂に紹介したのは、「指示要綱」発案者の内務省警保局図書課企画係・佐伯郁郎（1901-92）[8]であった。両者は早稲田大学という共通の学歴を有し、詩作を通して交流し、佐伯は長男の名付け親に頼んだほど深く一穂を敬愛していた（吉田（一）1993）。官吏であり詩人でもあった佐伯は、統制の発端になった「指示要綱」作成を詩人・百田宗治に相談した一方で、言論統制により検挙された詩人・山本和夫の釈放に尽力したというエピソードも残している（山本（和）1981）。

これらを勘案すると、佐伯郁郎が吉田一穂を絵本編集者として金井信生堂に紹介した背景には、まず金井から見れば、絵本の編集者の設置と絵本に使用される言葉の質的向上、次に一穂から見れば、経済問題の解決と言論統制からの回避を指摘できる。さらに佐伯から見ると、絵本の改善につながると同時に、一穂を手の内に囲うことで言論統制から逃がすことにもなる。この

社の編集者の設置には、絵本の統制という一義性だけではない、これまでに培った様々な関係性に於ける多義性を指摘できる。

2-2　岡本ノート・創立事務所の出版活動─戦後につながる出版社

次に、岡本ノート・創立事務所を取り上げる。これらの発行者は、ひかりのくにの創業者と同一人物の岡本美雄（1914-2000）[9]である。ひかりのくには、1946（昭和21）年1月に雑誌『ヒカリノクニ』を創刊し、幼年用メディアや保育者用書籍などの出版、保育用品や遊具などの開発・販売も行い、文部省著『幼稚園教育百年史』（1979）の刊行に明らかなように、戦後の保育業界を代表する出版社として、現在に至っている。

『ひかりのくに50年史』（ひかりのくに編1995）によると、岡本美雄は、1941年4月25日に「岡本富美子氏と結婚（養子縁組）」、「岡本ノート株式会社を継ぎ、出版部を設置」（前掲ひかりのくに編：115）と記されている[10]。この社史では、同じ文脈中に「現在の「ひかりのくに株式会社」は、昭和20年に「昭和出版株式会社」の商号をもってはじまる」と「昭和18年12月に大阪の絵本出版社8社がまとまり、大阪市南区内安堂寺町に「昭和出版株式会社」を創立し、社長に就任する」と記述されており（前掲ひかりのくに編：120）、混乱がある。出版事業整備に関する先行研究では、統合社名はさらに異なっている（福島1985）[11]。しかし現存絵本調査によると、統合社名は昭和出版株式会社創立事務所であり、この社は、戦後間もなくに昭和出版株式会社（以下、昭和出版と表記）として再出発し、その後に、ひかりのくに昭和出版株式会社、ひかりのくに株式会社と社名を変更した。

現存資料調査によると（大橋2004）、公共機関に所蔵されており、確認可能なものは、岡本ノート刊29書、創立事務所刊12書、昭和出版刊26書の合計67書である（2003.9現在）。ここでは、戦時期の岡本ノートと創立事務所の刊行絵本、計41書を対象とする[12]。

まず、1942（昭和17）年5月から出現する岡本ノート刊行絵本29書の概要

を示す。表紙には、画家・文章作家名、対象年齢、検閲情報、裏表紙の奥付には、編集兼発行者名（岡本美雄）、承認番号（1943.5までは「出文協」、以降は「出版会」承認）、発行部数、定価、配給所（日本出版配給株式会社）が記されている。判型はＢ５縦判、定価は30〜50銭（《大東亜戦争絵巻》は１円50銭）、頁数は表紙共紙20〜24頁（《大東亜戦争絵巻》は表紙別紙48頁）である。《大東亜戦争絵巻》『フィリッピンの戦ひ』（1944.4）が文部省推薦、『僕ハ海鷲』（1918.9）が「出版会」推薦を受けた。

次に、1944（昭和19）年７月から出現する創立事務所刊行絵本12書の概要を示す。奥付内容は、岡本ノート刊行絵本と大差ない。形式面でも、定価は30〜70銭、頁数は24〜28頁になるが、ほぼ同様である。初期には、統合以前の富士屋書店や児訓社が発行承認を得たものがあり、戦後の再版本には、戦時期に発行承認を得て用紙配給を受けたものもある。『キタノマモリ』（1944.10）が、文部省推薦を受けた。

編集者について、岡本ノートの場合、編集兼発行者は岡本美雄であり、編集者は特に設置されていない。創立事務所の場合、編集兼発行者は『コドモトイヌ』（1944.7）では岡本美雄、編集者は『戦闘機』（1944.7）では近藤健児、『ミナミノクニグニ』（1944.10）では高羽敏、その他では今井龍雄となっている。1944年下期の出版社統合後に、編集者の設置に関する意識が生まれている。以下では、岡本ノート刊行絵本と創立事務所刊行絵本を総称して、岡本ノート・創立事務所刊行絵本と表記する。

岡本ノート・創立事務所刊行絵本には、戦争の表象が多く、軍部の指導や検閲を受けたものもある。「指示要綱」の内容や戦時体制の展開が随所にみられる。『捕鯨船』（1942.11）などは、「指示要綱」の「生産ノ知識、科学知識ヲ与ヘルモノヲ取入ルルコト」に該当する。《大東亜戦争絵巻》は、「大東亜戦争」の展開を即時的に「画報」としたものである。『タイノ子供』（1942.12）などには、「大東亜共栄圏」建設への積極的関与が顕著である。『ハタラクムラノ子』（1945.3）は、農山村部の子どもの労働の表象である。

これらには、戦時統制の痕跡と戦時体制の展開がありありと記録されている。

岡本ノート・創立事務所は、「出文協」の発行承認が開始された時期に新規参入した業者であり、一連の統制文書に痕跡を残しておらず、詳細な動向をつかみにくい。前述したようにひかりのくにの内部文書にも矛盾点がある。

2-3 事例2社の小括

以上が、本章で事例とする金井信生堂と岡本ノート・創立事務所の概要である。条件をそろえて調査するのが困難なほどに、両者には多くの相違点があった。金井信生堂は初期段階から統制に関与しているが、岡本ノートが絵本刊行を開始した1942年にもなると、統制は強化されて、生産者が統制に関与する余地はなくなった。この点から見ても、金井信生堂と岡本ノート・創立事務所は、戦時統制期の生産者のサンプルと見ることができる。

ここでは、金井信生堂、および岡本ノート・創立事務所の概要を示すに止める。続いて、3節では金井信生堂刊行絵本、4節では岡本ノート・創立事務所刊行絵本を取り上げて、戦時統制を踏まえ検討する。5節では両者の相違点の比較検討を行う。

3　金井信生堂の場合

まず、金井信生堂の場合を検討する。ここでは、次節の岡本ノート・創立事務所刊行絵本（1942-45）と時期をそろえるために、戦時統制期（1938-45）の金井信生堂絵本から、吉田一穂が編集者として入社した時期の「吉田一穂編」絵本（1941-44）に焦点を絞る。

3-1 「吉田一穂編」絵本の内容

金井信生堂の場合は、「指示要綱」や「座談会」に対応し、絵本編集者を設置し、責任者の氏名を記した「吉田一穂編」絵本を分析対象とする。表紙

に画家名に並び「吉田一穂編」と記載された絵本は、合計35書を確認している。それらは、『ケフモオテンキオテツダヒ』（清原ひとし案画、1941.9）に始まり、『コドモノチカヒ』（清原斉画、1944.6）で終わる。吉田一穂は、これらの編集者であり、詞の作者でもあった。

構成や判型などの形式面から見て、量的に多い順で示せば、絵と詞を同じ頁に印刷した第1形式、絵と詞を同じ頁に印刷した小型絵本の第2形式、絵と詞を別の頁に印刷した第3形式に分類できる。最初期の2書は第1形式であるものの、その後の5書は第3形式、「出文協」発行承認後の3書は第1形式、その後に付記が除かれて、直後の6書は第2形式、それ以降の19書は第1形式になる。以下では、最も多い第1形式から、最初の『ケフモオテンキオテツダヒ』、発行承認後の『ミンナヨイコ』（金子茂二画、1942.6）、昔話絵本の『モモタラウ』（鈴木寿雄案画、1943.12）、最後の『コドモノチカヒ』の計4書を取り上げる。

『ケフモオテンキオテツダヒ』［図7−1］は、表紙共紙32頁、農山漁村の子どもの日常生活を表象とした絵本である。子ども達は、労働や家事の役割を与えられて大人の手伝いをしながら暮らしている。清原斉（1896-1956）の絵は、「童画」と呼ばれる画風であり、吉田一穂の詞は、リズム感のある七五調の変形で構成されている。そのイメージは一昔前の農山漁村の風景を想起させ、戦時色を感じさせない。「指示要綱」に照らせば、この内容は「華美ナル消費面ノ偏重ヲ避ケ、生産面、文化ノ活躍面ヲ取入ルルコト」に該当する。

『ミンナヨイコ』［図7−2］は、表紙共紙24頁、街の子どもの生活を表象としている。表紙イメージでは、赤い朝日を背景にして、子どもが体操をしている。姉弟は、朝には井戸水で洗顔し、朝食の前に神棚を拝み、姉はランドセルを背負い学校へ、弟はバスケットを持ち幼稚園に出かける。姉弟は、家に帰ればお手伝い、回覧板も届けて、広っぱで遊び、夕方には父親を道で迎えて、「ウチジュウ　ソロッテ、／ユフゴハン。／ケフ　イチニチノ／タ

ノシイオハナシ。」と夕食の膳を囲み［図7―3］、寝床を自分たちで敷く。朝日、神棚、回覧板などの国家や戦時の表象はあるが、明らかな戦争の表象はない。しかし夕食の構図では、三角形の頂点にラジオが描かれており、スイッチが入っていたか否かは不明だが、この時期の家族の団欒はメディアと無関係にはありえなかったことが見て取れる。

『モモタラウ』［図7―4］は、表紙共紙20頁、川上から流れ着く桃の場面に始まり、鬼を打ち取り［図7―5］、イヌ・サル・キジと共に宝物を持ち帰る場面で終わる、果生譚の桃太郎噺が絵本化されており、戦時を連想させる表象はない。鈴木寿雄（1904-75)[13]の絵は、のびやかな描線の中に、背景の白地を生かして、少ない使用インクであるが、豊かさを感じさせる配色となっている。これは、現在に於いても違和感のない昔話絵本である。

なお、『ヘイタイゴッコ』（1943.11）［図7―6］も、『モモタラウ』同様に「鈴木寿雄案・画」と記載されており、戦前期の子どもの日常的な遊び風景であった兵隊ごっこの〈遊びのイメージ〉を綴っている。この時期に、「皇国民の錬成」の標語の下に、戦争の表象を積極的に盛り込むことへの指示が発せられた可能性を指摘できる。

『コドモノチカヒ』［図7―7］は、表紙共紙24頁の絵本である。井戸端での朝の洗顔、神社への参拝、母親と子ども3人の朝食、回覧板を届ける姉、庭で遊び道具を片付け靴を磨く小学生らしい兄と姉が描かれている。ジャングルジムが子どもたちに覆いかぶさるように影を落とす園庭で、幼稚園児の弟が遊戯をしている［図7―8］。一変して、プラットホームの日差しを遮る屋根の下で、他の子ども達には背を向けて、兄・姉・弟の3人が光指す方向に向かい並んでいる［図7―9］。子ども達は、学童疎開に向かうようである。疎開先では、雪かきを手伝い、畑作業を手伝う。3人は野辺の道に立ち空に向かって「ハラノ　ソコカラ　コエ　ハリアゲテ、ウタヒマセウ。」の詞の下に、歌を唱っている［図7―10］。空襲には、防空壕の黒々とした陰の中で、一燈の明かりに照らされて「オトナノ　イヒツケヲ　ヨクマモリ、

ミンナ／ナカヨク　オトナシク」と耐えている。

　このように『コドモノチカヒ』には、陰影が意識的に描かれた。陰影の表象は、『トナリノコ』（田中卓二画、1943.3）［図7－11］でも、子どもの遊ぶ野原と大人の暮らす家並みを対照化するように［図7－12］、意識的に使用された。「吉田一穂編」という共通性から、陰影の表象には、一穂のメッセージが含まれている、と考えられる。「吉田一穂編」絵本のまとめとして、陰影の表象の意味を考察する。

　『コドモノチカヒ』の表紙イメージ［図7－7］と第10場面［図7－10］を比較すると、構図、シチュエーション、子ども像が対照的であることに気づかされる。表紙イメージには、閉塞的な壁を背景にして、旗の影が描かれている。それは、太陽の光が遮られて発生した影であり、「日の丸」の旗の影を想起させる。その中に、子ども達が口を閉じて緊張した表情で立っている。一方の第10場面では、太陽の光は遮るものなく子ども達を照らし、足元の後ろ側に子ども達の小さな影が描かれている。どこまでも続いているような開放的な道を背景にして、子ども達は口を開けて歌を唱っている。この他の場面でも、陰影は不安感の表象であり、一方で、光は子どもを照らし包み込み、安堵感の表象となっている。

　ここで、影の表象によって提示された光の意味解釈のために、吉田一穂の思想を探ってみる。一穂は、戦後に書いた随想「日本悲歌」（1946『光』2－8）で、戦時中には、「強権否定の平生の思想」から、人々を戦争に駆り立てる「国家」と「空襲」に「二重の憎悪」を感じていた、と記している（吉田（一）1982：242）。さらに一穂は、随想「黒潮回帰」（1941『黒潮回帰』一路書苑）では、次のように記している（吉田1982：10-15）。

　　極東の島々を洗ふ黒潮に掉さし、背には太陽の運命を負って現はれたわが古代民族は、その荒ぶる波の猛だけしい性、明るい海光の感覚、つねに屈託しらぬ冒険的な進取の気、天を指して潮流の行衛を計る、直截な営みの、楽天的で、もっ

とも男性的な、いはばそれは太陽の子らなる自然民族であった。

　この随想で一穂は、「太陽」を強調した。一穂の作品には、自然崇拝を強調した表象が多く見られ（大橋2003）、この「太陽」も、自然崇拝の象徴としての太陽を意味しており、戦時期の政治的作為である国家神道に対する叛意と解釈できる。しかし、『黒潮回帰』も戦時統制期に発行承認を得て刊行された随筆集であることから、自然崇拝／国家神道の二分法から見れば、この表現には、どちらにも解釈できる両義性がある。

　このような吉田一穂の思想および時代思潮を踏まえた上で、『コドモノチカヒ』表紙イメージの旗の影の意味解釈に戻ると、この影は、太陽の光が「日の丸」の旗によって妨げられ、子どもに届かなくなった不安感の表象であり、叛意としての国家および戦争の表象である、と読むことができる。一方で、この影は、「日の丸」の旗に対する崇敬の表象である、と言うこともできる。さらに、旗の影の中に立つ子どもの緊張は、規制された自由に対する叛意と読める一方で、「日の丸」の旗を仰ぎ見る崇敬の表象である、との言い訳も成り立つ。他の「吉田一穂編」絵本も、戦争への協力／非協力の二分法から見れば、どちらにも絵解きできる両義性がある。このような両義性こそが、「吉田一穂編」絵本が発行承認を問題なく得ることのできた理由ではないだろうか。

3-2　「吉田一穂編」絵本の付記

　次に、「吉田一穂編」絵本の付記を検討したい。これらの付記は、初期および「出文協」発行承認開始直後の計10書には印刷されているが、それ以降に発行の計25書には印刷されていない。戦時統制が厳しさを増し、絵本に「母の頁」が積極的に設けられた時期にあって、このような逆順の方向性は珍しい。ここでは、付記印刷の計10書から、最初の『ケフモオテンキオテツダヒ』、絵と詞をわけた2書『ラッパヲフケバヒガノボル』（内田巖画、

1942.2）と『オウマニノッテ』（桑野俊介画、1942.4）、発行承認直後の2書『ミンナヨイコ』と『空の日本』（古藤幸年画、1942.6）、最後の『オサカナブネ』（阿部大華画、1942.9）の計5書を取り上げる。

『ケフモオテンキオテツダヒ』の付記標題は、「お母様方へ」である。「郷土的な四季の生活環境を背景に、行事や遊びに取材し」、「直接、これを見る子供たちが、一枚一枚の画面から生々した自由にして爽やかな想像と情感をひき起す動因に」なるように、「短く、簡明で、しかも律調的な章句を挿入」した、と解説している。ここでは、子どもの主体的な読みを導くように編集した意図が記されているものの、母親への指示はない。

『ラッパヲフケバヒガノボル』［図7—13］は、絵を6場面12頁、詞を2頁、表紙と裏表紙を加えて計数すると、表紙共紙16頁の絵本である。絵は、少女がラッパを吹きながら野原に駆け出す場面から始まり、随所にシルエットが取り入れられて、白地を生かした背景の中にシンプルな表現の表象が見られる。詞は、6連12行で構成され、第1連2行「アサヒガ　ノボル、トテ　チテ　ター。／ツユハ　キラキラ、ノハ　ミドリ。」に始まり、第6連2行「マウ、オヤスミノ　ラツパダ　ヨ。／ミヅノ　ナガレモ、キコヘル　ヨ。」で終る。

この絵本の付記は、標題を「ものみなうたふ」として、2段落で構成されている。第1段落では、朝に聞こえるオルゴール、小鳥達の声、雨樋の音調、風の音などを記述した後に、「子供は音叉のやうに自然に近寄ると、万物悉く鳴りひびく」として、音楽への「心理的な萌芽は、すでに子供の純粋な要求として、すぐにも鳴りひびかうとしてゐる」とまとめている。第2段落は、次のようにはじまる。

　　この純粋にして単純な律動の表現を、換言すれば、子供と音楽を主題に、一冊の絵本を作成せんと試みたのである。もとよりこの聴覚的な世界を視覚化するといふことは無理であり、疑問もあるであらうが、我々の意図は形象や色彩の抽

化ではなく、絵画的な一つ一つの影像から、生々した律動感をひき起させる作用、逆に云へば子ども絵本に音楽が、どのやうに導入され、どのやうに子供の音感が、その律動的な感情を絵画的に具象化し得るかといふ、最初の企に手を染めたのである。〔……〕

　この付記内容を統制の当初の目的であった「児童読物改善」に照らせば、この絵本は、それまでにはなかった画期的な企画であり、登用した画家・内田巌（1900-53）も東京美術学校出身の洋画家であり、「改善」された絵本と言える。「ラッパ」は軍隊を想起させるが、戦時の状況は示されておらず、むしろ朝の陽光を待ちわびる戦時下の屈折したもの悲しさを伝えている[14]。末尾に「カナキ・エホン研究室／吉田一穂」と署名されたこの付記は、一穂の子ども観、音楽観、絵本観を記した評論のようである。

　『オウマニノッテ』［図7―14］には、最終場面で徴用のために曳かれていく馬列が描かれた以外は、戦争を想起させる表象はなく、牧歌的な風景の中に子馬とその成長を見守る男女2人の子どもが描かれている。付記は、「馬の絵本」を標題として、第1段落には「この絵本では馬の生ひ立ちを主題として、子供との家族的な親和性を強調し、立体的な視覚に於いて構成したのである」と記している。第2段落は、次のようである。

　　馬は家畜のうち最も従順で、且つ忠実な動物である。それも殆ど家族と差別ない日夜の細い心遣り、手塩にかけて育てられる故でもあらうが、人民と同様、戸籍をもつてゐる点でも、他の家畜との比ではない。中世紀の武士が勲をたてる武具として、如何に駿馬を得べく腐心したか、しかも近代の機械化された武器と戦術の変遷にもかかわらず、今なほ野戦の花形として軍馬が、硝煙弾雨の巷に、いななき高く馳駆しつつあるか！況や平生の労役に、農事に運搬に疲れを知らぬものの如く、人を扶けること甚だ多い。仔馬から、一家の仕事の役に立ち、やがて召されてゆくまでの、これらの画面に見入る子等が、内心の衝動を調律しつつ、自由の野に、その想ひを駆るならば、この絵本の役割も、ただ単に紙に描いた馬たるのみに終らぬであらう。

最後の文脈に注目したい。「やがて召されてゆく」のは、「仔馬」なのか、「子等」なのか。これは、「戸籍をもつてゐる」馬についての記述であるが、人にも置き換えられる内容である。馬と同様に男子も徴兵から逃れがたいのであるから、ここに記された「仔馬」は「子等」のメタファーと考えられる[15]。すると最後の文脈は、野原を駆けまわりたい衝動を抑えて、我慢を強いられた子ども達、特に男子が、この絵本を見ることで、一瞬でもその圧迫感を忘れ、子馬と共に野原を駆ける気持ちになれば、この絵本の役割が果たせる、という意味に読み取れる。一方で、この絵本には、徴用される子馬と同様にいずれ徴兵される男子に対して、「大東亜共栄圏」を「自由の野」と見なして、その構築に参加する躍動感を高める、との言い訳が成り立つ。

これまでの付記には、標題があり、絵本の「読ませ方」や「読んだ後の指導法」は指示されていなかった。これらは、自然崇拝を謳った一穂の随想と言える。しかしそこには、戦時体制への協力／非協力の観点から見ると、どちらとも言えない両義性も指摘できた。

1942（昭和17）年3月から、全ての出版物は、「出文協」に企画書を提出し、発行承認を得た後に、用紙配給を受けることになった。発行承認開始直後の『ミンナヨイコ』と『空の日本』の付記には、標題はない。『ミンナヨイコ』の付記は、次のようにはじまる。

> もとより日本の子供は「私」個人の子供ではない。輝しい次代の日本の国運を担ふ誇らかな小国民である。このやうな強い、そして新しい意識のもとに、子供は再び反省され、訓練されなくてはならない。我々もまた、明確にして正統な児童観に拠る、明るく、健やかな、張りのある、凛々しい子供の姿を想像しながら、普通一般的な家庭の子供生活に取材し、その一日の典型を描くことを試みた。

この文体は、一見ではナショナリズムを強調しているように読める。しかしながらそこには、言葉明瞭なれども意味不明の要素も残されている。「普

通一般的な家庭の子供生活」と記されているように、内容には、戦時の家庭生活の表象が見られる。

『空の日本』［図7—15］では、第2場面も詞には「ニッポンバレノ／ソラタカク、／リクノ　アラワシ、／ブント、トベ！」が記されて、絵には「アラワシ」に喩えられた軍用機の編隊が描かれている［図7—16］。この絵本では、これまでとは異なり、グライダーから旅客機のみならず、軍用機も描かれており、戦争の表象が見られる[16]。しかし第7場面の「ソラノ　ニッポン／マモリハ　カタイ」の詞に表現されているように、そのイメージは防御の表象であり、攻撃の表象ではない。付記の文頭は、次のようである。

  天を拝み、空を指して誓ふ。この古代からの思想は、手のとどかぬ高い処、従つて、それは聖なるものを表象している。しかしこの触れ難く、聖い、高きものへの憧れは、そこへ到りたいといふ心性の強烈な願ひと努力のゆえに、人間の殊質が発揮されるのである。

これは、ナショナリズムを意識的に強調した文体である。しかし、前述した一穂の思想と、統制に対応した両義性から、この「天」も、天皇の意味であるように見せかけながらも、太陽を意味している、と言うこともできる。

『ミンナヨイコ』と『空の日本』の次に刊行された『オサカナブネ』［図7—17］の付記標題は、「お母さん方、音読してください」である。ザルを担いだ逞しい女性を描いたこの絵本の裏表紙に印刷された付記の後半部は、次のようである。

  ケフハ　タイリョウダッタ／ポン　ポン　ポン　ポン、／ハツドウキセン　ガ／ヰセイヨクナミヲキッテ、／ハタヲ　シホカゼニ／ナビカセナガラカヘッテ　キタ。／ザルヤ　ビクヲ　モッテ、ムラノ　ヒト／ガ、ハマヘ　カケツケル。フネノドウノマ／イッパイニ　イワシヲ　ツンデキタ　フネモ／アッタ。サカナイチバデハ、ツギカラツギ／ト　ハコンデクルサカナデイッパイダ。／カンカンカケ

テ、ネダンヲキメテ、コホリヅ／メニシテ、マチヘ　ウラレテ　イクンダ。／タイリョウノヒハ　イソガシイケレド　ウレ／シイナ。

　ここで母親が指示されたのは、標題の「音読してください」の一言だけであった。「指示要綱」に照らせば、「母」の文字を組み込むことでこの付記は「母の頁」となり、「音読」されることでこの内容は労働や生産への興味を子どもに持たせることになる。

　これ以降の「吉田一穂編」絵本に、「母の頁」はない。総力戦に対して積極的に加担したものでなくても、発行承認は得られ、この後の「吉田一穂編」は問題なく刊行された。

3-3　「吉田一穂編」絵本の概括

　これまでに「吉田一穂編」絵本を、絵本内容と付記内容に分けて分析してきた。戦時期刊行絵本の多くには「母の頁」に該当する付記が添付されているのだが、「吉田一穂編」絵本の場合、付記の有無の時期が明確に分かれており、それによって、絵本内容にも変容が見られる。ここでは、その展開を示して、この社の概括とする。

　まず、付記を軸にして時系列で整理すると、「吉田一穂編」絵本は4期に分けることができる。第1期、最初の『ケフモオテンキオテツダヒ』（1941.9）から『オウマニノッテ』（1942.4）の計7書の付記は、戦時への協力／非協力の二分法で言えば、どちらにも読める両義性を示している。第2期、発行承認開始直後の『ミンナヨイコ』（1942.6）と『空の日本』（1942.6）の計2書の付記は、意識的にナショナリズムを強調している。第3期、『オサカナブネ』（1942.9）の計1書の付記は、母親に「音読」だけを指示している。第4期、その後から『コドモノチカヒ』（1944.6）までの計25書には、付記がない。

　次に、前述の時期区分から、絵本内容の変容を確認する。第1期では、付

記内容には両義性があったが、絵本内容には直接的な戦争の表象はなかった。第２期では、付記内容ではナショナリズムが強調され、絵本内容にも軍用機の表象が見られた。この２書では、明らかに発行承認が意識されており、「出文協」による用紙の配給統制が絵本編集に対する強い抑止力になっていた。第３期では、絵本内容にも付記内容にも、戦時を想起させるような表象や言説はなかった。第４期では、付記はないのだが、絵本内容には両義性があった。

このような内容は、編集者である吉田一穂の思想に負うところが大きい。しかし絵本は、絵と詞で構成され、様々な工程を経て読者である子どもに届けられる印刷媒体である。ゆえに絵本の編集は、個人の問題でなく、関係性の問題として、出版社の責任に帰すことになる。金井信生堂が、絵本が情報媒体であることを深く認識し、戦時統制に関する情報をいち早く入手し、分析して、信頼できる編集者に編集を任せ、画家に依頼して、印刷や製本の職人を信頼し、需要の傾向や販路を掌握した結果が、「吉田一穂編」絵本であった。

これまでに、付記の有／無、戦争への協力／非協力、自然崇拝／国家神道などの二分法で分析を進め、「吉田一穂編」絵本の両義性を指摘した。しかしそれは、金井信生堂が長年にわたり培ってきた国家と生産者と受容者の関係性から見ると、戦時体制に対する協力／非協力という二分法だけで把握できるような単純な両義性ではない。それは、〈絵解きの空間〉に於いて、多様な媒介者と読者によって多様な言葉で絵解きされる多義性と言える。このような多義性は、〈絵解きの空間〉には多様性がある、とする確固たる信念から、金井信生堂が統制に対処していたことを意味している。

4　岡本ノート・創立事務所の場合

次に、岡本ノート・創立事務所を見ていきたい。ここでも、とりあえず付

記の有／無の二分法で分析を進める。しかしその有無は、時期ではなく、叢書によって分類できる。そこで、まず付記のない絵本内容、次に付記のある絵本の付記内容を検討する。

4-1 付記のない叢書《カンチャン》の変遷

　まず、付記「母の頁」のない漫画絵本叢書《カンチャン》（平井房人画・作）を取り上げる。これは、平井房人（1903-60）[17]による少年カンチャンを主人公とした漫画表現の絵本であり、少なくとも計23書刊行されており[18]、この社の看板商品であった、と見なせる。

　漫画は、この時期になると、講談社の『少年倶楽部』に掲載された野良犬を主人公とした「のらくろ」（1931-41）の圧倒的な人気などから、かなりの人数の読者層を獲得していた。漫画絵本は、大人の媒介を必要とせず、子どもが自律的に読書できるメディアである。ゆえに第１回「座談会」では、漫画絵本が取り上げられて、統制が議論されたのであった。

　《カンチャン》は、カンチャンの成長物語であると同時に戦時体制の展開を示している。そこでまず、『カンチャンノ隣組』（1942.5）、『カンチャンの少年戦車兵』（1943.11）、『カンチャンの決死隊』（1944.3）を取り上げて、その変容を検討したい。

　『カンチャンノ隣組』の表紙イメージ［図７—18］には、「日の丸」の鉢巻きをして回覧板を持ち、不安げな目をしたカンチャンが描かれている。カンチャンは、世話役を与えられ、「隣組」を指揮して、転居してきたタケチャンの面倒をみている。回覧板には「クヮイランバン／サンパツハヨコマチノ／タケチャンノウチ／デシテクダサイ。／タケチャンノオトウ／サンハシュッセイシ／テ　オカアサンガ／ハタラキテマス。」と記されている。

　『カンチャンの少年戦車兵』［図７—19］には、「陸軍省報道部推薦」の文字、第一場面には富士山を背景に戦車に搭乗して万歳をするカンチャンの絵と「バンザイ／セウネン／センシャヘイ／バンザイ／ニッポン一ノ／フジノ

ヤマ」の詞、および「昭和十九年度陸軍少年戦車兵学校志願要領」が印刷されている。志願要領には、資格として「満十四歳以上十八歳未満」や「学力、国民学校高等科第二学年第二学期終了程度」、進路として「本人の努力次第では、将来有望な将校となつて活躍し得る道が開かれてゐる」の文言が記されている。場面は展開して、富士山麓の陸軍少年戦車兵学校に一日入校したカンチャンが、戦車兵の訓練の様子を見て高揚し、米英の旗を引き裂き、「ソシテ／ニクイ／ベイエイヲ／ヤッツケルノダ」と叫ぶ姿も描かれている。

『カンチャンの決死隊』の表紙イメージ［図7―20］では、目に力を込めて緊張感を漂わせた少年兵カンチャンが誇らしげに銃剣をつきだしており、その剣先は白人兵士の背中から左胸を貫いている[19]。第1場面で、カンチャンは大人の兵士達と共に上官から敵の飛行場へ乗り込む命令を聞く。その後、仲間からはぐれたカンチャンは、一人で飛行場に侵入したが、見つかり、敵兵を銃剣で突き刺す。敵兵を欺き、仲間と合流したカンチャンは、飛行場を爆破し、「バンザイ／バンザイ」と手を挙げる。

《カンチャン》の主人公・カンチャンは、『カンチャンノ隣組』（1942.5）では、「隣組」の世話役という任務を与えられた。それは、地域社会の中で、各家庭を束ねる上位組織としての「隣組」[20]に於ける、責任ある任務であった。その後カンチャンは、『カンチャンの日記』（1942.6）では、戦時期に望ましい〈良い子〉の行動を生活日記として綴った。『カンチャンの爆撃隊』（1943.3）では、「イケドッタ　テキノヒカウキ　テンランクワイ」を見て興奮し、ニューヨーク爆撃を夢想した。『カンチャンの慰問隊』（1943.9）では、戦病兵を治療する病院を慰問した。カンチャンは、日常の暮らしから戦時社会の現実を学びつつ、戦士になるべく成長していった。『カンチャンの少年戦車兵』（1943.11）では、少年戦車兵の一日訓練に参加し、『カンチャンの決死隊』（1944.3）では、決死隊の一員として敵兵を殺傷し、『カンチャンの産業戦士』（1944.10）では、産業戦士になり、『カンチャンの少年高射兵』（1944.10）では、少年高射兵になった。カンチャンが主人公の《カンチャン》

の時代背景は、当時の子どもを取り巻く状況でもあった[21]。

　この時期、徴兵によって男性が不在となり、女性が農作業や工場労働などに従事することの必要性が、婦人雑誌などを介して、読者である女性に向けて情報提供されていた（若桑1997）。父親不在の家庭に於いて、母親も、銃後の護りのための行事や労働に動員され、家庭内には不在勝ちであった。家庭を束ねるために「隣組」が設置され、総力戦に臨むための住民動員や統制物資の配給などによって地域社会の結束が確認された。

　『カンチャンの日記』[図7―21]の1場面「おてつだひの日記」には、母親に頼まれた用事のために出かけ、道中の誘惑にも誘われることなく目的地にたどり着くが、訪問先の住人が不在のため、その隣人の女性に用件を伝え帰宅するまでのカンチャンの行動が、4コマで描かれている。ここでは、カンチャンの生活空間は拡大して、大人との関係性も、カンチャンの母親から、訪問先の隣人にまで拡大した。

　同じく「のりものとなりぐみ」[図7―22]は、電車に乗ろうとするカンチャン、後ろ向きに座して窓の外を眺めるカンチャン、傷病兵に座席を譲るカンチャン、座席でバナナを食べるカンチャンの4コマで構成されている。最後のコマには、「よごれた靴で／めいわくをかけない／やうにしませう／にもつで／席を／ふさいだり／ものを／たべたり／するのは／よくない／ことです」と記されている。ここに、カンチャンの家庭や家族は描かれていない。「のりもの」という社会的空間に描かれているのは、戦争の表象でもある傷病兵を含む「となりぐみ」として臨席した大人達であった。

　「隣組」に組み込まれた子どもは、地域社会の中で、社会的価値規範によって、その言動を相互監視されることになる。そこには、住空間の境界は除かれて、子どもの生活空間の拡大や、家族以外の大人との関係性の構築が見られる。さらに国家と地域社会と子どもの関係性も構築されており、学校教育と家庭教育だけでなく、戦時体制という「社会」教育によっても、子どもを「高度国防国家」に組み込む構造が見られる。

この後にカンチャンは、「高度国防国家」を構成する一員として、学習の場から実行の場へとその立ち位置を移動させた。カンチャンは、「高度国防国家」の少年を表象＝代表していた。このように《カンチャン》については、戦争協力への一義的な絵解き以外はあり得ない。

4-2　付記のある絵本の〈お母様方〉への呼びかけ

　次に、岡本ノート・創立事務所刊行絵本の付記を検討する。母親への呼びかけ文は、岡本ノート刊29書中17書、創立事務所刊12書中5書、両親への呼びかけ文は、創立事務所刊2書（児訓社企画）に印刷されている。ここでは、岡本ノートから、科学絵本『トモシビノハナシ』（小山観峰画、上島冬彦文、1942.11）、昔話絵本『モモタラウ』（琴塚英一画、茶木滋文、1943.4）、軍事絵本『僕ハ海鷲』（三橋正造画、豊田次雄文、1943.9）、科学絵本『フネノデキルマデ』（三橋正造画、豊田次雄文、1943.10）、乗物絵本『大東亜乗物ノイロイロ』（今竹七郎画、武田幸一文、1944.5）の計5書、創立事務所から、軍事絵本『戦闘機』（竹岡稜一画、中正夫文、1944.5）、農山漁村の絵本『ハタラクムラノコ』（三橋正造画、竹内俊子文、1945.3）の計2書、合計7書を取り上げる。

　『トモシビノハナシ』［図7—23］の「お母様方に」では、明るい電灯は「楽しい家庭の友」であることから、電灯の恩恵を知らしめ、感謝の念を抱かせるために、時代の風物の中に燈火の変遷を示した、と記されている。最後に、「特に電力は高度国防国家建設の上に大切な原動力でありますから私達家庭の一燈、一燈にも留意してこれを無駄なく利用し、余つた電力をお国のお役に立てることは銃後国民の務めであると存じます」と閉じられた。一見では電灯の有用性が示されているようだが、家庭に於ける節電努力が「高度国防国家」建設につながるという主旨の文言が、「銃後国民」の務めとして提示されている。

　『モモタラウ』［図7—24］の「お母様方へ」では、桃太郎噺の絵本化は「父母の愛情、動物に対する慈愛、戦ひ抜く力、勇ましさ、度量の広さなど

日本人が持つ古来からの美しく逞しい精神」を主調とした、と記されている。母親への要望は、末尾の一文、「文中、偵察機、敵前上陸、攻撃など近代戦闘用語を用ひましたが、これはお母様方が適宜やさしく説明して児童の完勝精神を発揚させていただければ幸いです」に示された。

「桃太郎」は、戦争に明け暮れた近代日本の展開と運命を共にしたキャラクターであった（滑川1981；鳥越2004）。日本男子は、親のために命を賭して敵と戦う。これが「古来から」と定義された、家族国家観に基づく日本人像でもあった。この絵本では、絵には戦争の表象はないのだが［図7—25］、詞書きには戦闘に関連した言葉が使用されている。その言葉どおりにこの絵本を絵解きし、子どもの「完勝精神」を発揚させるようにと、この「母の頁」は母親に指示している。

『僕ハ海鷲』［図7—26］は、母親に抱かれ戦闘機の飛ぶ大空を見上げていた幼児［図7—27］が、兄に続いて飛行士を志し、訓練を終え一人で搭乗して、「コレデ　ボクモ　ウミワシダ」［図7—28］と「海鷲」にアイデンティファイする。「昭和十六年十二月八日」に「オクニノ　オヤクニ／タットキガ　キタ」と飛び立ち、初陣に勝ち全機無事に帰還し、「ミナノ　カホガ／ツツミキレナイ　ヨロコビニ／カガヤイテ　ヰル」と終る絵本である。

『僕ハ海鷲』裏表紙［図7—29］の上部には、枢軸国と連合国の「世界各国軍用飛行機標識」が図案化されて表示され、「テキ　ノ　ヒカウキ　ノ　シルシ　ヲ　ヨクオボエマセウ」と記された。その下部に、母親への呼びかけ文「母よ！！愛児を大空へ！！」と、解説文「少年飛行兵の呼称に就いて」が印刷されている。呼びかけ文の全容は、次のようである。

　　大東亜戦争下、赫々たる大戦果を挙げつつある我が帝国海軍航空部隊に、多数の少年飛行兵が参加し、その敵を必滅せずんば止まぬ気概と、燃ゆるが如き至誠の大和魂とをもつて、幾多の偉功をたてつつあることは、皆様既に御承知の通りであります。而して、今次戦争に於ける勝敗の帰趨は、制空権の確保如何によつて

決せられるのであつて、我が航空戦力の拡充、強化こそは寸時も忽にできないのであります。我が忠勇なる海の荒鷲が、壮烈鬼神をも哭かしむる偉功の陰には、多年の間、臥薪嘗胆、文字通り心血を注いだ猛訓練があつたのであつて、この国家非常の秋に当り、次代の皇国を双肩に担つて起つ皆様の優秀なる御子弟が、奮つて我が海軍航空の陣営に投ぜられ、世界戦史に不朽の名を止めたる兄鷲達の光栄ある栄誉を受継がれんことを、切に希望する次第であります。(終)

表紙イメージ［図7—26］には、軍用機である零戦が描かれている。戦争末期になり少年飛行兵が、往路だけの燃料で零戦に搭乗し、自ら爆弾と化して玉砕したことは、多くの証言や記録に残されている。したがってこの母親への呼びかけ文は、「お国」のために母性愛を以て我が子の命を差し出せ、と同義の命令文になる。

『フネノデキルマデ』［図7—30］の「お母様方へ」は、「戦争が刻々激烈さを加へて来るにつれて輸送力の増強は愈々強く要求されて参りました」とはじまり、兵器糧秣輸送のための大型貨物船の必要性を示している。続いて、「戦争のために何よりも大切な鉄を殆ど使はずに済む木造船」の登場を述べて、「その主要材料である木材は我国には抱負にある」ので、「近海の輸送はすべて木造船でやらう」とつないだ。文末は、次のようである。

　　本書には寿造船所の方々の熱心な御指導を得て、深山で伐り倒された材木が如何にして船につくられるかといふ経過を平易に描いてありますので、本書によつてお子様方に木造船の重要性と共にその制作順序を御説明下さいますれば幸甚と存じます。

1943（昭和18）年の下期にもなると、物資不足が顕わになっていた。しかし国民には、そのことは伏せられ、大日本帝国の優位性だけが強調された。この文脈では、木材を産出する日本は優位であるかのような錯覚を覚えさせる。絵本は情報媒体であるが、その情報は強調や省略によって操作されても

いる。ここには、媒介者である母親を介して、操作情報を子どもに伝達しようとした意図が読み取れる。

『大東亜乗物ノイロイロ』［図7―31］22)の「お母様方へ」は、子どもの「動くものに対する驚異と愛着」は「智能力のあらはれ」であるとしている。そして、次のように終わる。

> この絵本は、種々の乗物を、ただ子供の娯楽的対象としてだけでなく、大東亜共栄圏観察の一助として、内地の乗物は勿論、大東亜の国々に亘つて、海、空、陸の乗物の全貌を描き、共栄圏を結ぶ交通文化が、日々その距離を短縮し、友邦が指呼の間にあることを、興味の内に理解せしめたき、意図の下に編集しました。

「大東亜共栄圏」とは、アジア支配のために日本が掲げたスローガンであったことは、戦後の一般認識とされている。ところがここでは、「友邦」の言葉によって支配の構造がすり替えられた。この「お母様方へ」は、母親に向かい、子どもの好きな乗物絵本を介して「大東亜共栄圏」の意義を解説することを指示した文章である。

『戦闘機』［図7―32］は、表紙に「陸軍航空本部検閲済」、「中部軍司令部検閲済」と印字されている。その付記「御両親へ」（児訓社企画編集室）は、「大東亜戦争は航空兵力の如何によつて決せられると言つても決して過言ではありますまい」とはじまる。その後に飛行機の有用性が示されており、次のような文言が続いている。

> これを惟ふにつけ、わが日本の将来を背負つて立つ少国民諸君が、この航空戦の実相を深く心に銘じ、益々航空に闘する関心を昂め、知識を養ひ、認識を深め、一人残らず大空の勇士となつて皇国の護りについて頂かなければなりません。

1944（昭和19）年中期にもなれば、戦局の見通しはついていたはずである。その時期に軍部は、国家の将来を構成する子どもを「皇国の護り」のために

「一人残らず」投入することを考えていた（由井1995：32-37）。この付記は、「なければなりません」という絶対的な規範として、家庭教育の場でそのことを子どもに納得させるようにと両親に指示したものである。死に向かう大事を子どもに納得させるためには、母親の説得だけでは足りず、すでに戦死していたかもしれない父親の名を語る必要もあったのだろうか。

『ハタラクムラノコ』[23]の表紙イメージ［図7―33］には、女子が描かれている。この女子は、第1場面に複数の子どもの1人として登場するが、この場面だけでなく他の場面でも、男子像に比べると女子像は桁違いに少ない［図7―34］。この女子像は、銃後の表象と見なせる。内部イメージの人物像では、子ども像のほとんどが男性、大人像は女性である。「お母様方に」は、次のようである。

> 　近時一般に少国民の勤労について色々論議されて居りますが、農村の子供達は幼い時から父母に連れられて田や畠に出て、いろいろお手伝ひをしたり、日常それぞれの年齢に応じた働きをして居ります。
> 〔……〕
> 　この少国民の日常生活の中に、無意識のうちに浸み込んだ働くことのよろこびこそ実に尊いもので、これが長じて日本的勤労観の確立となり、日本民族の強さともなるものと信じます。
> 　本書は農村に取材致しましたが、農村と都市とを問はず幼児達にそれぞれ分に応じた仕事をさせることによつて、働くことのよろこびを感得させて行くやうに、お母様の御指導を切に希望する次第であります。

ここでは、農村の子ども達の労働を都市の子ども達にも知らしめ、学ばせる意図が示されている。銃後の労働の重要性が示されているのだが、男子中心に描かれた内部イメージや「日本民族の強さ」の表現から見ると、銃後の労働の意義を男子に学ばせることで、前線の男性兵士の戦闘につなげていく意図が見えてくる。

4-3　岡本ノート・創立事務所刊行絵本の概括

　この社の概括として、付記のある絵本と付記のない絵本から、次の2点を検討する。第一に金井信生堂同様に関係性の構築、第二に数多く見られた乗り物の表象についてである。

　第一の国家と生産者と受容者の関係性は、この社では、トップ・ダウンの一方向性しか示していなかった。この社は、軍部の監修や指導を受けることで、総力戦の意義を表象としたイメージと、同じく文章化した付記によって、受容者に向けて情報提供していた。

　付記のある絵本は、媒介者である母親に向けて、国家のために母性愛を以て子どもを兵士として差し出せ、と指示していた。大日本帝国の軍隊は男性兵士だけで構成されていたことから、男子像が多く、母親と男子の関係性が強調されていた。一方で、女子像は、銃後の表象とされていたものの、わずかしか見られず、この社の認識から女子の存在はほぼ欠落していた。指令的なこの社の態度は、国家のエージェンシーとして、国家の意向を忠実に伝達するものであり、軍部にアイデンティファイしたものと見なせる。

　付記のない絵本は、読者である子どもに向けて、その生活空間と大人との関係性の拡大を図り、前線で戦う一員として成長させるための訓練を段階的に行っていた。《カンチャン》の主人公が男子であるゆえに、ここでは、女子に対する視点は完全に欠落していた。ここにも、男性兵士で構成された軍部へのアイデンティファイを指摘できる。

　この社は、読者対象をほぼ男子に限定していた。この社が絵本生産に参入した目的は、絵本を総力戦のための情報媒体、母親を男性兵士育成のための媒介者と見なして、そのような絵本と母親と男子の関係性を手段として、「高度国防国家」を構築することにあった。

　第二の乗り物の表象について、3章で検証した金井信生堂創業期絵本にも、乗り物の表象は数多く見られた。創業期の金井信生堂絵本では、それは夢の表象にしか過ぎず、子どもが簡単に乗れる乗り物ではなかった。ところが、

戦時期の岡本ノート・創立事務所絵本では、それはもはや夢ではなく、子どもも現実に乗れる乗り物となっていた。付記では、「大東亜共栄圏」建設のための乗り物の必要性が強調されており、「わが日本の将来を背負って立つ少国民諸君」の自覚があれば、男子は戦闘機にも乗れる、と明言されていた。戦時期に於いて、このような情報の通信回路になった〈絵解きの空間〉は、「大東亜共栄圏」建設のためのメディア＝手段になった、と言うことができる。

この社の場合も、付記の有／無の二分法で分析を進めた。いずれにも明白であったのは、好戦に関する一義的な表象であった。この点は、分析対象としなかった他の絵本でも同様であり、決して恣意的な選書ではない。この社が認識していた国家と生産者と受容者の関係性も、トップ・ダウンの一方向性を示し、この社の〈絵解きの空間〉に対する認識は、操作情報の通信回路のメディア＝手段と見なした一義性でしか捉えられなかった。

5　生産者の主体性

以下では、事例とした２社の概括の比較検討を軸として、生産者の主体性に焦点を絞る。まず２社に見る関係性の構造を比較し、次に両者の発行部数を比較して、最後に本章１節から４節の検証から戦時統制期に於ける生産者の主体性の意義を論考する。

5-1　関係性の構造

まず、金井信生堂、および岡本ノート・創立事務所に関するこれまでの検証の全体像を振り返る。そこから両者に於ける、国家と生産者と受容者の関係性の構造を確認する。

金井信生堂の付記のある絵本から付記のない絵本への移行は、生産者の主体性を保つための統制機関への抵抗でもあった。付記の有無とは関係なく、

この社の絵本内容と付記内容には、多義的な意味合いが込められていた。1節で検証した第5回「座談会」の金井英一の発言に見られたように、この社は、〈絵解きの空間〉の多様性を認識しており、このような抵抗は、〈絵解きの空間〉で交わされる言葉の統制に対する抵抗でもあった。

一方で、岡本ノート・創立事務所の付記のある絵本とない絵本の区分は、読者対象の年齢層によるものであった。付記のある絵本は、媒介者の母親に対して、母性愛を以て総力戦に臨むことを命令的に指示しており、ない絵本は、読者である子どもに対して、内容面で「高度国防国家」のための主体性の構築を指示していた。いずれの指示も、全体主義国家に全面的に従う臣民としての主体性の構築を促すものであった。岡本ノート・創立事務所の対応は、国家に従属した一義性を示していた。

金井信生堂では、創業以来30数年、戦時統制期に至るまでに、生産・流通・受容に於ける国家と生産者と受容者の関係性が構築されており、特に国家と生産者の関係性に於いて、双方向性が構築されていた。その前提として、この社は、受容者である個別の子どもの存在を常に意識していた。この社は、トップ・ダウンの動向を察知するのみならず、ボトム・アップの多声性をすくい上げる機能を維持しており、戦時統制に対していち早く対処していた。

一方で、この期に創業した岡本ノート・創立事務所には、「高度国防国家」構築を目的にした、国家から生産者に向かうトップ・ダウンの一方向性だけが顕著であった。この社は、総力戦をキー概念として、軍部の監修や指導を仰ぐことに終始しており、軍部にアイデンティファイすることで、そのエージェンシーとして、絵本を介して男子を兵士として育成することを、編集の最重要課題にしていた。

5-2　発行部数から見た関係性

次に、金井信生堂刊行絵本と岡本ノート・創立事務所刊行絵本の発行部数を検討する。これらは、公共機関蔵書に限り、同じ条件下に網羅的に調査し

たものではない。その点を認識した上で、これらの発行部数を計数すると、次のようになる。前者35書35冊中、不明8冊を除く計27書27冊の発行部数は、合計2,455,000部になる。一方で、後者41書46冊中、戦後刊行2冊を除く計41書44冊の発行部数は、合計2,658,000部になる。

　この部数は、実際に読まれた数字ではない。この時期には、《講談社の絵本》や他にも無数の絵本が刊行されていた。ゆえに発行部数の比較だけで、どちらがより多く需要されたかの判定は避けたい。しかし前者の数字は、あらゆることが統制されていたこの時期にも、絵解きの多様性を維持して、好戦的のみならず反戦的、非戦的な絵解きも可能な絵本が少なからず流通していたことを示している。この数字は、統制機関が許可した発行部数であるから、戦時の殺伐とした状況から距離を置いた絵本にも、発行許可が下りた、と言うことができる。さらに、このような内容の絵本が販売されたのであるから、この時期にあっても、戦時体制に協力的のみならず非協力的にも、あるいは戦時とは無関係にも絵解きできる、多義的な表象で構成された絵本に対する需要は存在した、と言うこともできる。

　一方で後者の発行部数は、戦時体制に明らかに協力的な一義性を示す絵本に対する需要が多くあったことを示している。子どもはこのような絵本から情報を得て、母親の媒介によって、「高度国防国家」の「少国民」として育成されたことも否定し難い。本章1節の「座談会」の議論の検証から明らかになったように、統制機関の意図は、このような絵本を教科書、母親を教師として、〈絵解きの空間〉で交わされる言葉を統制することであり、家庭教育に於ける「皇国民の錬成」にあった。

　以上のような比較から、国家と生産者と受容者の関係性を、今一度整理すると、それは、金井信生堂では立体的な多義性で捉えられるが、岡本ノート・創立事務所では点と点を結ぶ線状の一義性でしか捉えられない。ところがそこにボトム・アップの概念を加味すると、前者の方には、アクセルにもブレーキにもなる、より大きなエネルギーが作動する可能性も見えてくる。

前者は、そのことを認識していたからこそ、あえて表象に多義性を内在させて、多様な読者に多様な絵解きを託したのではないだろうか。

5-3 生産者の主体性

これまでに、1節では「座談会」に於ける議論、2節から4節までは絵本生産者およびその刊行絵本について検討した。戦時統制に至るまでに、家庭教育振興策に於ける「児童読物改善」が展開し、その結果として、「指示要綱」通達や「座談会」開催があった。

1節で検討したように、全9回「座談会」の議論の展開から、〈絵解きの空間〉に於ける母親と子どもの関係性が、ナショナリズムを軸とした社会的価値規範によって統制されていく過程が明らかになった。そこには、国家権力が、〈絵解きの空間〉に於ける関係性のみならず、生活全般に於ける家族の関係性にも介入し、さらに家庭という住空間の境界を取り払い、地域社会や「大東亜共栄圏」にも拡大膨張して、「皇国」と「皇国民」の関係性の構築にまでも関与して、統制していく構造を見ることができる。

一方で、座談会出席者の中には、絵解きの多様性を護りたいという意識も垣間見えた。生産者の中にも、一見では統制機関に〈従順〉であるように見せかけつつも、内面では〈自立〉を保とうとした様子も窺えた。しかしながら、〈自立〉はあくまでも統制を踏まえた上のことであり、「高度国防国家」に於いては、臣民としての主体性を崩すことはあり得なかった。生産・流通の場では、統制の枠内で、様々なネットワークが残されており、流通も表向きは一元化されていたが、裏ルートも機能していた（滑川1978：134-136）。そこでは、この期に創業した岡本ノート・創立事務所よりも、創業以来30年ほどを〈赤本屋〉を代表する発行所として活動してきた金井信生堂の方が有利であったことは、間違いない。

2節から4節で検討したように、金井信生堂は、生産者でありながらも統制機関に参加して活動し、素早い情報収集と情報分析から、統制を前提とし

ながらも、〈絵解きの空間〉の多様性を維持するために、多義的な表象を発信して、多様な読み手に多様な絵解きを託すことを対応策とした。他方、岡本ノート・創立事務所は、軍部の指導や検閲を仰ぎ、そのエージェンシーに留まることで用紙配給を受け、一義的な好戦の表象を発信する対応策に終始した。この2社の比較から見ても、生産者の主体性には多様性があった、と言える。

多様性があったとしても、幼年用メディアに対する戦時統制は、〈統制される〉と〈統制する〉の関係性を無限に増殖させて、家庭内で交わされる言葉に対する言論統制にも及んでいた。それは、家庭教育に於いて、幼年用メディアを教科書、母親を教師、〈絵解きの空間〉を回路と見なして、そこで交わされる母子間の言葉を統制することで、「高度国防国家」の構築を図ったものであった。〈絵解きの空間〉を回路とした母子一体の国民化＝臣民化は、それまでに構築された関係性の相互作用により、戦時統制期になり成立するに至った。

おわりに

本章で取り上げた2社だけが、戦時期に絵本や絵雑誌、また漫画などの幼年用メディアを刊行した出版社ではなく、この他にも数え切れないほどの出版社が無数の幼年用メディアを排出していた（鳥越編2002）。それぞれにそれぞれの「母の頁」が付記されており、検閲を前提にした時期に、国策への叛意の顕わなものは存在し得なかったが、総力戦に子どもを組み込むことの意図を顕わにしたものもあれば、如何様にも絵解きできる多義的なものもあり、戦時統制期の幼年用メディアには多様性があった。

しかしながら、そこに多様性があったとしても、母親の選書や絵解きに対して、時代の規範や現象が全く影響を及ぼさなかった、とは言い難い。生産者と媒介者が統制に抵抗しようとしたならば、強い意志と巧みな対処が必要

であったことは、想像に難くない。戦時統制期の絵本は総力戦を遂行するためのメディア＝情報媒体、生産者と母親は同じくメディア＝媒介者、〈絵解きの空間〉はメディア＝手段になり、それらの関係性に於いて、臣民として主体化された子どもと母親も「高度国防国家」構築のためのメディア＝手段にならざるを得なかった。

　戦時統制下の生産者には多様性があり、多義性を含んだ絵本も少なからず存在し、そのような絵本を自律的に選書した媒介者や読者が存在し、〈絵解きの空間〉に於いては、多様な言葉が交わされ、多様な絵解きが成立した、と推察できることは、一元的な統制にも隙間があったことを示している。「高度国防国家」とは、国民を総動員することで戦時体制を維持しようとした全体主義による統制国家のことであるが、そこに臣民として帰属させられた国民の内面性までも、完全に統制することは容易ではなかった、と推察される。読者の受容面については、現存資料から読み取れないため、この点に関する精査は今後の課題としたい。

註
 1) 吉田則昭によると、政府の企画した出版新体制は、次のような段階を踏み再編成された。第一段階として1940年12月に、一元的出版統制団体である「出文協」が結成された。第二段階として1941年3月に、一元的配給機関として日本出版配給株式会社、統制強化のために書籍雑誌小売商組合の設立が構想された。1941〜43年の「出文協」事業は、①用紙割当、②出版企画、③配給（流通）問題の3方針を掲げたものであった。特に①と②をセットにした用紙の配給統制は、発禁や削除などの警察行政の範囲を超えて、より強力な出版統制になった（吉田(則)2010：186-187）。
 2) 金井英一は、東京帝国大学法学部卒業後に三井物産に入社、その後に家業を継ぎ、昭和初期には実質的な代表者となり、英語圏への絵本輸出も行った（上編著1974：224-231）。「出版会」に出向していた英一不在の間に、金井信生堂は敗戦を迎えた（大橋2002）。1948年7月以降、「出版会」の管財人として出版界全体の戦後処理に当たり、GHQ接収のお茶の水文化アパートの返還をめぐりその財産を守り、日本出版クラブ設立につないだ（小宮山編1987）。

3) 与田準一は、当時には新進の児童文学者として頭角を現していた。金井信生堂では、その氏名が「指示要綱」通達直後の刊行絵本15書の文作者として記載されている（大橋2002：67-68）。その内、4書が文部省推薦を得ており、その起用は推薦事業対策のためであったと考えられる。
4) これらは印判様のもので印字されていることから、初版刊行時の印字か、在庫に対する印字かは不明である。しかし金井信生堂が、「指示要綱」にいち早く対応したことは確かである。
5) 私の行った絵本の思い出に関するアンケート調査（2005）では、児童文化研究家・上笙一郎（1933-）氏が、「講談社の絵本を借りて読んだ。十冊くらいは読んでいるはずだが、記憶に鮮明なのは「万寿姫」。〔…〕「エレキ太郎」「黒ダイヤの旅」「木仙人」など。これは文房具小商いの店で買って読んだ。〈赤本〉であると知ったのは、研究者となってから。」と回答している。「黒ダイヤの旅」は『クロダイヤ』である、と考えられる。貴重な回答をここに記すことで、上氏に感謝の意を示したい。
6) 第2回「座談会」で、小熊秀雄（1901-40）が「最近のやうにテーマとか指導精神が要るやうになつて来ては普通の因循な方法では解決できないと思ふので、さういふ積極性を出して、出版業者側に内務省よりやかましい編集者を置くやうにして戴きたいと思ふのです」と述べて、編集者の設置を提案した。プロレタリア詩人として知られている小熊は、戦時統制期には〈赤本〉漫画を刊行した中村書店から旭太郎のペンネームで『火星探検』（大城のぼる画、1940）などの漫画テクストを書いた。小熊は、死の直前である第1・2回「座談会」に出席して、積極的に発言している。
7) 吉田一穂は、北海道・古平の鰊漁網元の長男として生まれ、10代後半より上京と帰郷を繰り返し、早稲田大学に入学したものの中退した。一穂は、詩壇に属さず、推敲を重ねた寡作な詩人であり、芸術家特有の金銭感覚から、常に極貧状態の生活を営んでいた。しかし一穂を慕いその家居を訪れる人が多く、一徹な言動のために言論統制に触れる危険性もあった（吉田（一）1982-83,1993）。
8) 佐伯郁郎は、早稲田大学卒業後、内務省警保局図書課に勤務、図書検閲を担当したが、文人気質のために出版傾向調査担当の調査掛に配置換えされ、1938年から「児童読物改善」運動担当になった。その著書に、「指示要綱」の成立過程を記しており、その中で「このやうな指導要綱によって指導する一方、極端に悪質なものは思ひ切つて弾圧した」と記している（佐伯1943：160-161）。
9) 岡本美雄は、父・牧野立（ドイツアーヘン工業大学卒、国営八幡製鉄創設者）の

仕事の関係から、福岡にて出生、関西学院高等商業学校卒業後、日本レイヨン株式会社に入社し、退社後に、岡本富美子と結婚、岡本姓を名乗り、岡本ノート株式会社に出版部を設置した（ひかりのくに編1995：115）。
10）『出版文化』（日本出版文化協会）創刊号（1941.8）の「会員の移動（七月一日並に七日付を以て入会承認せられたるもの次の如し。）」欄には、会員名称：岡本ノート株式会社出版部、代表者名：岡本よねの記載がみられる。この時期の岡本ノート刊行絵本の奥付には、発行者として、岡本美雄の氏名が記されているが、会社の代表者は姑にあたる岡本よねであったようである。
11）福島鑄郎によると、出版事業整備の際に、岡本ノートは錦城社、児訓社、東光堂、富士屋書店と統合されて、「少国民図書出版株式会社（代表・岡本美雄）」（福島1985）になったとされている。しかしこれも、現存絵本調査から見ると、事実とは異なる。岡本ノートと創立事務所の「出版会」会員番号（105039）は同番号であることから、この統合は、岡本ノートが他社を吸収合併したものと見なせる。本書では、資料調査によって得た情報を最優先事項として、検証を進める。
12）国立国会図書館国際子ども図書館児童書総合目録を基に、国際子ども図書館、大阪府立国際児童文学館、東京都立多摩図書館、神奈川近代文学館、三康文化研究所三康図書館所蔵の岡本ノート、創立事務所、昭和出版の刊行絵本71冊を調査した（2003現在）。そこに戦時期・被占領期刊行絵本約230冊を所蔵する上田市立上田図書館23冊を加えると、3社刊行絵本は合計94冊になる（大橋2004）。重複する同一書を整理すると岡本ノート刊29書、創立事務所刊12書となり、本書ではこれら合計41書を資料とする。
13）鈴木寿雄は、金井信生堂で絵本の絵の描き方を学び、昭和期の金井信生堂絵本の絵を最も多く描いた画家である（前掲上編著：117-124）。戦時統制期には、鈴木寿雄と清原斉がこの社の絵本の絵を最も多く描き、文部省推薦も受けている。両者に対する信頼が厚かったのか、担当絵本には「案画」と記されたものが多い。「鈴木寿雄画」の文部省推薦絵本『ミコチャンナコチャン』は鈴木寿雄の娘2名、同じく『ヒロヲニイチャン』は金井英一の息子を主人公にしている。
14）この絵本に関しては、珍しく読者の想い出が残されている。山中恒（1931-）は、妹が「淋しい淋しい」と言いながらこの絵本を繰り返し眺めていた、と記している（山中1984：124）。
15）1999年5月30日に、今井富士雄（考古学研究者、元・成城大学教授）氏宅にて、今井富士雄氏（中学生のころから一穂を信奉）、添田邦弘氏（一穂の弟子）、吉田八岑氏（一穂の長男）、宮本大人氏（漫画研究者）、および私の5名で座談会を行い、

吉田一穂に関する思い出の聞き取り調査を行った。その際に八岑（1935-）氏は、父親の方針により、小学校2年生以降、成人するまで学校教育を受けておらず、父親が自作の絵本（特に『ヒバリハソラニ』帝国教育会出版部、1941.10）を繰り返し読み聞かせた、と証言した。三鷹の湿地帯に一穂宅があり、八岑氏は、不在勝ちの父親に代わり一家の労働力として、1メートルも掘れば水の湧き出す湿地帯に穴を掘り、飲み水を確保した、と語った。このような八岑氏の回想から、「仔馬」は子どものメタファーである、と考える。さらに私的感想に過ぎないが、この文脈は、息子を兵士として送りださなければならない日を思う父親の祈りのようにも感じる。なお、八岑氏の名前は、「八紘一宇」が標榜された時代にあって、8つの峰がそれぞれにそびえたつ多様性を表現しており、国策への叛意を示している。

16）『ミンナヨイコ』には乗り物は描かれておらず、『空の日本』には軍用機の編隊が描かれている。両者は同じような戦時の子どもを取り巻く生活空間を描いた絵本でありながらも、乗り物の表象の有無によって、イメージの発信する意味内容が変容している。前者は戦時の表象、後者は戦争の表象として見ることができる。

17）平井房人は、宝塚少女歌劇団美術部に所属し、「大阪朝日新聞」連載の「家庭報国　思ひつき夫人」の作者、『大阪パック』にも関わった漫画家である（「デジタル版　日本人名大辞典＋Plus」参照）。

18）《カンチャン》は、岡本ノート刊6書、創立事務所刊2書、計8書を現存確認している。『出版年鑑』を調査すると、「昭和十八年版」では岡本ノート刊6書、「昭和十九・二十・二十一年版」では岡本ノート刊11書、昭和出版刊3書、計20書が記載されている（創立事務所刊としては、記載されていない）。この内、現存するが『出版年鑑』不記載のものが3書あることから、《カンチャン》は少なくとも計23書刊行されている。

19）私は、明治・大正・昭和初期刊行絵本の研究者として、これまでに多くの出版社の多くの戦時期絵本を調査してきた。管見では、戦争の表象を提示した表紙イメージは他にもあるが、他者を殺傷する子ども像を表紙イメージにしたものは『カンチャンの決死隊』以外にはない。これは国民学校に於ける竹やり訓練の藁人形を白人兵士に置き換えた構図と見なせるが、そのリアルな表象に戦慄を覚える。

20）「隣組」は、1940年9月に内務省によって「部落会町内会等調整整備要綱」（隣組強化法）として制度化され通達された、5軒から10軒の世帯を一組とした地方自治組織であった（前掲下川）。

21）1939年10月に、陸軍省が少年戦車兵（満15～18歳）の募集を開始し、定員150人に対して、6,000余人が志願した。1941年2月に、陸軍の少年戦車兵学校が創立され、

1942年3月に、航空通信、戦車に次いで3つ目の少年砲兵制が設けられた。1943年5月から、陸軍少年兵の志願年齢が引き下げられて14歳からとなり、国民学校卒業直後の入隊が可能になった。同年7月には、羽田飛行場で高等科の児童を対象に「青少年航空錬成海軍機道場飛翔訓練大会」が開催され、学童は少年飛行兵の指導で飛行機に試乗、訓練を受けた。同年12月に、東京、大阪などで「陸軍少年兵少国民総決起大会」が開催され、東京では戦車に乗った少年兵が行進した（下川2002）。

22) この絵本は、被占領期（1945-52）になり、書名から「大東亜」を除き『乗物ノイロイロ』として、4版（1945.10）を重版したが、「マンシウノキシャ」の場面で「ダイトウア」を残したことから、被占領下の事前検閲（1945-47）で発禁処分になった（谷2002；大橋2004：65）。4版では、付記は削除されている。

23)『ハタラクムラノコ』は、初版から8ヶ月後、被占領期の事前検閲で出版許可を得て、昭和出版社から再版（1945.11）された。再版本では、最終場面［図7−34］と付記は除かれている。

＊［図7−1〜3, 18, 20, 23, 26〜31］は大阪府立中央図書館国際児童文学館蔵書、［図7−6, 14〜17］は日本近代文学館蔵書、［図7−4, 5, 11, 12, 21, 22, 24, 25］は上田市立中央図書館蔵書、［図7−7〜10, 13, 19, 32〜34］は東京都立多摩図書館蔵書を使用した。

［図７−１］『ケフモオテンキオテツダヒ』 表紙

［図７−２］『ミンナヨイコ』 表紙

［図７−３］同左　20-21頁

7章　戦時統制期（1938-45）に於ける生産者の主体性　　301

[図7―4]『モモタラウ』　表紙

[図7―5]　同左　16-17頁

[図7―6]『ヘイタイゴッコ』　表紙

［図7－7］『コドモノチカヒ』　表紙

［図7－8］同上　12-13頁

［図7－9］同上　14-15頁

［図7－10］同上　20-21頁

7章　戦時統制期（1938-45）に於ける生産者の主体性　　303

［図7―11］『トナリノコ』　表紙・裏表紙　　［図7―12］同左　8-9頁

［図7―13］『ラッパヲフケバヒガノボル』　　［図7―14］『オウマニノッテ』　表紙
　　　　　表紙

［図7―15］『空の日本』　表紙　　　　　　　［図7―16］同左　4-5頁

［図7―17］『オサカナブネ』　表紙・裏表紙

［図7―18］『カンチャンノ隣組』 表紙

［図7―19］『カンチャンの少年戦車兵』 表紙

［図7―20］『カンチャンの決死隊』 表紙

7章　戦時統制期（1938-45）に於ける生産者の主体性　305

［図7―21］『カンチャンの日記』　表紙

［図7―22］同左　22-23頁

［図7―23］『トモシビノハナシ』　表紙・裏表紙

［図7―24］『モモタラウ』　表紙・裏表紙

［図7―25］同左　18-19頁

［図7―26］『僕ハ荒鷲』 表紙

［図7―27］同上　2-3頁

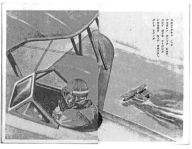

［図7―28］同上　12-13頁

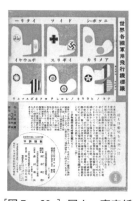

［図7―29a］同上　裏表紙

［図7―29b］同左　拡大図

7章　戦時統制期（1938-45）に於ける生産者の主体性　307

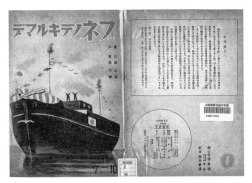

［図7―30］『フネノデキルマデ』　表紙・裏表紙

［図7―31］『大東亜乗物ノイロイロ』　表紙・裏表紙

［図7―32］『戦闘機』　表紙

［図7―33］『ハタラクムラノ子』　表紙

［図7―34］同左　22-23頁

終章　近代日本の〈絵解きの空間〉に於ける子どもと母親の国民化
―臣民としての主体性の構築―

はじめに

　本書では、〈国体〉イデオロギーの支配した近代日本に於いて、幼年の子ども用メディアとして刊行された絵本・絵雑誌を歴史資料と見なし、主にそれらの表象分析を行うことを通して、幼年用メディアを介した子どもと母親の国民化を検証した。終章では、これまでの章で明らかになったことを今一度整理しつつ、得られた知見を確認し、近代日本の〈絵解きの空間〉に於ける子どもと母親の国民化の意義を論考する。

　以下、1節では、これまでの章の要点を示す。2節では、幼年用メディアを介した子どもと母親の国民化の意義を考察して、結論とする。3節では、補遺として、これまでに取り上げられなかった受容者の問題を検討する。おわりに、今後の課題を記す。

1　子どもと母親の国民化の過程

　本書で設定した〈絵解きの空間〉とは、幼年の子どものための情報媒体である絵本・絵雑誌、媒介者である母親、読者である幼年の子どもによって構成された受容の場を指している。近代日本の出版物としての絵本・絵雑誌は、法律や経済、時代思潮や社会的価値規範と無関係ではあり得ない。そのような情報媒体を介した〈絵解きの空間〉に於いて、母親と子どもの間で交わされた言葉も、思潮や規範から逃れ難かった、と考えられる。

そこで序章では、天皇制を正当化するための〈国体〉イデオロギーに基づくナショナリズムが支配した近代日本に於いて、〈絵解きの空間〉は、子どもと母親の国民化に関与した、と仮説を設定した。その検証のために、幼年用メディアと関連文書に見る、帝国国家の領土と人口の拡張と再生産のためのナショナリズムの推進、そのための差異的関係性としてのジェンダーの構築、それを目的とした家庭教育の振興、その教科書的役割を担った媒体と教師的役割を担った媒介者の成立、および〈絵解きの空間〉で交わされた言葉に対する統制についての検討を、本書の分析課題とした。その検討のために、メディアに含まれた3つの意味、第一に情報媒体、第二に媒介者、第三に手段をキー概念として、絵本・絵雑誌の表象分析、および関連文書の言説分析を行った。

　まず1章では、絵本の生産・流通・受容を巡る諸問題を通史的に辿り、近代日本の〈絵解きの空間〉と社会の関係性を確認した。そこから、絵本、媒介者、〈絵解きの空間〉は、19世紀末には各家庭の個別的な存在としてあったが、その後に展開された家庭教育振興策に伴い、20世紀中葉になると社会的な存在として位置づけられたことを明らかにした。

　さらに1章では、序章で設定した課題に沿って、今後の章で検討すべき問題点を抽出した。それらは、第一にメディア＝情報媒体としての絵本・絵雑誌に見るナショナリズムとジェンダーの表象、第二に家庭教育振興のためのメディア＝媒介者として位置づけられた母親の問題、および幼年用メディアと媒介者と子どもの関係性の構築、第三にメディア＝手段と見なされた〈絵解きの空間〉と帝国国家の関係性の構築、および〈絵解きの空間〉に於ける言葉の統制についての検討である。

　これらの問題点を検討するために、2章と3章では、日露戦争時から第一次大戦頃の絵本・絵雑誌を取り上げて、メディア＝情報媒体としての意義を論考した。4章と5章では、家庭教育論者の関与した絵雑誌に焦点を絞り、メディア＝媒介者として位置づけられた母親のエージェント化を論考し、さ

終章　近代日本の〈絵解きの空間〉に於ける子どもと母親の国民化　311

らに、母子一体で国民化されていく道筋を確認した。6章と7章では、戦時統制前後の絵本・絵雑誌を取り上げて、〈絵解きの空間〉が「高度国防国家」構築のためのメディア＝手段と見なされて統制されたことの意義を論考した。

　このような章構成は、絵本・絵雑誌に於ける、帝国国家の拡張と再生産を巡る内容の分析にはじまり、〈絵解きの空間〉に於ける、子どもと母親の国民化を巡る実践の分析に至るものとなった。これらの分析を通して明らかになった各章の要点を、次に示す。

　2章では、絵雑誌の嚆矢『お伽絵解　こども』(1904-11) が、日露戦争に関連したメディア＝情報媒体であったことを明らかにした。この誌の男子像は、帝国国家の拡張のための〈戦う身体〉の表象と見なせた。一方で女子像は、帝国国家の再生産のための〈育てる身体〉の表象のみならず、時には帝国国家の拡張のための〈戦う身体〉や〈欲する身体〉の表象でもあった。ゆえにこの誌は、ナショナリズムに支配されたジェンダーの表象を情報として提供することで、絵雑誌の嚆矢としてのみならず、未就学の子どもを国民化させるための家庭教育書の嚆矢にもなった、と指摘した。

　3章では、大衆的な絵本発行所である金井信生堂の創業期絵本 (1908-23) を事例として、〈赤本〉と蔑称された絵本のメディア＝情報媒体としての意義を論考した。その表象分析から、これらが、帝国国家の拡張と再生産のためのナショナリズムとジェンダーを大衆に向けて発信していたことを明らかにした。雑種性のある複製品であったがゆえにこれらは、雑多な大衆の欲望を満たす〈大衆の憧憬図〉となり、それまでに地方や家などの個別性を保っていた家族の暮らしを、臣民の暮らしとして画一化するためのモデル像となり、家庭教育の教科書としてのメディア＝情報媒体になった、と論じた。

　4章では、近代日本の幼児教育と女子教育の推進、家庭教育の振興、および幼年用メディア改善の指導者であった倉橋惣三 (1882-1955) と、その監修絵雑誌『日本幼年』(1915-23) を事例とした。倉橋の関与した言説分析から、子どもは〈可愛い〉存在であるから、母親は子どもに母性愛を注がなければ

ならないとした、倉橋の個人的な信念が、自明のことであるかのように社会的価値規範として構築され、家庭という〈私〉領域から全国的な〈公〉領域にまで拡散し、定着していく過程を指摘した。それは、母親を〈お母様方〉と名づけることで、メディア＝媒介者としてエージェント化するものであった。

5章では、『子供之友』17～25巻（1930-38）で展開されたメディア・イベントを取り上げて、メディアと読者の関係性を検証した。この誌のメディア・イベントは、帝国国家に帰属した国民の教育プログラムの一形態であったことを明らかにした。参加家庭の「甲子上太郎会」は、ユートピア思想の習慣的実践の場になり、参加者の「甲子さん上太郎さんたち」は、ユートピア思想に基づく理想的な国民のひな形であり、一連のメディア・イベントは、世帯を基礎単位として帝国国家を構築し、国民＝臣民として子どもや母親を回収するためのイデオロギー装置として機能していた。

4章と5章では、家庭教育論者の関与した絵雑誌を分析資料とした。4章では、母親はエージェントとして位置づけられたが、具体的な絵解きの方法は指示されなかったことから、〈絵解きの空間〉には個別性や自由性が残されていた。ところが5章では、子どもの生活改善を目的とした会が設定され、実践を伴い、個別の会および会員は同じ価値基準を共有したことで、読者家庭の個別性は失われ、〈絵解きの空間〉も平準化されて、母子は一体のものとしてネットワークに組み込まれていた。4章と5章では、メディアと母親と子どもの関係性の構築が見えてきたのだが、5章になると、ネットワークの相互監視によって、単にメディアとの関係性に留まらず、国策に包括されるかたちで、国家と母親と子どもの関係性の構築も明らかになった。

6章では、戦時期を代表する講談社から刊行された『講談社の絵本』（1936-42）と『コドモエバナシ』（1942-44）を総称して、叢書《講談社の絵本》（1936-44）として取り上げて、それらの付記を分析した。《講談社の絵本》では、絵本は統制情報のメディア＝情報媒体、母親は統制された家庭教

育のメディア＝媒介者、〈絵解きの空間〉は統制情報の通信回路となるメディア＝手段と見なされて、帝国国家の言語思想と国語教育が積極的に導入されていた。それは、〈絵解きの空間〉が、「高度国防国家」構築のための通信回路となり、帝国国家、すなわち天皇と母親と子どもの関係性を構築させるためのメディア＝手段になり得る、とする講談社の認識によるものであった。

7章では、戦時統制期に活動した生産者2社、金井信生堂、岡本ノート・創立事務所を事例とした。検閲官や母親も出席した生産者主催の座談会の言説分析、および2社の刊行絵本の表象分析と「母の頁」と呼ばれた付記の言説分析から、戦時統制に対する生産者の対処の仕方を検証し、その主体性を論考した。そこには多様性が指摘できたものの、幼年用メディアに対する戦時統制が、〈統制される〉と〈統制する〉の関係性を無限に増殖させて、〈絵解きの空間〉で交わされた言葉に対する言論統制にも及んでいたことを明らかにした。それは、「高度国防国家」構築を目的とした家庭教育に於いて、幼年用メディアを教科書、母親を教師、〈絵解きの空間〉を回路と見なして、そこで交わされる言葉を統制することで、臣民として主体化させて、母子一体の国民化を図ったものであった。

2　結論──臣民としての主体性の構築

以上の分析から、近代日本に於いては、母子は一体のものと見なされて、子どもと母親を臣民として国民化させるための、幼年用メディアは教科書、母親は教師、〈絵解きの空間〉は回路と位置づけられていたことを明らかにした。終章では、子どもと母親の国民化の過程のまとめとして、これまでに得られた知見を振り返りつつ、本書の結論を導きたい。

2-1　メディア＝情報媒体としての絵本・絵雑誌

本書で分析資料とした絵本・絵雑誌は、様々な社会的興味関心を表象とし

たメディア＝情報媒体であった。そこには、理想的な国民像、その暮らしの表象である〈暮らしのイメージ〉、および抗争の表象である〈戦いのイメージ〉が、子どもの国民化のための情報として提示されていた。

　家族の表象は、母親と子どもだけで構成された母子像［図０―１／３―29, 30／７―27など］によって提示され、その一角に位置する優しげな眼差しの母親像は、社会的価値規範としての母性や母性愛の表象と見なせた。一方で父親像は、ほとんど見られなかった。教育勅語の朗読朗唱によって天皇の父性が日常的に示されているのであるから、このような情報媒体では、家庭内の父親は、社会的価値規範としての父性や父性愛の表象として提示される必要はなかった。ゆえに、一体化された母子像は、天皇を〈父〉とする帝国国家に包摂された近代家族の表象［図０―１］となった。

　〈暮らしのイメージ〉では、縁側が住空間の表象［図３―16, 23］として提示されていた。それは、日中には常に開かれており、人や物の交流する空間であり、家庭の内と外の曖昧な境界線でもあった。戦時期になると、住空間の境界の曖昧さは、「隣組」の表象によって顕在化した。住空間の境界は排除されて、子どもは近隣社会全体で「皇国民」として相互監視されつつ育成されていた［図７―22, 34］。

　〈戦いのイメージ〉では、日露戦争時には、軍隊の表象［図２―15］もあったが、そのほとんどは少人数の戦ごっこの〈遊びのイメージ〉［図２―11, 16〜18］であった。第一次大戦時になると、軍用機の表象［図３―34, 35］も出現して、軍隊の表象［図３―40〜42］は具体性を増し、ダイナミックな大人数の戦争ごっこの〈遊びのイメージ〉［図３―43〜45］も見られた。戦時期になると、その表象の多くは、敵を想定した明らかな〈戦争のイメージ〉［図６―８／７―16, 28］に変容した。子どもは兵士として戦うことを求められ［図７―20］、乗り物は戦闘のためのものとなった［図６―７／７―26］。

　以上を踏まえて、男子と女子の表象を比較すると、〈戦う身体〉の男子像

終章　近代日本の〈絵解きの空間〉に於ける子どもと母親の国民化　315

［図2―9, 10, 19／3―14］は、家庭内に不在の父親を想起させて、帝国国家の拡大膨張を担う兵役や労働の表象と見なせた。ところが男子像には、たおやかな表情の表象［図2―1］、草花に飾られた眉目秀麗な表象［図3―37］もあった。それらは、軍服様の衣服を着用して、外面的には〈戦う〉という身体性を示しつつも、表情を探れば、〈戦う〉ことをどのように受け止めているか、その内面性には一様には説明しきれない多義性を含んでいた。ところが戦時期になると、そのほとんどは装飾的な表象を除かれて、〈戦う身体〉だけを強調した表象［図7―20］に回収された。しかし一部には、生産者の確固たる意志により、その点を排除した表象［図7―7］もあった。

　一方で、〈育てる身体〉の女子像［図2―10, 12／3―21, 31］は、母親のひな形として、帝国国家の再生産を担う母性の表象と見なせた。しかしながら分析を進めると、女子は、国家再生産のみならず、国家拡張のための〈戦う身体〉や〈欲する身体〉の構築も期待されていた［図2―9, 19］。絵雑誌の読者欄に投稿された読者写真［図5―14］には、女性兵士を想起させるものもあった。女子は、帝国国家の再生産のみならず、欲望を示すことで、帝国国家の拡張を誘導する役割も担い、内に身体を置きつつも、内にも外にも意識を向けることを期待されていた。

　これから、近代日本の性別役割分業観とは、天皇を唯一絶対の支配者とした帝国国家に従属した男女に見る差異的関係性のことである、と言える。差異化されながらも相補的なジェンダーは、帝国国家の拡張と再生産のためのナショナリズムに基づくものであった。

　子どもの表象をジェンダーの観点から整理すると、日露戦争直後には、多様性があった。家庭教育の振興に伴い、第一次大戦頃から、ジェンダー表象が顕著になり、多様性が減少して、「十五年戦争」の戦時期になると、子ども像はジェンダー化された国民の表象に回収された。表象分析に於いては、時間の推移に伴い、ジェンダーは、ナショナリズムを支えるものとして、相補的であることを前提にして、より顕著になった。

以上のような情報が、絵本・絵雑誌を通して読者である子どもに送信されていた。これらのナショナリズムとジェンダーの表象は、多義性を備えていたがゆえに、多様な子どもに働きかけ、その人格形成に関与した、と考えられる。このような関係性に、絵本・絵雑誌のメディア＝情報媒体としての意義を見ることができた。

2-2 メディア＝媒介者としての母親

 次に、母親がメディア＝媒介者と位置づけられたことの意義を考察する。幼年の子どもが絵本・絵雑誌と出会うためには、メディア＝媒介者を必要とする。それらの選書や購入、そして絵解きを行うのは、概ね、その身辺の世話をする家族である。

 絵本・絵雑誌は、絵と詞で構成された媒体であり、近世の内容や形式を継承した近代日本の初期形態のそれらは絵を主体として、絵解きの対象は絵であり、詞を構成する文字ではなかった。その時期の〈絵解きの空間〉では、絵を前にして異世代の者が自由に語り合う関係性が成立しており、絵解きをする家族も、母親に限定されていなかった（1章）。

 ところが明治から唱道された家庭教育は、学校教育の整備に伴い、学校教育に準じるものとなり、家庭教育のための情報媒体として、幼年用メディアである絵本・絵雑誌が創刊された（2・3章）。日露戦争頃に、絵本・絵雑誌は、家庭教育に於ける教科書と位置づけられ（2・3章）、第一次大戦頃になると、母親は、家庭教育に於ける教師と見なされるようになった（4章）。母親は、家庭教育論者に〈お母様方〉と呼びかけられて、生産者のエージェントとして、絵本・絵雑誌を子どもに絵解きするメディア＝媒介者として位置づけられた（4章）。媒介者としての母親は、母子間の親密な関係性の構築、そのための母性愛の構築を求められた（4・5章）。

 さらに家庭教育は、昭和に入り国策として展開され、〈絵解きの空間〉に構築される関係性も、国策に準じるものとなった（5章）。そのような〈絵

終章　近代日本の〈絵解きの空間〉に於ける子どもと母親の国民化　317

解きの空間〉に於いて、母親は、子どもに対して、帝国国家の拡張と再生産のためのナショナリズムとジェンダーを絵解きし、思潮や規範を共有させて、平準化させる役割を担うことになった（5章）。母親は、家庭に於ける国語教育の教師と見なされて（6章）、「母の頁」の指示のもとに、国策に沿った絵解きを強要されるに至った（7章）。その絵解きの言葉は、個別性を排除され、拡大膨張する帝国国家の国語教育に準拠するものとして統制された（7章）。

　このようにして母親は、メディア＝媒介者になり、戦時期には、帝国国家と母子の親密な関係性を構築し、家庭教育に於ける「皇国民の錬成」を担った（6・7章）。国家と母親と子どもの関係性の構築に、母親のメディア＝媒介者としての意義を見ることができた。

2-3　メディア＝手段としての〈絵解きの空間〉

　最後に、メディア＝手段としての〈絵解きの空間〉の意義を考察する。近世の〈家〉制度や家族形態を継承していた19世紀には、個別性を保ち得ていた〈絵解きの空間〉は、20世紀に入り、帝国国家の拡張と再生産を目的として展開された家庭教育振興策によって、「改善」の対象となった（1章）。

　そこに至るまでに、生産者と媒介者と読者は、情報媒体である〈大衆の憧憬図〉を介してナショナリズムとジェンダーを共有した（2・3章）。その共有によって、生産者と媒介者と読者は、関係性を構築し（4章）、その関係性を双方向のものとした（5章）。

　〈絵解きの空間〉に於いて、媒介者となった母親は、情報媒体を介して母子の親密な関係性を構築し、母子一体となり社会参加して、個別の関係性をつないだ〈私〉のネットワークを構築した（5章）。しかし、メディアを介して構築された〈私〉の関係性とネットワークも、〈公〉である帝国国家に従属するものであり、〈私〉に留まるものではなかった。

　戦時期になり、帝国国家の拡張と再生産の到達点である「大東亜共栄圏」

建設の理念が標榜されて、メディアを介して構築された〈私〉の関係性とネットワークは、その理念を家庭に進入させるための格好の回路となった（6・7章）。国語教育に結びついた文字言語の優位性が唱道されて（6章）、絵本・絵雑誌の詞を構成する文字言語も調査され、議論されて、統制されるに至った（7章）。〈絵解きの空間〉に構築された回路を通り、近代日本の言語政策、国語教育は家庭に進入して、〈絵解きの空間〉の言葉は統制され、個別の家庭および〈絵解きの空間〉は帝国国家に包摂された（6・7章）。

戦時にあって、父親は戦地に赴き不在であり、母親も動員されて不在勝ちであっても、父性も母性も併せ持ったような〈父〉たる天皇を頂点に置いた帝国国家に、家庭や家族は包摂されているのであるから、子どもは「天皇の赤子」となり、家庭に於ける両親の不在は問題にはならなかった。読者対象を年長の子どもに定めた『講談社の絵本』や漫画絵本では、メディア＝媒介者を必要としない自律的な読書空間が構築されており、なおさら両親は不要であった。必要とされたのは、未だ自立的ではない幼年の未就学の子どもに「高度国防国家」の意義を忠実に媒介するエージェントとしての〈お母様方〉であった。

戦時期の〈絵解きの空間〉に於いて、母性愛の表象としての母親像、〈戦う身体〉の表象となった男性像、および「皇国」と「皇国民」の文言は、子どもを臣民化するに十分なメディア＝情報であった。帝国国家の拡張と再生産のために臣民化を図られた子どもは、メディア＝情報媒体から直接的に、あるいはメディア＝媒介者を介して間接的に、学校教育のみならず家庭教育に於いても、臣民教育を施される対象となった（6・7章）。

本来的には自由性があったはずの〈絵解きの空間〉は、家庭教育振興策によって、〈国体〉イデオロギーが家庭に進入するための回路と見なされて、イデオロギーに基づくナショナリズムとジェンダーの表象を繰り返し提供することで、天皇と母親と子どもの親密な関係性を構築させ、母子一体の国民化を図るためのメディア＝手段になった。近代日本の〈絵解きの空間〉には、

このような関係性を構築するためのメディア＝手段としての意義があった。

2-4　メディアと国民化

　先行研究に於いては、メディアと国民国家構築の関係が明らかにされている。本書に於いても、近代日本の絵本と絵雑誌を史料と見なして、メディアの３つの意味（情報媒体、媒介者、手段）を軸にした分析から、母子一体の国民化の過程が明らかになった。

　絵を主体とした幼年用メディアである絵本と絵雑誌を比較すれば、編集者や監修者を明示した絵雑誌の方が、家庭教育に於いては、より効果的な教科書になった。単行の出版物である絵本よりも、継続的に管理の容易い絵雑誌は、国民化のための媒体として、より有効であった。さらに、親誌である婦人雑誌と子誌である絵雑誌の連携は、母子一体の国民化を意図するものであった。講談社のように、あらゆる年齢層を読者対象とした出版機構は、家族全員の国民化を容易にした。メディアの継続や連携は、多様な読者に同じ価値基準を共有させ、重層的なネットワークを構築させて、その国民化を図るためのイデオロギー装置になった。

　絵本・絵雑誌に於ける雑多な表象は、イデオロギーである〈国体〉に関して、帝国憲法の学問的解釈によって議論された学説を形象化したものではなく、教育勅語の朗読朗唱を通して身体化された大衆的な認識を形象化したものであった。雑多であったがゆえにこれらは、雑多な大衆の欲望を満たす〈大衆の憧憬図〉になった。これらは、帝国国家に包摂された家庭の〈絵解きの空間〉に於いて、国民化された媒介者によって絵解きされることで、子どものナショナリズムとジェンダーを再構築して、再び帝国国家に還元する、という循環の構図で捉えられるものであった。

　循環の構図の一例として、序章と２章で取り上げた〈欲する身体〉の女性像［図０―３／２―19］を今一度検討したい。その理由は、男性に向けて手を差し出す女性の〈頂戴のポーズ〉は、女性に限らず両性のジェンダー形成

に関与する、重要な表象として指摘できるからである。さらにそれは、先行研究では全く触れられていない、一見受動的にみえる女性像の多義性として、女性の欲望に関する表象と見なせるからである。

　欲望を示す〈頂戴のポーズ〉の女性像は、2章では1906（明治39）年刊行の絵雑誌、序章では1938（昭和13）年刊行の絵本に見られた。これらには、32年の時間差があった。人生図に照らせば、1906年に5歳の女子は、1938年には37歳の女性になっている。循環の構図から見れば、促されて欲望を示す女子は、その繰り返しによって、促されずとも当然のこととして欲望を示す妻や母になる。女性の〈欲する〉意識や行為は、男性の〈与える〉それらを誘発し、男性による兵役や労働に対する大義名分を構築させると共に、ナショナリズムを支えるものになる。

　ナショナリズムを支えるためのジェンダーの構築は、これまでに見てきたように、戦時期だけで成し得たことではなかった。それは、〈国体〉イデオロギーに内在していた多義性の相克の結果として、戦時期になり、一つの到達点を示したものであった。

　そこに至るまでに、絵本・絵雑誌は、近代日本の様々な情報を表象とした媒体として、様々な書名、様々な誌名によって、無数に刊行されていた。これらの生産者には、幼児教育の展開に販路を見出したジャーナリスト、〈赤本屋〉と蔑称された出版者、幼児教育や女子教育の指導者であった家庭教育論者、生活改善運動にも関与した女性ジャーナリスト、全世代を読者対象とした大衆的な出版社の創業者、戦時統制に批判的な意思を貫いた編集者、「高度国防国家」構築を命題とした生産者などの、多様な主体性が認められた。

　媒介者に於いては、〈赤本〉を買わない母親の対極には、〈赤本〉を買う母親もいたはずである。「母の頁」の指示に忠実な母親もいれば、指示を無視した母親もいたはずである。媒介者にも多様性があり、〈絵解きの空間〉にも多様性があった、と考えられる。

ところが、出版統制が存在した以上は、生産者や媒介者の多様性は、そこから逸脱するものではなく、帝国国家に包摂される臣民としての主体性の範疇にあった。結局のところ、近代日本に於けるメディアを介した国民化とは、メディアの提供する情報を内面化し、臣民としての主体性を構築することであり、それは、臣民化に他ならなかった。

2-5　境界の崩壊と喪失

本書では、情報媒体である絵本・絵雑誌、媒介者としての母親、読者である子どもによって構成された〈絵解きの空間〉の概念を導入することで、メディアを介した母子一体の国民化＝臣民化を明らかにすることができた。さらに、先行研究では取り上げられていない表象についても、本書では、子どもと母親の国民化＝臣民化のための重要な要素として指摘することができた。その一つは、前述した女性の欲望に関する表象であり、今一つは、曖昧な境界に関する多様な表象である。

これまでに近代家族のイメージは、父親と母親、および男女の子どもで構成された核家族の表象によって提示されることが一般的であった。しかし本書の分析から見ると、近代家族は、天皇を〈父〉と見なす帝国国家に包摂されているのであるから、そのイメージは、出生を証明する母親の表象だけで十分であった。しかし時には、父親はもとより母親も不在であっても、帝国国家の拡張と再生産のためにジェンダー化された一組の男女の子どもの表象だけで、それは近代家族のイメージになった。そこには、「天皇の赤子」であれば、誰もがアイデンティファイできるような境界の曖昧さがあった。

境界の曖昧さは、様々な表象に指摘できた。縁側に象徴されるように、住空間の境界は曖昧であり、室内に於いても、内でありつつも外が入り込んだ曖昧さがあった。それは、地球儀の表象［図０―１／２―９］である。本書で分析した絵本・絵雑誌以外にも、この時期の幼年用メディアには、地球儀の表象が多数見られる。地球儀は、様々な国家や国民、その暮らしの領域を

包括する地球のひな形として造形されたものであり、家庭にあっては室内に置かれるものである。子どもは、その地球儀を眺めながら、まだ行ったことも見たこともない空間を想像することで、その空間に身を置く一員にアイデンティファイすることができる。そのことによって、地球儀の置かれた室内は、〈公〉領域になり、地球儀を見つめる子どもは、家庭の外に大きく広がる空間をその内面に取り込むことになる。

時計やカレンダーの表象［図5―4,5］も、個別の〈私〉時間を秩序だった〈公〉時間に変換させるものである。そこには、〈私〉と〈公〉の境界を曖昧にする要素がある。平準化された時間を共有することで、近代日本の様々な地域、様々な家庭に暮らす、様々な条件を備えた子どもは、家庭の内でありつつも、外の状況に応じて、どのような事態にも備えることができるようになる。

乗り物の表象も、領域の境界を曖昧にするものである。乗り物像は、日露大戦直後には、室内で使用される玩具の表象［図2―9,13］に過ぎなかった。ところが、第一次大戦頃には、家庭から外に出て乗る対象［図3―10］になり、太平洋戦争も末期になると、鳥獣を捕食する勇猛なワシに喩えられ命を与えられて、アイデンティファイする対象［図7―26］になった。乗り物は、個別の時空間の概念を曖昧にすることで、陸に、海に、空に帝国国家の境界を曖昧にして、拡大膨張させて侵略に向かう「集団の夢」でもあった。とりわけ海底トンネルの表象［図3―33］は、そのことを象徴していた。

このように近代日本の〈絵解きの空間〉に於いては、読者である子どもは、情報媒体である絵本・絵雑誌、媒介者である母親の絵解きを介して、〈私〉と〈公〉の境界を曖昧にしていくような多様な表象を、絶えず目にしていた。そこには、個別の時間概念と空間概念を統制された時空間概念に変換する要素があった。

さらに近代家族の子どもは、表象だけではなく関係性に於いても、境界を曖昧にしていくような環境下に置かれていた。メディア・イベントを介して

構築された読者のネットワークは、個人の境界、家庭の境界、およびその暮らす領域の境界を曖昧にするものである。向上を望み、参加しさえすれば、読者の子どもは〈良い子〉として、読者家庭は〈良い家庭〉として、メディアに表象された。〈良い子〉と〈良い家庭〉の暮らす領域は、日本本土のみならずハワイや中国大陸などにも及び、地球規模で拡大膨張しており、そこから送られた手紙や肖像写真によって、読者および読者家庭の共有するものになった。特に肖像写真は、地球儀だけでは想像に留まっていた見知らぬ土地やそこに暮らす見知らぬ人々にリアリティーをもたせ、それも日本人としてのリアリティーであり、子どもが容易にアイデンティファイできるものになった。

　幼年用メディアに於ける地球儀、時計、乗り物、そして読者の肖像写真の表象のみならず、様々なメディアの働きかけによって、戦時期の「高度国防国家」構築に至るまでに、家庭という〈私〉の境界は、すでに内部から崩壊しており、個人としての〈私〉の境界も、臣民としての主体性を構築することで喪失していた。明治国家の創設以来、様々なメディアを介して、時間をかけて展開された国民化＝臣民化は、様々な境界に対して、内部からの崩壊や喪失をもたらすものであった。

2-6　結論

　絵本・絵雑誌の表象と〈絵解きの空間〉を巡る言説の分析から、以上のような知見を得た。これらから、序説で設定した仮説について、近代日本の〈絵解きの空間〉は、家庭教育の名目でナショナリズムとジェンダーを家庭に進入させるための回路となり、子どもと母親の国民化に関与した、と言える。しかしながら、近代日本の〈絵解きの空間〉には、天皇制による国家統治を正当化するための〈国体〉イデオロギーから逸脱しない範囲内での多義性と多様性があったことも、検証の結果として明らかになった。

　以上から、次のように結論を導く。そのあり方には、直截的な文字ではな

く、絵解きによる読み手の積極的解釈を可能にする絵本・絵雑誌ならではの多義性を指摘することができたが、総じて〈絵解きの空間〉に於いて、読者である子どもは、情報媒体である絵本・絵雑誌、媒介者である母親の絵解きを介して、〈私〉と〈公〉の境界を曖昧にしていくような多様な表象を目にしていた。したがって、近代日本の〈絵解きの空間〉は、子どもと母親に対して、イデオロギーである〈国体〉をあたかも実体であるかのように見せかけたナショナリズムとジェンダーの多様な表象を繰り返し提供し、国策に沿った絵解きを促し、臣民として主体化させることを通して、母子一体の国民化に関与するものになった。

3　補遺──子どもの受容

　本書では、メディア＝情報媒体、メディア＝媒介者、メディア＝手段をキーワードとして、家庭教育に於いて、絵本・絵雑誌を介して遂行された子どもの国民化、およびその媒介者となった母親の国民化を検証した。しかし、子どもの受容の仕方については、これまでの章では検証できなかった。それは、読者側の資料がほとんど残されておらず、その実態を調査することができなかったことを理由とする。

　しかしここに、特異な例がある。6章で検証した『講談社の絵本』（1936-42）の大きな特色は、読者の思い出に関する証言が数多く残されていることである。テレビやゲームなどのメディアが誕生していなかった昭和初期に於いて、『講談社の絵本』は、多くの子ども達に熱狂的に受けいれられたメディアであり、後年になり、多くの人々がメディアを介してその思い出を語っている。最後に補遺として、これまでに検討することのできなかった子どもの受容を、『講談社の絵本』の思い出を軸にして検討したい。

3-1 特集 "子どもが良くなる講談社の絵本"

　戦後30年が経過した頃に、ある雑誌が『講談社の絵本』を特集した（1976.6.1「特集 "子どもが良くなる講談社の絵本"」『月刊絵本』4—7）。この時期に『講談社の絵本』の特集が組まれたのは、1970（昭和45）年に24冊（1936〜40刊）、1976（昭和51）年に10冊（1937〜39刊）が復刻版として複製されて、『講談社の絵本』が再び注目を集めたことによる。

　この特集には、戦時期に子ども時代を過ごした文化人達が寄稿している。その一人、文芸評論家の尾崎秀樹（1928-99）は、標題「"講談社の絵本"の残したもの」の寄稿文で、次のように記している（尾崎1976：14）。

> 　小学校に入ると、私は自分の小遣いで本を買い出した。絵本も手あたり次第に乱読したが、何かくいたらず、次第に絵本には期待をもたなくなった。「講談社の絵本」の出たのはちょうどそのような時期にあたる。したがって絵本からの卒業期の最後を飾ってくれた媒体でもあった。
> 　私は主として講談ネタに近いような、「四十七士」や「岩見重太郎」などといった絵本を買いこみ、漫画の絵本を購入していた友だちと交換して読んだ記憶がある。そして初期の二十冊ほどを愛読し、私の関心は同じ時期に出ていた「少年講談」のほうへ移行してゆく。
> 〔……〕
> 「講談社の絵本」について語る場合、人々はその絵の丹念さ、四色刷りのみごとな印刷技術、企画の多様性等をあげる。しかし受け手の意識からいえば、自分の好きな内容、同時に絵を、自主的な判断で選べたということが、この本の魅力のひとつになっていたように思われるのだ。

　絵本作家の瀬名恵子（1932-）も、標題「我、講談社の絵本を愛す」を寄稿している。瀬名は、『講談社の絵本』が空襲で焼けた辛い思い出、子ども同士で貸し借りをしたこと、隣家の本箱に並んだ『講談社の絵本』を読みふけったことなどを記している（瀬名1976：26-27）。

　尾崎や瀬名の思い出から見ると、『講談社の絵本』の存在意義は、大人が

与えたメディアではなく、子ども自らが選書できたメディアであったことにある。『講談社の絵本』創刊時は、幼年用メディア市場全体が拡張、活性化していた時期であり（宮本2001：86-87）、すでに読書習慣を構築していた子どもにとって、それは新たな地平を開くメディアになった。視覚メディアという絵本の要素を残しつつも、質の高さを追求したことが、媒介者の関与なく、自ら選書して読書でき、友人と交流できるという、それまでの絵本の読者層よりも若干年長の子どもの読書への欲求を満たすことにつながった。

　批判的な寄稿としては、ジャーナリストの矢崎泰久（1933-）が、標題「絵本に戦争責任はないか」を記している。「二・二六事件」（1936）の年に創刊の『講談社の絵本』の「乃木大将を手にしてから『少年倶楽部』までの数年間、私は講談社の絵本なしではいられなかった」（矢崎1976：28）とした矢崎は、次のように総括している（前掲矢崎：29）。

　　　講談社の絵本のいまわしさは、やはり歴史に残しておかなければならないだろう。中には良心的な絵本もあったと反論されるかも知れない。高邁な理想を読み取った人もいたかも知れない。しかし、講談社の絵本を与えることによって、あらゆる子供をファシズムという名の坩堝の中に叩き込んだ事実を忘れてはならない。

　矢崎は、当時を振り返り「大人になることは、イコール立派な軍人になるということだったし、戦地で勇敢に戦って、数多くの手柄を立てることが、親孝行だと信じて疑わなかった」（前掲矢崎：29）と記している。この時代に少年期を過ごした者にとっては、このような「いまわしさ」は、明らかにその時代に生きたことのアイデンティティでもあり、排除することのできない「事実」として記憶されなければならないものであった。

　この特集には、「講談社の絵本アンケート」も掲載されている（前掲『月刊絵本』：34-37）。そこでは、「1. 小さい時、"講談社の絵本"をご覧になりまし

終章　近代日本の〈絵解きの空間〉に於ける子どもと母親の国民化　327

たか？（講談社の絵本以外にみた絵本はありますか？）」、「2. "講談社の絵本"の中で印象に残っているもの、あるいは場面。」、「3. "講談社の絵本"があなたの中に残したものは？」の質問3項目が設定された。回答者として、山藤章二（イラストレーター、1937-）、杉田豊（絵本作家、1930-）、大岡信（詩人、1931-）、東野芳明（美術評論家、1930-2005）、おおば比呂司（漫画家、1921-88）、さねとうあきら（児童文学者、1935-）、永六輔（タレント、1933-）、後藤明生（作家、1932-99）、奥野健男（評論家、1926-97）、谷川俊太郎（詩人、1931-）の10名が回答している。

「3.」の設問に対して、山藤章二は、次のように回答している（前掲『月刊絵本』：34）。

　　戦時下のことで当然、英雄軍士の功名話が多かった。そして幼児である僕は憧れた。文章は幼児向きではあるが美文詠嘆調だったと記憶する。こういう話法は人を酔わせる魔力をもっている。一方絵の方も徹底的な写実描写で、見る者をねじ伏せてしまうような説得力があった。いま思うと、あれほど魂につきささるイラストレーションにはその後めぐり逢っていない。ただ不幸は、それらが全て「カーキ色」のイラストであったことだ。

山藤は、「2.」の設問に対して、『軍馬と軍犬』（北宏二〔ほか〕画、1942.1）を挙げ、「戦場の泥沼で馬が水を飲むときに、泥やゴミが入らないように上、下の歯を合わせて、そのすきまから水を飲んでいる絵があった。子供心に馬の利口さに驚いた記憶がある」（前掲『月刊絵本』：34）と記している。「カーキ色」の表現から見ると、山藤は、ウマもお国のために戦っている、とする軍国主義の表象を読み取っていた、と考えられる。「あれほど魂につきささるイラストレーション」の表現は、イラストレーターの言葉であることから、意義深い。

さねとうあきらは、「2.」の設問に対して、「何冊も見ているはずだが、ふしぎなことに、「岩見重太郎」のヒヒ退治の場面しか覚えていない」として、

「3.」の設問に対して、次のように回答している（前掲『月刊絵本』：36）。

> ほとんど何も残っていない。日中戦争の頃に幼児期を過ごしたので、「絵本」は貴重品だった。いきおい絶対量が少なく、それだけに印象深くて当然なはずだが、ほとんどわたしの脳裏から払拭されてしまって、何も残っていない。戦後の一時期、戦争中のいまわしい思い出と共に葬り去ってしまったのだろうか。だとすれば、「戦中派少年」の怨念をそこに見るおもいがする。設問への単なる愚感にすぎないが……。

この特集が組まれた経緯から判断すると、設問には、『講談社の絵本』を懐かしみ、肯定する要素が含まれている。さねとうは、その点への叛意を「愚感」と表現したのであろう。前述の山藤章二、「1.」「3.」には無回答で「2.」に「アンケートが嫌いなので悩んでいます。どうしたらよいか困っています」と回答した永六輔、「3.」に「自分では何も自覚していません」と回答した谷川俊太郎にも、同様の叛意を読み取れる。『講談社の絵本』の影響が自覚的には残されていないとしても、戦時に少年期を送った彼らの内面には、前述の矢崎泰久と同様に「事実」としての「いまわしさ」が残されているのではないだろうか。

寄稿文執筆者の尾崎秀樹、黒井千次（小説家、1932-）、アンケート回答者の大岡信、さねとうあきら、後藤明生などが、印象に残る作品名として『岩見重太郎』（井川洗厓絵、大河内翠山文、1936.12）を挙げている。『岩見重太郎』には、おどろおどろしい狒狒が描かれており、親の敵討ち場面では、重太郎とその妹・オ辻が「ヤアヤア　オヤノカタキ　カクゴセヨ」と叫びながら、敵に向かっている。

戦時期に於いて、子どもにとって「避けようもなく闘わなければならぬ相手としての狒狒」（黒井1976：23）は、無意識にも敵を想定させたのではないだろうか。「オヤノカタキ」は、戦死した父親を想起させ、戦争への大義名分を構築させたのではないだろうか。回答者は、『講談社の絵本』の影響を

積極的に言及しなくとも、その内面では、このような表象によって構築された「戦中派少年」としての自己を見出している可能性を否定できない。

3-2 子どもの受容の在り方

『講談社の絵本』の特集では、男女の区別なくこの時期の子どもが、この絵本に熱中したことが証言されている[1]。読者の年齢層は、一般的な絵本の受容層よりも若干高く、読書の形態は、大人の介添えを必要とせず、子ども一人で読んでいた。そのようなメディア＝媒介者の介在なしに行われた読書形態の意義を、女子児童の立場から検討したい。

『講談社の絵本』には男性中心主義が露わであり、読者である子どもに対しては、雄雄しい男性性の構築が推奨されていた。少女雑誌の少女像のように（今田2007；渡部2007）、「純粋」で「無垢」であることを奨励するような表象はなかった。これらに熱中した女子は、男性性の表象が露わであったがゆえに、そのような男性性にアイデンティファイすることで、社会的に縛られていたジェンダーから越境できたのではないだろうか。さらに媒介者がいなかったがゆえに、ジェンダーから解放されて、想像の世界で自由に遊ぶことができたのではないだろうか。このような点から、自律的な読書空間を構築できた年長の子どもにとっては、メディア＝情報媒体を介して社会的価値規範を伝達しようとするメディア＝媒介者は、かえって不要な存在であった、と見ることができる。

もう1点、戦時統制期の金井信生堂「吉田一穂編」絵本、『ラッパヲフケバヒバガノボル』（1942.2）［図7—13］に関する思い出から、子どもの受容の在り方を検討したい。この絵本に関しては、珍しく読者の思い出が残されている。山中恒（1931-）は、妹が「淋しい淋しい」と言いながらこの絵本を繰り返し眺めていた、と証言している（山中1984：124）。

この絵本の書名に見る「ラッパ」や「ヒガノボル」の表現は、ナショナリズムの表象である、と解釈できる。しかし内容には、ナショナリズムの表象

は見られず、シルエット表現から、朝の陽光を待ちわびる戦時下の屈折したもの悲しさが伝わってくる。山中の妹の呟きは、子どもがそのようなもの悲しさを読み取っていたことを意味している。それは、金井信生堂が発行承認を得るための手段として盛り込んだ多義性であったとしても、読者が本質的な編集意図を読み取っていたことを示すものである。

　これらの事例から、生産者が送信した認識は、記憶に残されているか否かは別として、読者に受信されていた、と考えられる。特に生産者の強い意志の下に送信した認識は、読者に受信されていた。読者は、生産者の認識を、選書した時点ですでに受け入れており、自己の興味関心に基づいて取捨選択しつつも、強調したりデフォルメしたりして受容した、と考えられる。さらに読者は、生産者の認識を単に受信するだけではなく「事実」として認定し、自覚的であるか否かは別として、オーディエンスとして歓声をあげることで、その認識を社会に還元した、と考えられる。

　『講談社の絵本』は、比較的年長の子どもの自律的な読書空間で読まれたものであった。ところが本書で分析対象とした絵本・絵雑誌の主なものは、幼年の子どもを読者対象としており、その受容の際には、媒介者を必要とした。このような絵本・絵雑誌に関する媒介者や読者の実態を分析できるような資料は、現時点ではほとんど発見できていない。そこでここでは、幼年用メディアの媒介者となった母親と、読者である子どもの関係性から、子どもの受容の在り方を考察しておきたい。

　一例として、『僕ハ海鷲』(三橋正造画、豊田次雄文、1943.9)［図7―26~29］を取り上げる。この絵本は、「出版会」の推薦を受けている。まず、媒介者である母親の立場から見れば、戦争を嫌悪する母親は、この絵本をもとより購入しなかっただろう。戦争に協力的な母親は、積極的に購入したかもしれない。しかし、裏表紙の「母よ！！愛児を大空へ！！」の呼びかけ文から、その過激さに戦慄を覚え、購入を躊躇した母親もいただろう。次に、母親に絵解きしてもらう子どもの立場から見れば、軍国少年、軍国少女であった子

終章　近代日本の〈絵解きの空間〉に於ける子どもと母親の国民化　331

どもは、この絵本の絵解きに歓声を上げただろう。しかし、過敏な子どもは、表象に対しても戦争の恐怖を感じ、絵解きを拒否したかもしれない。多様な母親と多様な子どもの多様な関係性から見れば、〈絵解きの空間〉に於いては、多様な受容が成立する。

『子供之友』のメディア・イベントに参加した女子児童の積極性、男性中心主義の顕著な『講談社の絵本』に於ける女子児童の受容に、今一度戻りたい。媒介者の有無、その絵解きの多様性、読者の多様性から見ると、読者である女子にとっては、日常的に縛られていたジェンダーから解放されて、ジェンダー化された読みを外した受容の仕方もあった、と推察できる。それは、男性不在の戦時期、あるいは戦後復興期にあって、性別役割分業観に縛られることなく、家族を護り、食物を調達し、家庭を運営して、地域社会に関わった女性も存在したことにつながる。僅かであったとしても、そのような外し方があったからこそ、戦後復興が成立したのではないだろうか。

このような考察は、限られた幼年用メディアの、限られた人数の思い出分析から導いたものであり、子どもの受容の全貌である、と断定することはできない。子どもの受容を検証するには、さらに多くの事例を分析する必要があり、その点は今後の課題としたい。

おわりに

本書では、7章に渡り、19世紀末から20世紀中頃の約50年間の時系列で、主に近代日本の絵本・絵雑誌の表象分析を行うことを通して、家庭教育に於いて、母子を一体のものと見なして遂行された国民化の問題を、多角的な視点から検証した。しかしその間に、本書では検証しきれなかった課題もいくつか浮かび上がった。

その一つは、家庭教育と学校教育の関係から、幼年用メディアと教科書を照合することである。例えば、近代家族に於ける核家族の問題について、幼

年用メディアでは、家族の表象は主に母子像であった一方で、使用人を含めた大家族や祖父母の表象も見られたことから、その意義を探るためには、国定教科書の家族の表象と比較検討する必要がある。

　もう一つは、女性の欲望に関する表象を精査することである。〈頂戴のポーズ〉をとる女性の表象は、両性のジェンダー形成に関与し、ナショナリズムを支えるものとなる。女性の〈欲望する主体〉を構築させるような表象についての言及は、先行研究には見られないことから、さらなる検討のためには、多様なメディアを対象とした調査が必要となる。

　今一つは、受容に関する問題である。『講談社の絵本』の読者の思い出から、その一端は明らかになった。それが、近代日本の全ての幼年用メディアの受容に当てはまるか否かについては、さらなる調査・分析の必要がある。文献調査のみならず、インタビュー調査などの質的調査も必要となる。しかしながらそこには、困難が予想できる。公共機関に於いて、取捨選択のない文献資料の収集・保管・公開の原則が保たれる限りは、そこに残された記録の調査に、時間的制約は発生しない。ところが、人の記憶の調査には、時間的制約が発生する。私は2005（平成17）年にインタビュー調査を試みたが、その調査は十分なものとは言えない（大橋2007）。すでに遅きに失したかもしれない2014（平成26）年現在、インタビュー調査が成立するか、予想しがたいものがある。

　以上の課題は、より一層の調査・検討を必要とする。絵本・絵雑誌の資料調査のみならず、近代日本の政治や経済、教育や様々なメディアなどに内在する重層性と多義性にも挑まなくてはならない。多大な課題を残しつつ、ここで一応の区切りをつける。

　本書は、明治・大正・昭和初期の近代日本に於いて刊行された幼年用メディアである絵本・絵雑誌を分析資料とした、児童文学・文化研究であると同時に、ジェンダー研究、および家庭教育研究でもある。ここで明らかになったことは、過去の問題として留まるものではない。現在に生きる私たちの問

題として、未来を紡ぐ子どもたちの問題としても、多くの示唆を与えてくれる。私たちは今、様々なメディアの渦の中に生きている。渦中にあって、その渦の大きさや向かう方向は見えない。本書が、そのことの意味を考える一灯になれば、と願っている。

註
1) 私のアンケート・インタビュー調査に於いても、1930年代から1940年代に子どもであった調査協力者のほとんどが『講談社の絵本』を読んだ、と証言した（大橋2007）。とりわけ、かつての女子児童が活写したその思い出が、興味深かった。

初 出 一 覧

　本書の初出一覧は、以下のとおりである。全ての論文に、加筆修正を行った。

序章　書き下ろし
1章　2006「第二章 「絵本空間」を巡る言説―「草双紙」から「赤本」へ」『近代日本の「絵本空間」―絵本と読者の共有空間に関する研究』放送大学大学院文化科学研究科総合文化プログラム（文化情報科学群）修士論文：25-53
2章　2010「絵雑誌の出現と子どもの国民化―『お伽絵解　こども』（1904創刊）を事例として」『女性学研究』17：85-105
3章　2010「絵本に見る"暮らしのイメージ"―金井信生堂の創業期絵本（1908-23）を事例として」『絵本学』12：13-25
4章　2011「エージェントとしての「お母さま方」の成立―倉橋惣三と『日本幼年』（1915-23）」『人間社会学研究集録』6：189-210
5章　書き下ろし
6章　書き下ろし
7章　2001「金井信生堂刊行「吉田一穂編」の絵本―戦時統制との関係を中心に」『絵本学』3：5-17
　　　2004「戦時期から被占領期に刊行された絵本の実態―「岡本ノート」「創立事務所」「昭和出版」刊行絵本の事例研究」『児童文学研究』37：78（53）-63（68）
　　　→1本化
終章　書き下ろし

調査・分析資料概要

　各章で使用した調査資料および分析資料の概要を以下に記す。複数の所蔵館に同一書が重複して所蔵されている場合や、同一書の初版・重版の複数版が所蔵されている場合もあるため、調査実数を所蔵館内訳および合計冊数によって補足する。

序章　　　分析資料：『一目でわかる最近五十年間　日本躍進絵本』（長岡規矩雄・玉谷高一著、金子茂二画、（株）わかもと本舗栄養と育児の会、1938.3.15）
　　　　　合計1書
　　　　　　個人1冊　合計1冊

1章　　　分析資料：ナシ

2章　　　調査・分析資料：『お伽絵解　こども』1―1～8―5（児童美育会、1904-11）
　　　　　総計74書の内　合計69書
　　　　　　梅花女子大学図書館60冊　大阪府立中央図書館国際児童文学館9冊　合計69冊

3章　　　調査・分析資料：金井信生堂創業期刊行絵本（1908-23）
　　　　　総計不明の内　合計109書
　　　　　　日本近代文学館64冊　大阪府立中央図書館国際児童文学館44冊
　　　　　　札幌市中央図書館14冊　梅花女子大学図書館2冊　東京都立多摩

図書館1冊　前橋市立図書館1冊　個人2冊　合計128冊

4章　　調査資料：『日本幼年』1―1～9―5（東京社　1915-23）
　　　　総計99書の内　合計31書
　　　　　札幌市中央図書館18冊　大阪府立中央図書館国際児童文学館16冊
　　　　　国立国会図書館国際子ども図書館1冊　合計35冊
　　　　分析資料：『日本幼年』2―7（1916）
　　　　合計1書
　　　　　他に『婦人と子ども』14―11／16―8（1914, 1916）『婦人画報』
　　　　　105／106（1915）
　　　　　『教育時論』1124（1916）『幼児教育』19―7（1919）など

5章　　調査資料：『子供之友』1―1～30―12（婦人之友社　1914-43）
　　　　総計358書の内　合計309書
　　　　　大阪府立中央図書館国際児童文学館199冊　東京都立多摩図書館
　　　　　150冊　国立国会図書館国際子ども図書館117冊　三康文化研究所
　　　　　三康図書館47冊　日本近代文学館39冊　札幌市中央図書館16冊
　　　　　梅花女子大学図書館14冊　神奈川近代文学館13冊　日本女子大学
　　　　　図書館1冊　個人3冊　合計599冊
　　　　分析資料：『子供之友』17―1～25―12（1930-38）
　　　　総計109書の内　合計106書

6章　　調査・分析資料：《講談社の絵本》（講談社　1936-44）
　　　　総計226書の内　合計226書
　　　　　『講談社の絵本』（1936-42）総計203書の内　計203書
　　　　　『コドモエバナシ』（1942-44）総計23書の内　計23書
　　　　　　大阪府立中央図書館国際児童文学館226冊　個人24冊　合計250

冊（《講談社の絵本》）

7章　調査・分析資料：戦時統制期刊行絵本（1941-45）
　　　総計不明の内　合計76書
　　　　金井信生堂「吉田一穂編」絵本（1941-44）　総計不明の内　計35書
　　　　　日本近代文学館27冊　国立国会図書館国際子ども図書館11冊　大阪府立中央図書館国際児童文学館9冊　神奈川近代文学館8冊　東京都立多摩図書館5冊　上田市立上田図書館5冊　個人1冊　合計66冊
　　　　岡本ノート刊行絵本（1942-44）　総計不明の内　計29書
　　　　創立事務所刊行絵本（1944-45）　総計不明の内　計12書
　　　　　上田市立上田図書館19冊　大阪府立中央図書館国際児童文学館16冊　神奈川近代文学館8冊　三康文化研究所三康図書館5冊　東京都立多摩図書館5冊　国立国会図書館国際子ども図書館4冊　個人1冊　合計58冊（岡本ノート・創立事務所刊行絵本）

終章　調査・分析資料：ナシ

あ と が き

　還暦をすでに過ぎた私が、近代日本の絵本・絵雑誌を分析資料とした博士論文を大阪府立大学大学院人間社会学研究科に於いて審査していただくまでの経緯について、ここに簡単に記しておきたい。この記述を以て、これまでにお世話になった人々、およびこれまでに出会った資料への謝辞とする。

　大学卒業後、結婚、出産、育児の毎日に追われ、専業主婦として暮らしてきた私は、「今、ここで、何をしているのだろう」と、その存在の意義を見失ったことがある。そのような時、私は、大阪府吹田市の万博公園内に児童文学の聖地としてあった大阪府立国際児童文学館（1984.5-2009.12）の専門講座「絵本の魅力を探る」の講座生募集記事を新聞紙上で目にした。この館の蔵書に招かれるようにして、千里万博会場の跡地にまで通い始めたのが、息子の小学校入学年、1988（昭和63）年秋のことであった。そこで私は、寄贈後間もなく未整理の「南部新一記念文庫」（大阪国際児童文学館編集1993『南部新一記念文庫目録』）に出会った。この文庫には、明治・大正・昭和初期の絵本が多数含まれており、私は、父母の世代である〈かつての子ども〉はこのような絵本を愛でていたのか、と少なからず衝撃を受けた。

　〈赤本〉と呼ばれた絵本は、公共機関ではそれまでにまとまったかたちで公開されておらず、そのような絵本研究は、児童文学・文化学研究の範疇には入っていなかった。このような絵本・絵雑誌の存在を知ってから数年後、資料に呼び寄せられるようにして始まった私の手探りの研究は、公共機関の蔵書を調査することに多くの時間を費やした。その間に出会った日本近代文学館所蔵の金井信生堂刊行絵本が、金井英一氏の次のような思い（上編著1974：231）から寄贈されたものであると知った時、それに応えたい、と私は思った。

わたしどもで出した絵本や、好きで集めた赤本類がかなりありましたが、倅も娘も絵本の研究なんかやらないし、せっかくの資料が紙くずになってしまうのは惜しいと思ったので、昨年、日本近代文学館の児童文学文庫にそっくり寄贈いたしました。これであの資料だけは、唐紙の下張になったりせず、あとの研究者のために残るでしょう。

「金井英一氏寄贈」図書調査のために、初めて日本近代文学館を訪れた時(1997)、整理済の日本語絵本約1,000冊に加えて、未整理の外国語絵本（輸出用絵本と、そのサンプル）約1,000冊の山が、数台の可動棚に載せられて運ばれてきた。金井氏の蔵書を受け取りに行かれた学芸員から言われた、「これまでに、部分的に見ようとした人はいますが、全てを見ようとしたのはあなたが初めてです」の言葉を忘れることができない。以来、日本語絵本の「全て」は3回、「部分的」は2ケタに及び、この資料の調査を行った。

本研究では、金井信生堂が、1920年代から30年代にかけてイギリスなどの英語圏を中心にして、自社の絵本を輸出していたことの詳細には踏み込んでいない（前掲上：229-230）。日本近代文学館「金井英一氏寄贈」図書には、そのサンプルと推察できる英語やスペイン語などの紙製絵本、輸出用の紙製絵本と布製絵本が未整理の状態で所蔵されており（2000現在）、絵本以外にも、貴重な文献が含まれている（大橋2001：187）。近代日本の社会史につながる絵本史には、まだ解明できていない点が多くあることを、ここに記しておきたい。

言わずもがなではあるが、「こんなものを研究して何になる」とか、「こんなものではなくても、もっと有名な絵本がある」とか、これまでに少なからず言われたことがある。それは違う。これらの絵本の向こうには、無数の、無名の人々が存在する。私は、単にこれらの絵本に魅せられたのではない。これらを介して、無数の、無名の人々から、私は呼びかけられたのだ。中には、戦争の犠牲になった人もいただろう。私は、無数の、無名の人々と、こ

れらを介して対話したかったのだ。「金井英一氏寄贈」図書を、本研究の要の資料として位置づけたことを、ここに記して、金井英一氏へのオマージュとする。

思い起こせばこれまでに、京都女子大学で絵本の魅力を教えてくださった中川正文先生、大阪府立国際児童文学館で近代日本の絵本・絵雑誌に出会わせてくださった鳥越信先生、共同研究でご指導をいただいた三宅興子先生、貴重な「聞き書」と復刻本によって研究の道筋を照らしてくださった上笙一郎先生、3年次編入した放送大学の卒業論文指導に際して「あなたの考えていることは、博士論文のテーマです」として大学院進学を進めてくださった江渕一公先生、そして放送大学大学院の客員教授として修士論文のご指導をいただき、博士後期課程進学に際してはご助言をいただいた佐藤宗子先生をはじめとして、多くの指導者、先輩諸氏にお世話になった。ここに記して、御礼を申し上げたい。

本研究は、これまでの約15年に渡る資料調査の成果でもある。調査対象としたものは、私の蔵書と、国立国会図書館国際子ども図書館児童書総合目録掲載（2012現在）の公共機関、およびこれまでの研究過程で知り得た情報に基づく公共機関の蔵書に限った。研究過程で、東京都立日比谷図書館蔵書は東京都立多摩図書館に、大阪府立国際児童文学館蔵書は大阪府立中央図書館国際児童文学館に移管された。資料調査に当たっては、これらの機関の専門員、および著作権継承者にも、ご協力をいただいた。この場を借りて、御礼を申し上げたい。

私は、児童文学・文化学および絵本学分野に於ける基礎研究を踏まえて、社会学分野にたどり着いた。そこで、優れた指導者に出会い、ジェンダー論という共通の基盤で議論できる仲間、世の中の不思議な構造を解き明かしてくれる社会学分野の文献に出会えたことで、目の前にあった幾重ものベールがはらはらとはずれ、ぼんやりとしか見えなかった近代日本の絵本・絵雑誌の本質が次第に姿を現した。本研究に於いて、このような資料を活かして、

近代日本と媒介者としての母親と読者である子どもの関係性を、十分に語りつくせたとは考えていない。近代日本の構造に見る重層性と多義性に、高く厚い壁も感じた。しかし、本研究で資料とした絵本・絵雑誌の出会いの最初に感じた、これらを介して構築された子どものナショナリズムとジェンダーの問題を、一つの研究成果としてまとめることのできたことに、今、私は幸せを感じている。

　大阪府立大学大学院に於いて、５年間に渡りご指導をいただいた主査・田間泰子教授には、言葉では語りつくせないほどの感謝の気持ちを抱いている。私は、放送大学大学院修士課程に進学したことで、他の院生の客員指導教授であられた田間先生に出会い、田間先生を頼りにして、大阪府立大学大学院博士後期課程に進学した。田間先生は、ゼミに於いて古今東西の文献を紹介し、院生間で議論できる空間を構築してくださり、時に大雑把に書き急ぎ、またフェミニズム論やジェンダー論に混乱する私を、ここまで導いてくださった。その豊かな知識と深い洞察力に導かれて、調査、分析、考察、草稿、修正を繰り返して、私は、ここまでたどり着くことができた。田間先生と私の質疑応答の過程は、協同作業と言えるものであった。この場を借りて、田間先生に深謝の意を示したい。

　博士論文審査に於いて、コメントをいただき、ご指導をいただいた副査・伊田久美子教授、同・浅井美智子准教授、同・住友陽文准教授にも、御礼を申し上げたい。伊田先生、浅井先生には、論文作成のための自主ゼミに於いても、これまでに多くのコメントをいただいた。先生方のコメントによって、より深い論文を書くことができた。

　院生発表会に於いて、コメントをいただいた森岡正博教授、細見和之教授にも、御礼を申し上げたい。私の研究に対して示してくださった先生方の興味関心に、多くの勇気をいただいた。

　ゼミや院生発表会に於いて、議論し、互いにコメントしあった院生仲間にも、感謝している。個別の研究テーマは異なっていても、院生相互の切磋琢

磨は互いの研究をより豊かにするものである。ゼミで出会った遥か年下の若者達にも、御礼を申し上げたい。

　本研究に於いて、家族、特に母子関係は重要なテーマであった。そのような母子関係と、戦前に女子教育を受けた女性のあり様を深く考えさせてくれた当年93歳の母・和子（1918.12生）の存命中に、見失いかけた私の存在意義について、一つの回答を示すことができた。娘・美紀子、息子・和矢は、私を母にならせてくれた。ここに至るまでのわがままな研究生活を見守ってくれた夫・友紀には、多大な迷惑をかけた。これまでの様々な日常的な経験が、本研究に於ける資料の分析と考察に深みを与えてくれた。ここに記して、感謝したい。

　最後に、これまでに出会った多くの絵本・絵雑誌に、何よりも多くの感謝の気持ちを伝えたい。本研究で使用した資料は、これまでの調査過程で出会った絵本・絵雑誌のごく一部である。大量の資料の山を前にして逃げ出したくなった日もあったが、金井英一氏の言葉を借りるならば、後の研究者のために、何かを残すことができたのであれば、この上ない喜びである。ここまで私を導いてくれた資料達、そして〈かつての子ども〉達、ありがとう。

2012年初春

＊　　　＊　　　＊　　　＊

　本書は、2012（平成24）年3月31日に大阪府立大学より授与された博士（人間科学）の学位論文『近代日本の〈絵解きの空間〉─幼年用メディアを介した子どもと母親の国民化─』を基にしており、独立行政法人日本学術振興会平成26年度科学研究費助成事業（科学研究費補助金）（研究成果公開促進費）の交付を受けて刊行するものである。巻末資料を除き、一部に修正を加えた

が、ほとんどは学位論文のままである。本書刊行にあたり、風間書房の風間敬子さんには、数々のご無理をお願いした。

　学位論文「あとがき」に記したように、今日を迎えるまでに長い時間を必要とした。謝辞を示させていただいた先生方の幾人かは、すでに彼岸に旅立たれた。故・江渕 公先生、故・中川正文先生、故・鳥越信先生、いずれの先生共に、その出会いがなければ、私は今日を迎えることはなかった。さらに母・環和子（2013.8死去）も彼岸に旅立った。その存命中に本書刊行をかなえることはできなかったが、これもまた、一つの区切りと考えている。

　様々な関係性は、網の目のように張り巡らされて、時として重く苦しいこともある。しかしそれは、多くの可能性を秘めている。さらにそれは、限りある個別の命を無限に繋ぎ、大きなエネルギーを生み出すこともある。そのことに感謝して、本書の結びとする。

2014年6月30日

大橋　眞由美

参 考 文 献

あ行

赤井達郎1989『絵解きの系譜』教育社
赤澤史朗・北河賢三編1993『文化とファシズム―戦時期日本における文化の光芒』日本経済評論社
朝尾直弘〔ほか〕編1967～80『岩波講座　日本歴史14～17　近代1～4』岩波書店
―――1994～95『岩波講座　日本通史16～19　近代1～4』岩波書店
浅岡靖央1991「〈児童読物改善ニ関スル指示要綱〉にいたる経緯」『児童文学研究』23：18-26
―――1994「〈児童読物改善ニ関スル指示要綱〉の成立―「幼少年少女雑誌改善に関する答申案」との照合」『児童文学研究』27：94-105
―――2004『児童文化とは何であったか』つなん出版
朝野蝸牛（1934）；［復刻版］上笙一郎編1997『日本〈子どもの歴史〉叢書19　江戸絵から書物まで』久山社
阿部紀子1994「『講談社の絵本』の変遷と戦時下の絵本としての側面」『児童文学研究』27：67-79
―――2002「「講談社の絵本」の功罪」『はじめて学ぶ　日本の絵本史Ⅱ』ミネルヴァ書房：122-141
―――2009a「「講談社の絵本」叢書の知識絵本」『児童文学論叢』14：1-14
―――2009b『「講談社の絵本」細目データベースについて』私家版
―――2011『「子供が良くなる講談社の絵本」の研究―解説と細目データベース』風間書房
雨宮昭一1995「戦時統制論」『岩波講座　日本通史　第19巻　近代4』岩波書店：93-134
アリエス，フィリップ　杉山光信・杉山恵美子訳1980『〈子供〉の誕生―アンシァン・レジーム期の子供と家族生活』みすず書房
―――中内敏夫・森田伸子編訳1983『〈教育〉の誕生』新評論
有賀喜左衛門1967a『有賀喜左衛門著作集Ⅲ　大家族制度と名子制度』未來社
―――1967b『有賀喜左衛門著作集Ⅳ　封建遺制と近代化』未來社

───1968『有賀喜左衛門著作集Ⅵ　婚姻・労働・若者』未來社
有山輝雄1994「マスメディア・イベントとしての甲子園野球」『メディア史研究』1：102-119
───1998「「健康優良児」──メディアがつくった理想の少年少女」『戦時期日本のメディア・イベント』世界思想社：3-18
───2001「戦時体制と国民化」『年報日本現代史』7：1-36
アルチュセール，ルイ　柳内隆・山本哲士訳1993『アルチュセールの〈イデオロギー論〉』三交社
───西川長夫〔ほか〕訳2005『再生産について──イデオロギーと国家のイデオロギー諸装置』平凡社
アンダーソン，ベネディクト　白石隆・白石さや訳1987『想像の共同体──ナショナリズムの起源と流行』リブロポート
───1997『増補　想像の共同体──ナショナリズムの起源と流行』NTT出版
李垠庚2004a「羽仁もと子のキリスト教信仰の特徴」『アジア地域文化研究』1：3-16
───2004b「羽仁もと子の信仰と戦争──非戦論から戦争論への歩み」『思想史研究』4：152-165
───2005「近代日本の中流家庭の理想的生活──羽仁もと子の『家庭之友』（1903.4-1908.12）を中心として」『思想史研究』5：83-100
───2006「羽仁もと子の思想と活動の基礎──経験・信仰・経済を中心として」『思想史研究』6：129-141
───2007「植村正久と羽仁もと子──近代日本におけるキリスト教の「生活改革」への影響の一例として」『思想史研究』7：123-136
イ・ヨンスク1996『「国語」という思想──近代日本の言語認識』岩波書店
石川松太郎監修1990『家庭教育文献叢書5』クレス出版（羽仁もと子1908『家庭教育の実験』）
石森延男1941「国民学校の話し方」『国語文化講座　第三巻　国語教育篇』朝日新聞社：80-103
伊藤幹治1982『家族国家観の人類学』ミネルヴァ書房
伊藤壮1965「不況と好況のあいだ」『大正文化』勁草書房：172-195
稲垣国三郎1936『幼児のための絵本の研究』大阪市保育会
井上輝子解説2009『新編　日本のフェミニズム7　表現とメディア』岩波書店
今田絵里香2007『「少女」の社会史』勁草書房
岩崎爾郎1982『物価の世相100年』読売新聞社

岩本利恵・平井聖2006「絵雑誌「子供之友」の生活教育―1．創刊（1914）から関東大震災（1923）までの期間の絵ばなし「甲子・上太郎」について」『学苑』790：114-132
上野浩道1981『芸術教育運動の研究』風間書房
上野千鶴子1994『近代家族の成立と終焉』岩波書店
―――1998『ナショナリズムとジェンダー』青土社
―――編2001『構築主義とは何か』勁草書房
―――編2005『脱アイデンティティ』勁草書房
牛木純江2007「戦後初期の生活改善・生活合理化運動―雑誌『婦人之友』友の会による「農村文化運動」」『人民の歴史学』173：30-44
内ヶ崎有里子1999『江戸期昔話絵本の研究と資料』三弥井書店
―――2001「赤本の伝統を引き継ぐ絵本」『はじめて学ぶ　日本の絵本史Ⅰ』ミネルヴァ書房：17-34
内田雅克2010『大日本帝国の「少年」と「男性性」―少年少女雑誌に見る「ウィークネス・フォビア」』明石書店
宇野正道1980「日本における世帯概念の形成と展開―戸田貞三の家族概念との関連を中心に」『三田学会雑誌』73（5）：790-809
―――2002「明治期における世帯概念の登場過程」『日本家族史論集5　家族の諸相』吉川弘文堂：271-298
江口圭一1994「一九一〇－三〇年代の日本―アジア支配への途」『岩波講座　日本通史　第18巻　近代3』岩波書店：1-64
江原由美子解説2009『新編　日本のフェミニズム5　母性』岩波書店
遠藤織枝2008「戦時中の日本語の実際：形容詞・形容動詞・副詞を中心に」『文学部紀要』文教大学文学部22（1）：39-67
大阪国際児童文学館編1993『日本児童文学大事典』全3冊、大日本図書
―――2010「特集　雑誌『少年世界』（博文館）研究―明治期児童雑誌研究プロジェクト」『国際児童文学館紀要』23
大橋眞由美1998「金井信生堂・絵本目録（1）―第1期　1908（明治41）年から1923（大正12）年まで」『国際児童文学館紀要』13：89-112
―――2000「創業期の金井信生堂刊行絵本―1908（明治41）年初版発行絵本を中心に」『絵本学』2：5-24
―――2001「金井信生堂―創業期刊行絵本を中心に」『はじめて学ぶ　日本の絵本史Ⅰ』ミネルヴァ書房：175-190

―――2002「出版統制による絵本の変遷―金井信生堂刊行絵本の場合」『はじめて学ぶ　日本の絵本史Ⅱ』ミネルヴァ書房：59-74

―――2003「《新日本幼年文庫》『ヒバリハソラニ』考―「戦時」との関係を考える」『児童文学研究』36：1-16

―――2007「「絵本空間」の想い出―「絵本に関する想い出調査」からみた、絵本受容の諸相およびその意義」『絵本学』9：29-40

―――2009a「絵本コレクションの概要と意義」『大正期の絵本・絵雑誌の研究―　一少年のコレクションを通して』翰林書房：29-55

―――2009b「絵本・絵雑誌にみる〈遊びのイメージ〉」『大正期の絵本・絵雑誌の研究―　一少年のコレクションを通して』翰林書房：313-348

―――2010「住吉大社「御文庫」を通してみた、近代大阪の子ども用メディア―心斎橋筋における田村九兵衛の近代」『出版研究』40：141-165

大日向雅美2000a「日本社会の母性観とその形成過程」『ジェンダー・エシックスと社会福祉』ミネルヴァ書房：38-55

―――2000b『母性愛神話の罠』日本評論社

岡野幸江〔ほか〕2004『女たちの戦争責任』東京堂出版

小川菊松1992『復刻版　出版興亡五十年』誠文堂新光社

奥田暁子編1995『女性と宗教の近代史』三一書房

小熊英二1995『単一民族神話の起源―〈日本人〉の自画像の系譜』新曜社

―――1998『〈日本人〉の境界―沖縄・アイヌ・台湾・朝鮮植民地支配から復帰運動まで』新曜社

奥村典子2008「戦時下家庭教育政策―家庭における錬成の展開過程を中心に」『人間文化創成科学論叢』11：319-328

―――2009「家庭教育振興政策における「学校教育一任の傾向」の問題―学校教育と家庭教育の関係をめぐって」『日本の教育史学』52：30-42

長志珠絵1998『近代日本と国語ナショナリズム』吉川弘文館

尾崎秀樹1976「"講談社の絵本"の残したもの」『月刊絵本』4（7）：13-17

尾崎秀樹・宗武朝子編1991『日本の書店百年―明治・大正・昭和の出版販売小史』青英舎

落合恵美子1989『近代家族とフェミニズム』勁草書房

小原國芳・庄司雅子監修1981『フレーベル全集第五巻　続　幼稚園教育学／母の歌と愛撫の歌』玉川大学出版部

大日方純夫1992『日本近代国家の成立と警察』校倉書房

―――2006「「帝国軍隊」の確立と「男性」性の構造」『ジェンダー史学』2：21-33
オング，W.J.　櫻井直文〔ほか〕訳1991『声の文化と文字の文化』藤原書店

か行

海後宗臣1980-81『海後宗臣著作集　第7～8巻　日本教育史研究』東京書籍
―――1981『海後宗臣著作集　第10巻　教育勅語成立史研究』東京書籍
―――編1968『日本教科書大系・近代編　第7巻「国語（四）」』講談社
海妻径子2004『近代日本の父性論とジェンダー・ポリティクス』作品社
ガーゲン，ケネス・J.　東村知子訳2004a『あなたへの社会構成主義』ナカニシヤ出版
―――永田素彦〔ほか〕訳2004b『社会構成主義の理論と実践―関係性が現実をつくる』ナカニシヤ出版
勝尾金弥2002「講談社の絵本―偉人伝」『はじめて学ぶ　日本の絵本史Ⅱ』ミネルヴァ書房：142-153
加藤謙一1968『少年倶楽部時代　編集長の回想』講談社
加納実紀代1979「"大御心"と"母心"―"靖国の母"を生みだすもの」『女性と天皇制』思想の科学社：64-81
―――1995『女たちの「銃後」』インパクト出版会
―――2002『天皇制とジェンダー』インパクト出版会
加納実紀代編1979『女性と天皇制』思想の科学社
鏑木清方1977『こしかたの記』中央公論社
上笙一郎1976「日本絵本史における「講談社の絵本」」『月刊絵本』4（7）：18-21
―――1980『児童出版美術の散歩道』理論社
上笙一郎編著1974『聞き書・日本児童出版美術史』太平出版
唐澤富太郎1956『教科書の歴史―教科書と日本人の形成』創文社
―――1967『図説近代百年の教育』国土社
―――1976『日本の近代化と教育』第一法規出版
河合隼雄1987『影の現象学』講談社
川勝泰介1999『児童文化学研究序説』千手閣
川島武宜2000『日本社会の家族的構成』岩波書店
川瀬一馬1983『入門講話　日本出版文化史』日本エディタースクール
河原和枝1998『子ども観の近代―『赤い鳥』と「童心」の理想』中央公論社
姜尚中2001『ナショナリズム』岩波書店
神野由紀1998「近代日本における子供部屋の誕生―子供のためのデザイン成立とその

背景に関する一考察（2）」『デザイン学研究』45（1）：65-74
北田暁大2003「境界の曖昧な雑誌広告─「婦人雑誌」と広告空間」『言語』32（9）：44-49
─── (2000) 2008『広告の誕生─近代メディア文化の歴史社会学』岩波書店
狐塚和江1999「倉橋惣三の初期思想形成─「婦人と子ども」誌の論考を中心に」『教育学研究紀要』45（1）：134-139
木下直之・吉見俊哉編1999『ニュースの誕生─かわら版と新聞錦絵の情報世界』東京大学総合研究博物館
木村小舟1949-51『改訂増補　少年文学史　明治篇上・下巻』全2冊、童話春秋社
木村涼子2000「「主婦イコン」の誕生─美人画と婦人雑誌」『人間関係論集』17：73-99
───2010『〈主婦〉の誕生─婦人雑誌と女性たちの近代』吉川弘文館
木村八重子〔ほか〕校注1997『新日本古典文学大系　草双紙集』岩波書店
キューネ，トーマス　星乃治彦訳1997『男の歴史─市民社会と〈男らしさ〉の神話』柏書房
教育科学研究会編1941『児童文化』全2冊、西村書店
キーン，サム　佐藤卓巳・佐藤八寿子訳1994『敵の顔─憎悪と戦争の心理学』柏書房
近代日本教育制度史料編纂委員会1956『近代日本教育制度史料』大日本雄弁会講談社
グブリアム，J.F.　ホルスタイン，J.A.　中河伸俊〔ほか〕訳1997『家族とは何か─その言説と現実』新曜社
久保いと1964「倉橋惣三の幼稚園教育論─大正期新教育運動を背景として」『私学研修』23：48-59
久米依子1994「メディアにおける〈少女〉の成立─雑誌『少年園』をめぐって」『日白近代文学』11：17-26
───1997「少女小説─差異と規範の言説装置」『メディア・表象・イデオロギー─明治三十年代の文化研究』：195-222
───2003「構成される「少女」─明治期「少女小説」のジャンル形成」『日本近代文学』68：1-15
倉橋惣三1932「家庭教育」『岩波講座教育科学　第10冊』岩波書店
───1939『フレーベル』岩波書店
───1965-96『倉橋惣三選集　1〜5巻』全5冊、フレーベル館
───2008『倉橋惣三文庫　1〜8巻』全8冊、フレーベル館
黒井千次1976「幸福なる読者の感想」『月刊絵本』4（7）：22-23

黒田清輝1909「眼で見る玩具と手に持つ玩具」『三越タイムス　臨時増刊号』7
　　（8）：120-124
桑原甲子雄1974『東京昭和十一年　桑原甲子雄写真集』晶文社
ケイ，エレン　原田実訳（1916, 1922）；［復刻版］1995『日本〈子どもの権利〉叢書
　　2　児童の世紀』久山社
敬和学園大学戦争とジェンダー表象研究会2008『軍事主義とジェンダー——第二次世界
　　大戦期と現在』インパクト出版会
香曽我部秀幸2001「明治期における印刷技術の変遷と絵本」『はじめて学ぶ　日本の
　　絵本史Ⅰ』ミネルヴァ書房：89-106
―――2010「歴史絵本と絵雑誌にみる歴史英雄像」『大正期の絵本・絵雑誌の研究』
　　翰林書房：185-219
―――〔ほか〕2012「大正期における一少年の絵雑誌コレクション・補遺——札幌市中
　　央図書館所蔵「池田コレクション」新資料の報告」『絵本学』14：65-75
講談社社史編纂委員会1959『講談社の歩んだ五十年　昭和編』講談社
―――1959『講談社の歩んだ五十年　明治・大正編』講談社
講談社八十年史編集委員会1990『クロニック・講談社の80年（1909-1989）』講談社
国立民族学博物館2010『20世紀の日本における生活習慣と物質文化の近代化／西洋化
　　——国民生活に対する「生活改善運動」の具体的影響、および西洋化運動における
　　政府の役割』国立民族学博物館国際研究フォーラムスケジュール・要旨集
後藤金寿編1935『全国書籍商総覧』新聞之新聞社；［復刻版］1988『出版文化人名辞
　　典第四巻』日本図書センター
小林輝行1982「大正期家庭教育論における子どもの権利——羽仁もと子と安倍磯雄の家
　　庭教育論を中心に」『信州大学教育学部紀要』46：15-26
―――1983「昭和初期家庭教育政策に関する一考察（Ⅰ）——家庭教育振興訓令を中心
　　として」『信州大学教育学部紀要』49：35-42
―――1984「昭和初期家庭教育政策に関する一考察（Ⅱ）——家庭教育振興政策の展開
　　を中心として」『信州大学教育学部紀要』50：31-38
―――1986a「昭和10年代の家庭教育政策（Ⅰ）——「家庭教育実践綱」の形成を中心
　　に」『信州大学教育学部紀要』56：21-31
―――1986b「昭和10年代の家庭教育政策（Ⅱ）——戦時家庭教育政策の展開」『信州大
　　学教育学部紀要』57：33-40
小林康夫・松浦寿輝編2000『表象のディスクール①〜⑥』東京大学出版会
小宮山量平編1987『財団法人日本出版クラブ三十年史』日本出版クラブ

小森陽一〔ほか〕編1997『メディア・表象・イデオロギー——明治三十年代の文化研究』小沢書店
小山静子1991『良妻賢母という規範』勁草書房
———1999『家庭の生成と女性の国民化』勁草書房
———2002『子どもたちの近代——学校教育と家庭教育』吉川弘文館
コンネル，ロバート・W．森重雄〔ほか〕訳1993『ジェンダーと権力——セクシュアリティの社会学』三交社

さ行

斉藤道子1988『羽仁もと子——生涯と思想』ドメス出版
佐伯郁郎1943『少国民文化をめぐって』日本出版社
酒井昌代1999「雑誌『少年園』における「少年」——論説欄を中心に（1）」『愛知淑徳短期大学紀要』38：288-298
坂元彦太郎1976『倉橋惣三・その人と思想』フレーベル館
桜井満1941『国民科国語への道——国民形成力としての国語錬成』修文館
佐々木陽子2001『総力戦と女性兵士』青弓社
佐藤卓己2002『キングの時代——国民大衆雑誌の公共性』岩波書店
佐藤広美1993「児童文化政策と教育科学——内務省「児童読物改善ニ関スル指示要綱」（1938年10月）をめぐって」『人文学報　教育学』28：83-118
———1997『総力戦体制と教育科学——戦前教育科学研究会における「教育改革」論の研究』大月書店
佐藤宗子1990「『こがね丸』の変容——原作、三十年目書き直し、講談社の絵本の比較を通して」『千葉大学教育学部研究紀要　第1部』38：197-209
———1998「現代児童文学から考える「読書」——教師という「媒介者」の功罪」『月刊国語教育研究』33（通巻314）：28-33
———2004「脱・「〈一様な読み〉幻想」——文学の立場から「教育での道具化」をみる」『日本児童文学』50（6）：30-35
沢山美果子1990「子育てにおける男と女」『日本女性生活史　第4巻』東京大学出版会：125-162
宍戸健夫1963「大正期幼児教育理論の構造——倉橋惣三の保育理論の検討」『愛知県立女子大学紀要』13：233-247
———1968「近代日本の保育思想の形成」『教育学研究』35（3）：12-22
柴野京子2007「赤本の近代——その流通変容と日本の出版市場形成」『出版研究』38：

1-26
―――2009『書棚と平台―出版流通というメディア』弘文堂
柴野昌山編1989『しつけの社会学―社会化と社会統制』世界思想社
下川耿史編2002『近代　子ども史年表　明治・大正編／昭和・平成編』全2冊、河出書房新社
下西さや子2006「児童保護思想と家庭教育論の形成―近代的子ども観と「家庭」への着目」『児童教育研究』15：63-72
週刊朝日編1988『値段史年表　明治・大正・昭和』朝日新聞社
女性学研究会編1984『女のイメージ』勁草書房
出版タイムス社、出版通信社、出版研究所1935『現代出版業大鑑』現代出版業大鑑刊行会；［復刻版］1988『出版文化人名辞典　第三巻』日本図書センター
杉田菜穂2010『人口・家族・生命と社会政策―日本の経験』法律文化社
スコット，J.W.　荻野美穂訳（1992）2004『増補新版　ジェンダーと歴史学』平凡社
鈴木吉平編集1931『絵本・婦人／子供雑誌　作家・出版業者座談会』日本児童絵本出版協会
鈴木健二1997『ナショナリズムとメディア―日本近代化過程における新聞の功罪』岩波書店
鈴木貞美編2001『雑誌『太陽』と国民文化の形成』思文閣出版
鈴木重三〔ほか〕編1985『近世子どもの絵本集　江戸篇／上方篇』全2冊、岩波書店
鈴木俊章編1941『国語文化講座　第三巻　国語教育篇』朝日新聞社
―――1941『国語文化講座　第五巻　国語生活編』朝日新聞社
―――1941『国語文化講座　第六巻　国語進出篇』朝日新聞社
鈴木敏夫1970『出版　好不況下興亡の一世紀』出版ニュース社
―――1980『江戸の本屋　上／下』全2冊、中央公論社
鈴木正幸1993『皇室制度―明治から戦後まで』岩波書店
―――2000『国民国家と天皇制』校倉書房
スミス，アントニー・D.　高柳先男訳1998『ナショナリズムの生命力』晶文社
住友陽文2005「大衆ナショナリズムとデモクラシー」『日本史講座　第9巻　近代の転換』東京大学出版会：29-56
―――2011『皇国日本のデモクラシー―個人創造の思想史』有志舎
諏訪義英1970「倉橋惣三の就学前教育論―家族制度と家庭教育の再編成」『暁学園短期大学研究紀要』4：19-34
―――1994「昭和の戦争期における家庭教育振興政策と倉橋惣三」『大東文化大学紀

要　社会科学』32：1-21
─── (1990) 2007『新装新版　日本の幼児教育思想と倉橋惣三』新読書社
関千代1960「烏合会について」『美術研究』209：257-269
瀬田貞二1982『落穂ひろい　日本の子どもの文化をめぐる人びと』全2冊、福音館書店
───1985『絵本論─瀬田貞二子どもの本評論集』福音館書店
───〔ほか〕編1978『復刻絵本絵ばなし集解説』ほるぷ出版
瀬戸博史1996「大正期における学校の社会的位相─生活改善運動に着目して」『日本社会教育学会紀要』32：77-85
瀬名恵子1976「我、講談社の絵本を愛す」『月刊絵本』4（7）：26-27
全国友の会2010『80周年記念　全国友の会小史』友の会
「戦後60+1周年子どもの本・文化プロジェクト」実行委員会編2007『歴史に学び、未来を拓く─日米交流子どもの本・文化セミナー』同実行委員会
副田義也1997『教育勅語の社会史─ナショナリズムの創出と挫折』有信堂高文社
ソシュール，フェルディナンド　小林英夫訳1972『一般言語学講義』岩波書店
ゾンバルト，ニコラス　田村和彦訳1994『男性同盟と母権制神話』法政大学出版局

た行

高嶋宗司1995「「大東亜共栄圏」における日本語」『岩波講座　日本通史　第19巻　近代4』岩波書店：347-362
高杉自子〔ほか〕編1989『幼稚園教育要領の解説と実践　（1）』小学館
高橋浩1998「倉橋惣三の思想的特質をめぐって─戦時下の転向と戦後の民主主義論の内容が意味するもの」『九州教育学会研究紀要』26：137-144
滝川光治2002「講談社の絵本─知識」『はじめて学ぶ　日本の絵本史Ⅱ』ミネルヴァ書房：166-177
竹田喜美子・加藤久絵2008「「婦人之友」にみる生活改善運動（1919-1933）の展開〈その1〉─中流階級の暮らしに与えた影響」『学苑』815：144-225
竹村民郎2004『大正文化─帝国のユートピア』三元社
多田敏捷編1992『おもちゃ博物館　1～24』全24冊、京都書院
巽聖歌編1940-42『新児童文化』全4冊、有光社
田中久徳1997「旧帝国図書館時代の児童書─歴史と課題」『参考書誌研究』48：1-16
谷暎子2002「占領下の絵本と検閲」『はじめて学ぶ　日本の絵本史Ⅲ』ミネルヴァ書房：17-35

———2004『占領下の児童書検閲―プランゲ文庫・児童読み物に探る　資料編』新読書社
田間泰子2001『母性愛という制度―子殺しと中絶のポリティクス』勁草書房
———2006『「近代家族」とボディ・ポリティクス』世界思想社
玉置哲淳1980「倉橋惣三における近代主義保育思想の一考察」『大阪教育大学紀要』28（2／3）：225-232
田山花袋1981『東京の三十年』岩波書店
壇道子1941「国語と家庭教育」『国語文化講座　第三巻　国語教育篇』朝日新聞社
千野陽一1979『近代日本婦人教育史―体制内婦人団体の形成過程を中心に』ドメス出版
千葉慶2002「近代神武天皇像の形成―明治天皇＝神武天皇のシンボリズム」『近代画説』11：96-126
———2006a「戦争と悲母観音（シンポジウム　イメージという戦場―戦争をめぐる表象の政治学）」『Image & Gender』6：15-22
———2006b「近代天皇制国家におけるアマテラス―両性具有性のゆくえ」『ジェンダー史学』2：5-19
———2008「マリア・観音・アマテラス―近代天皇制における「母性」と宗教的シンボル」『和光大学表現学部紀要』9：41-56
津金澤聰廣編著1996『近代日本のメディア・イベント』同文舘出版
———2002『戦後日本のメディア・イベント［1945-1960年］』世界思想社
津金澤聰廣責任編集2003『広報・広告・プロパガンダ』ミネルヴァ書房
津金澤聰廣・有山輝雄編著1998『戦時期日本のメディア・イベント』世界思想社
坪田譲二1941「子供の言葉について」『国語文化講座　第五巻　国語生活篇』朝日新聞社
寺崎昌男・戦時下教育研究会編1987『総力戦体制と教育―皇国民「錬成」の理念と実践』東京大学出版会
天童睦子編2004『育児戦略の社会学―育児雑誌の変容と再生産』世界思想社
東京書籍商組合編［復刻版］1985『書誌書目シリーズ20　図書月報』ゆまに書房
———編著1911『東京書籍商伝記集覧』東京書籍商組合；［復刻版］1978『日本書誌学大系2　東京書籍商伝記集覧』青裳堂書店
同志社大学人文科学研究所編1991『山室軍平の研究』同朋舎出版
東洋経済新報社編1991『完結昭和国勢総覧』全4冊、東洋経済新報社
戸田貞三1993『戸田貞三著作集』大空社

戸部良一1998『日本の近代9　逆説の軍隊』中央公論社
鳥越信1978「巌谷小波とその絵本」『復刻絵本絵ばなし集解説』ほるぷ出版：55-83
─── （1983）2004『桃太郎の運命』（日本放送協会）ミネルヴァ書房
───2002「十五年戦争下の絵本」『はじめて学ぶ　日本の絵本史Ⅱ』ミネルヴァ書房：1-11
───編2001-02『はじめて学ぶ　日本の絵本史Ⅰ・Ⅱ・Ⅲ』全3冊、ミネルヴァ書房
ドンズロ，ジャック　宇波彰訳1991『家族に介入する社会─近代家族と国家の管理装置』新曜社

な行

中勘助（1921）1935『銀の匙』岩波書店
仲新〔ほか〕編1983『近代日本　教科書教授法資料集成　第五巻　教師用書1　修身篇』東京書籍
中内敏夫（1987）1992『新しい教育史─制度史から社会史への試み』新評論
中河伸俊1999『社会問題の社会学─構築主義アプローチの新展開』世界思想社
永田桂子1990『絵本観玩具観の変遷』高文堂出版社
永嶺重敏1997『雑誌と読者の近代』日本エディタースクール出版部
───2001『モダン都市の読書空間』日本エディタースクール出版部
───2004『〈読書国民〉の誕生─明治30年代の活字メディアと読書文化』日本エディタースクール出版部
中村悦子1989『幼年絵雑誌の世界─幼児の教育と子どもの生活の中から』高文堂出版社
───1994「絵雑誌の研究・戦時下の出版『子供之友』の場合」『大妻女子大学紀要　家政系』30：143-160
中村孝也1944『野間清治伝』野間清治伝記編纂会
中村桃子2001『ことばとジェンダー』勁草書房
───2007『「女ことば」はつくられる』ひつじ書房
夏目漱石1938『三四郎』岩波書店（1908.9-12「朝日新聞」初出）
滑川道夫1941「絵本のことばの在り方」『新児童文化　第二冊』有光社：326-335
───1978「戦時期の絵本事情」『復刻絵本絵ばなし集　解説』ほるぷ出版：85-160
───1981『桃太郎像の変容』東京書籍
───1993『体験的児童文化史』国土社

成田龍一1994「『少年世界』と読書する少年たち—1900年前後、都市空間のなかの共同性と差異」『思想』845：193-221
西川長夫・松宮秀治編1995『幕末・明治期の国民国家形成と文化変容』新曜社
西川祐子2000『近代国家と家族モデル』吉川弘文館
─── 2003「日本型近代家族と住まいの変遷」『日本家族史論集12　家族と住居・地域』吉川弘文館：96-136
西田良子2002「講談社の絵本—昔話」『はじめて学ぶ　日本の絵本史Ⅱ』ミネルヴァ書房：154-165
西村絢子1973「羽仁もと子の教育論—女子教育観と生活主義教育の系譜について」『教育学研究』40（3）：54-62
日本児童絵本出版協会（日本児童絵本研究会）1939-42『「児童絵本を良くする座談会」速記録1～9』日本児童絵本出版協会（日本児童絵本研究会）；［復刻版］上笙一郎・富田博之編1987『児童文化叢書22』大空社
日本児童文学者協会編1971『日本児童文学　臨時増刊・絵本』17（13）
野沢慎司2009『ネットワーク論に何ができるか—「家族コミュニティ問題」を解く』勁草書房
─── 編・監訳2006『リーディングス　ネットワーク論—家族・コミュニティ・社会関係資本』勁草書房
野沢正子1975「倉橋惣三と児童保護論」『社会問題研究』25：125-142
野間清治（1939）1959『私の半生』講談社
野本京子2005「東北農村生活合理化運動前史—戦前期『婦人之友』友の会の実践」『東京外国語大学論集』71：127-143
─── 2008「戦前から戦後における『婦人之友』友の会の農村生活改善運動—農村友の会の活動を中心に」『東京外国語大学論集』77：187-207

は行

バージャー，ジョン　伊藤俊治訳1986『イメージ—視覚とメディア』PARCO出版
橋川文三（1968, 1978）2005『ナショナリズム—その神話と論理』紀伊國屋書店
長谷川時雨1983『旧聞日本橋』岩波書店
長谷川如是閑1970『長谷川如是閑選集　第七巻』栗田出版会
バダンテール，エリザベート　鈴木晶訳1991『母性という神話』筑摩書房
バトラー，ジュディス　竹村和子訳1999『ジェンダー・トラブル—フェミニズムとアイデンティティの攪乱』青土社

―――竹村和子訳2004『触発する言葉―言語・権力・行為体』岩波書店
服部比呂美2007「絵雑誌に見る民族倫理観―『子供之友』甲子上太郎を事例に」『伝承文化研究』6：15-74
服部裕子2009「戦時下の子どもの読書―〈児童読物ニ関スル指示要綱〉の影響」『愛知教育大学大学院国語研究』17：37-49
羽仁説子1977『私の受けた家庭教育』婦人之友社
羽仁もと子1927-33『羽仁もと子著作集　1～17巻』婦人之友社（1928「家庭教育篇」9～11巻）
―――1950-63『羽仁もと子著作集　18～20巻』婦人之友社
―――1983『羽仁もと子著作集　21巻』婦人之友社
林雅彦1984『増補　日本の絵解き―資料と研究』三弥井書店
林美帆2003「羽仁もと子の家庭教育論」『人間文化研究科年報』19：433-445
―――2005「近代における家庭の役割―羽仁もと子の職業論と家庭論の接点」『寧楽史苑』50：17-32
速水融2001『歴史人口学で見た日本』文藝春秋
速水融・小嶋美代子2004『大正デモグラフィ―歴史人口学で見た狭間の時代』文藝春秋
速水融編2003『歴史人口学と家族史』藤原書店
原田勝正1991『日本の鉄道』吉川弘文館
―――1998『鉄道と近代化』吉川弘文館
坂野潤治1971『明治憲法体制の確立―富国強兵と民力休養』東京大学出版会
ひかりのくに株式会社編1995『ひかりのくに50年史』ひかりのくに
樋口幸永・近藤隆二郎2009「「全国友の会」における家計簿記帳運動の特徴と役割」『日本家政学会誌』60（10）：859-868
―――2011「「全国友の会」の「時間しらべ」にみられるライフスタイル指標の変容」『日本家政学会誌』62（2）：81-91
久井英輔2006「戦前の生活改善運動における「知識」と「実行」―生活改善同盟会／中央会の性格とその変容に関する一考察」『日本社会教育学会紀要』42：65-76
―――2007「昭和前期における生活改善中央会の組織と事業」『兵庫教育大学研究紀要』31：171-182
―――2008「戦前生活改善運動史研究に関する再検討と展望―運動を支えた組織・団体をめぐる論点を中心に」『兵庫教育大学紀要』32：157-168
兵藤裕己2009『〈声〉の国民国家―浪花節が創る日本近代』講談社

広田照幸1990「〈教育的〉の誕生―戦前期の雑誌分析から」『アカデミア人文社会科学編』52：43-71
―――1992「戦前期の教育と〈教育的なるもの〉―「教育的」概念の検討から（歴史・表象・文化―歴史社会学と社会史）」『思想』812：253-272
―――2001『教育言説の歴史社会学』名古屋大学出版会
―――2004『教育』岩波書店
深谷昌志（1966, 1981）1998『良妻賢母主義の教育』黎明書房
福島鋳郎1985『新版　戦後雑誌発掘』洋泉社
フーコー，ミシェル　田村俶訳1977『監獄の誕生―監視と処罰』新潮社
―――中村雄二郎訳（1981, 1995）2006『知の考古学』河出書房新社
藤裕紀子2004「大正期の生活改善運動にみる「時間秩序」の形成と主婦」『人間文化論叢』7：205-213
藤森照信1993『日本の近代建築』全2冊、岩波書店
船越美穂1989「絵雑誌「子供之友」研究1―その理念について」『聖和大学論集』17：529-543
古島敏雄（1982）1997『子供たちの大正時代―田舎町の生活誌』平凡社
平凡社編1984a『別冊太陽　日本のこころ45　絵本』平凡社
―――1984b『別冊太陽　日本のこころ47　絵本Ⅱ』平凡社
―――1986『別冊太陽　昭和十年―二十年　コドモの昭和史』平凡社
ベンヤミン，ヴァルター　佐々木基一編集解説（1970）1999『複製技術時代の芸術』晶文社
―――今村仁司・三島憲一〔ほか〕訳（1994）2003『パサージュ論　第3巻』岩波書店
保科孝一1936『国語と日本精神』実業之日本社
―――1942『大東亜共栄圏と国語政策』統正社
細見和之1999『アイデンティティ／他者性』岩波書店
ホブズボーム，E. J.　浜林正夫〔ほか〕訳2001『ナショナリズムの歴史と現在』大月書店
本田和子2000『子ども一〇〇年のエポック―「児童の世紀」から「子どもの権利条約」まで』フレーベル館

ま行

前田愛（1973）1993『近代読者の成立』有精堂出版（岩波書店）

前田愛・小木新造編1978『明治大正図誌　東京（二）』筑摩書房
桝井孝1997「内務省図書課『昭和十三年　児童雑誌検閲簿』について」『国際児童文学館紀要』12：141-172
松浦寿輝2000「国体論」『メディア─表象のポリティクス』東京大学出版会：309-331
丸山真男1964『現代政治の思想と行動』未来社
マンハイム，K.　鈴木二郎訳1980『イデオロギーとユートピア』未來社
─── 高橋徹・徳永恂訳2006『イデオロギーとユートピア』中央公論新社
南博責任編集1985-98『近代庶民生活誌　1～20巻』全20冊、三一書房
南博著者代表1965『大正文化』勁草書房
三宅興子2003「比較児童出版美術史・事始め」『メディアと児童文学』東京書籍
三宅興子・香曽我部秀幸編2009『大正期の絵本・絵雑誌の研究─一少年のコレクションを通して』翰林書房
三吉明1971『山室軍平』吉川弘文館
宮本大人1998「児童読物処分の研究報告─昭和13年4月から19年3月まで」『児童文学研究』31：51-37
───2000「湯浅春江堂と榎本法令館─近代における東西「赤本」業者素描」『日本出版史料』5：25-55
───2001「近代における出版・流通と絵本・絵雑誌」『はじめて学ぶ　日本の絵本史Ⅰ』ミネルヴァ書房：71-88
───2002「戦時統制と絵本」『はじめて学ぶ　日本の絵本史Ⅱ』ミネルヴァ書房：15-30, 355-357
───2003a「子どもの文化─歴史的アプローチ「問題」化される子供漫画─「児童読物改善ニ関スル指示要綱」以前の「教育的」漫画論」『子どもの文化』35（7）：41-58
───2003b「「漫画」概念の重層化過程─近世から近代における」『美術史』52（2）：319-334
───2004「沸騰する「教育的」漫画論─「児童読物改善ニ関スル指示要綱」の通達前後」『白百合児童文化』13：33-58
牟田和恵1996『戦略としての家族─近代日本の国民国家形成と女性』新曜社
村川京子2006「絵雑誌『お伽絵解こども』の美育観」『児童文化の伝統と現在Ⅲ』ミネルヴァ書房：59-87
村田晶子1993「戦時期の母と子の関係─家庭教育施策・家庭教育論の検討を通して」『文化とファシズム─戦時期日本における文化の光芒』日本経済評論社：327-352

妻鹿淳子2008『近世の家族と女性―善事褒章の研究』清文堂
目黒強1998「『少年園』における表象としての「現実」と「地方少年」」『日本文学』47（12）：10-18, 55
─── 2001「絵雑誌と情報化社会」『はじめて学ぶ　日本の絵本史Ⅰ』ミネルヴァ書房：309-322
モッセ，ジョージ・L.　佐藤卓己・佐藤八寿子訳1994『大衆の国民化―ナチズムに至る政治シンボルと大衆文化』柏書房
─── 細谷実〔ほか〕編2005『男のイメージ―男性性の創造と近代社会』作品社
森上史朗2008『倉橋惣三文庫　1～10巻』全10冊，フレーベル館
森崎和江1976「講談社の絵本「桃太郎」」『月刊絵本』4（7）：30-31
文部省編1972『学制百年史』ぎょうせい
─── 1979『幼稚園教育百年史』ひかりのくに
文部省社会教育局1940『成人教育課所管施設概要』文部省社会教育局
─── 編1942『家庭教育指導叢書　第一～十八篇』文部省社会教育局

や行

矢崎泰久1976「絵本に戦争責任はないか」『月刊絵本』4（7）：28-29
安田敏明2006『「国語」の近代史―帝国日本と国語学者たち』中央公論新社
山口昌男1995a『「敗者」の精神史』岩波書店
─── 1995b『「挫折」の昭和史』岩波書店
山住正巳1987『日本教育少史―近・現代』岩波書店
山住正巳・中江和恵編注1976『子育ての書』全3冊、平凡社
山中悟1984「戦時下の絵本と子ども」『別冊太陽　日本のこころ45　絵本』平凡社：124
─── 1986『少国民はどう作られたか―若い人たちのために』筑摩書房
山室武甫1969『人道の戦士　山室軍平』玉川大学出版部
山本和夫1981「波多野完治とわたし」滑川道夫〔ほか〕編『ないた赤おに』波多野完治博士喜寿記念文集
山本笑月1971『明治世相百話』有峰書店
弥吉光長1982『弥吉光長著作集　第四巻　明治時代の出版と人』日本アソシエーツ
─── 監修1985『書誌書目シリーズ⑳　図書月報』ゆまに書房
由井正臣1995「一九四〇年代の日本―世界制覇の挫折」『岩波講座　日本通史　第19巻　近代4』岩波書店：1-92

湯川嘉津美2001『日本幼稚園成立史の研究』風間書房
幼児の教育復刻刊行会編1979-81『復刻　幼児の教育　1～52』名著刊行会
吉沢千恵子1984「家庭教育―倉橋惣三を中心に」『女子教育研究叢書　昭和前期の女子教育』国土社：98-107
吉田一穂1982-83『定本　吉田一穂全集　Ⅰ～Ⅲ』小澤書店
───1993『定本　吉田一穂全集　別巻』小澤書店
吉田新一2008「戦中期「講談社の絵本」の〈子供知識絵本〉」『国際子ども図書館の窓』8：33-37
吉田則昭2010『戦時統制とジャーナリズム―1940年代メディア史』昭和堂
吉見俊哉1990「大正期におけるメディア・イベントの形成と中産階級のユートピアとしての郊外」『東京大学新聞研究所紀要』41：141-152
───1992『博覧会の政治学―まなざしの近代』中央公論社
───1996「メディア・イベント概念の諸相」『近代日本のメディア・イベント』同文舘出版：3-30

ら行

歴史学研究会・日本史研究会編2005『日本史講座　第8巻　近代の成立』東京大学出版会
───2005『日本史講座　第9巻　近代の転換』東京大学出版会

わ行

若桑みどり1995『戦争がつくる女性像―第二次世界大戦下の日本女性動員の視覚的プロパガンダ』筑摩書房
───2000『象徴としての女性像―ジェンダー史から見た家父長制社会における女性表象』筑摩書房
───2001『皇后の肖像―昭憲皇太后の表象と女性の国民化』筑摩書房
渡瀬典子2009「雑誌『婦人之友』「友の会」活動における20世紀後半の農村生活改善―盛岡生活学校と「東北部友の会」」『岩手大学生涯学習論集』5：1-11
渡部周子2007『〈少女〉像の誕生―近代日本における「少女」規範の形成』新泉社
王娟2010a「戦時下北京における中国人女子教育の一考察―自由学園北京生活学校の教育活動を中心に」『国際文化学』22：117-130
───2010b「自由学園北京生活学校の設立について」『鶴山論叢』10：1-19

URL

関門地域行政連絡会2005『北九州市・下関市　関門ハンドブック』
　　〈http://www.city.kitakyushu.jp/page/ki/kanmon-hb/〉（2009.3.8アクセス）
救世軍 The Salvation Army HP
　　〈http://www.salvationarmy.or.jp/about/index.html〉（2011.2.11アクセス）
自由学園 HP
　　〈http://www.jiyu.ac.jp/〉（2010.1.24アクセス）
全国友の会 HP「友の会の歩み」
　　〈http://www2.ocn.ne.jp/~zentomo/〉（2010.10.1アクセス）
『デジタル版　日本人名大辞典＋Plus』
　　〈http://kotobank.jp/dictionary/nihonjinmei/〉（2011.4.1アクセス）

人名索引

各章に関連した人物について大見出し（1、2）の初出頁のみを抽出。註においても重要と思われる人物については抽出した。

あ行

青野季吉　66
秋湖　93
秋田雨雀　66
秋田美子　262
阿部清種　245
安部季雄　223
阿部大華　275
阿部紀子　209, 243
荒川国波　106
荒木貞夫　223
有賀喜左衛門　26
アルチュセール　166
安藤初太郎　265
李垠庚（イ・ウンギョン）　200
イ・ヨンスク　12, 27, 240, 246
井川洗厓　328
生田葵山　166
池田イシ　26
池田林儀　216, 235
池田慎一郎　26
池田宣政　216
石森延男　64, 68, 261
伊藤幾久造　217
伊藤小左衛門　119
井上哲次郎　240
今井龍雄　269
今井富士雄　297
今田絵里香　14
今竹七郎　284
巌本善治　199
巌谷小波　126

上澤謙二　173, 178, 184, 200
上島冬彦　284
上杉慎吉　127
内田巖　276
永六輔　327
江口圭一　165
エレン・ケイ　52, 202
大岡信　327
大城のぼる　296
大河内翠山　328
太田三郎　153
大野静方　124
おおば比呂司　327
大宅壮一　66
大和田建樹　104
岡部弥太郎　68
岡本富美子　268, 297
岡本美雄　268, 296
岡本よね　297
小川未明　68
小川義章　68
奥野健男　327
小熊秀雄　296
尾崎秀樹　325
尾高豊作　262
織田観潮　216
小田成就　68
落合恵美子　67
尾野実信　225
小尾範治　67
小柳津要人　38

か行

加藤謙一　243
金井英一　25, 47, 61, 102, 124, 245, 258, 291, 295
金井金蔵　102
金井直造　102, 245
金井弘夫　124
金子茂二　20, 267, 271
加納実紀代　27
鏑木清方　34, 124
上笙一郎　209, 243, 296
唐澤富太郎　127
河合英忠　113, 125
河津祐泰　113
河目悌二　185
姜尚中　203
北宏二　327
北稔　229
城戸幡太郎　68
木下仙　234
木村小舟　93
木村涼子　14
清原斉　271
楠正成　113
楠木正行　85
久邇宮良子女王　85
久保田小塊　76, 87
熊田葦城　104
久米元一　217, 235
久米依子　11
倉橋惣三　17, 46, 52, 60, 68, 142, 143, 147, 152, 158, 163, 165, 169, 196, 311
倉橋とく　144
倉橋政直　144
グリム　78
暮路よのみ　153
黒井千次　328

黒崎義介　63
黒田清輝　41
桑木来吉　68
桑野俊介　275
桑原甲子雄　54
上月景尊　259
高良富子　224, 246
コールデコット　78
児玉源太郎　90
小寺健吉　153
古藤幸年　275
後藤明生　327
後藤岩男　263
後藤新平　127
琴塚英一　284
小林鶯里　38
小森宗次郎　40
小森陽一　10
小山観峰　284
小山静子　13, 49, 67
小山隆　68
近藤健児　269
近藤紫峯　103, 107

さ行

西条八十　216, 223
斎藤五百枝　216
佐伯郁郎　59, 68, 267, 296
坂内ミツ　246
桜井役　68
佐々木秀一　68, 222
佐々木林風　153
佐藤卓己　11, 66
佐藤瑞彦　178
佐藤義美　265
さねとうあきら　327
沢村真　23
三田谷啓　52, 228

塩原太助　119
下谷徳之助　234
柴田勝春　234
柴沼直　68
島田義三　153
霜田静志　68
下村市郎　68
ジョージ・L.モッセ　9
ジョーン・W.スコット　203
白土れん子　246
新堀哲岳　54
神武天皇　85
杉田豊　327
鈴木貞美　10
鈴木寿雄　63, 266, 271, 297
住友陽文　67
瀬名恵子　325
添田邦弘　297
副田義也　127, 200
曽我兄弟　113
曽我五郎　119

た行

ダーウィン　52
平櫛孝　235
高島平三郎　52, 148
高羽敏　269
鷹見久太郎　153
武井武雄　63, 67
竹内俊子　284
竹岡稜一　284
武田仰天子　113, 125
武田幸一　284
武田雪夫　236
田中重之　68
田中卓二　273
田中豊太郎　229
谷川俊太郎　327

谷洗馬　153
玉谷高一　20
田間泰子　67
田村九兵衛　41, 126
田山花袋　125
茶木滋　284
中鉢不二郎　52
辻村秋峯　76, 87
坪田譲治　68
東野芳明　327
陶山巌　259
戸田達雄　185
戸部良一　68
留岡よし子　263
豊田次雄　284, 330

な行

長岡規矩雄　20
中勘助　34
中正夫　284
永嶺重敏　10
中村五六　165
中村桃子　240
夏目漱石　125
滑川道夫　25, 63
南部新一　25
西川祐子　67, 125
西原慶一　68
西原勝　235
野口援太郎　222
野間左衛　226
野間清治　211, 239, 243
野間恒　226

は行

長谷川時雨　34
長谷川如是閑　124
波多野完治　68, 261

鳩山一郎　226
鳩山薫子　226, 246
鳩山春子　246
バトラー　166
羽仁説子　178, 199
羽仁もと子　47, 148, 165, 170, 183, 192, 199, 245
羽仁吉一　170, 183, 199
羽石弘志　216
浜田廣介　261
東基吉　165
ヒットラー　227
平井房人　281, 298
平沢薫　261
弘田龍太郎　178
深谷昌志　13
福島鋳郎　297
福富常三　106
藤野重次郎　68
フリードリッヒ・フレーベル　94
古島敏雄　44
ベネディクト・アンダーソン　9
保科孝一　222, 240
細木原静岐　153
堀七蔵　222

ま行

マーガレット・サンガー　50
前田捨松　222
牧野立　296
松村武雄　216
馬淵冷佑　222
真弓芳子　264
丸山亀吉　223
三木申太　267
ミシェル・フーコー　202
三橋正造　284, 330
美濃部達吉　127

三宅尚斉　119
宮崎謙太　68
宮野雲外　118
宮本大人　210, 244, 297
眠雲山人　104
牟田和枝　245
棟田博　235
村岡花子　246
村上義光　85
村田晶子　26, 67
望月圭介　225
本野久子　225, 246
百田宗治　59, 68, 267
森内喜一郎　222
森川正雄　222
森澤多可　246
森下真男　68
護良親王　85

や行

矢崎泰久　326
梁川剛一　216
山内一豊　119
山下徳治　178
山田仙文　40
山田美妙　73
山田わか　224, 246
日本武尊　85
山中古洞　40, 113, 125
山中恒　297, 329
山藤章二　327
山室潔　180, 201
山室軍平　181, 201
山室周平　201
山室光子　181, 201
山本和夫　267
山本鼎　178
山本笑月　104, 124

山本有三　68
吉岡弥生　223, 246
吉田一穂　267, 270, 296
吉田ケイ　246
吉田豊彦　227
吉田則昭　295
吉田八岑　297
与田凖一　63, 266, 296

ら行

ルイ・アルチュセール　27

わ行

若桑みどり　13
若槻礼次郎　245
渡部周子　14
渡邊哲夫　259
和田実　165
和辻哲郎　36

〔著者略歴〕
大橋　眞由美（おおはし　まゆみ）
1950 年　和歌山県和歌山市生まれ
2012 年　大阪府立大学大学院人間社会学研究科人間科学専攻博士後期課程修了
　　　　博士（人間科学）取得
現在、大阪府立大学客員研究員、和歌山信愛女子短期大学非常勤講師
日本児童文学学会、絵本学会、日本出版学会、ジェンダー史学会所属

共著書
『はじめて学ぶ　日本の絵本史　Ⅰ～Ⅲ』ミネルヴァ書房、2001～2002 年
『大正期の絵本・絵雑誌の研究　一少年のコレクションを通して』翰林書房、2009 年

近代日本の〈絵解きの空間〉
―幼年用メディアを介した子どもと母親の国民化―
2015 年 1 月 31 日　初版第 1 刷発行

著　者　　大橋　眞由美
発行者　　風　間　敬　子
発行所　　株式会社　風　間　書　房
〒 101-0051　東京都千代田区神田神保町 1-34
電話 03(3291)5729　FAX 03(3291)5757
振替 00110-5-1853

印刷　藤原印刷　　製本　井上製本所

©2015　Mayumi Ohashi　　　　　　　　NDC 分類：370
ISBN978-4-7599-2069-7　　Printed in Japan

JCOPY〈(社)出版者著作権管理機構　委託出版物〉
本書の無断複写は、著作権法上での例外を除き禁じられています。複写される場合はそのつど事前に(社)出版者著作権管理機構（電話 03-3513-6969、FAX 03-3513-6979、e-mail: info@jcopy.or.jp）の許諾を得て下さい。